세상을 읽어내는
화가들의 수다 2

세상을 읽어내는
화가들의 수다 2

시대를 앞서가는
예술가들의 은밀한 유혹

백영주 지음

어문학사

Prolog

자신만의 길을 가는 이에게!

예술은 길고 인생은 짧다고 하지요. 하지만 명작의 가치와 명성은 영원할 것입니다. 그러한 영원한 생명을 지닌 예술을 창조하는 인간의 한 생애는 짧지만 위대합니다. 유한한 삶을 사는 인간이 창조한 예술 작품 속에는 한 인간의 전 생애가 담겨 있으며, 살아가면서 이루어낸 모든 이야기가 녹아 있습니다.

문학 혹은 음악 또는 미술을 불문하고, 예술의 이면에는 절정과 나락이 동시에 읽히며, 기쁨과 슬픔, 희망과 미래, 고통과 좌절이 함께 합니다. 우리는 하나의 작품 속에서 작가가 살아온 시대정신을 엿보고 당시 문화와 생활방식을 이해하며, 작품으로 표현하려는 작가의 다양한 내면세계를 읽어낼 수 있습니다.

대중은 모든 작품을 볼 수 있지만 작가의 의도와 주제, 작품의 무게와 깊이를 알아내기에는 공간과 시간에 따라 개인과 집단 간 격차가 존재합니다. 작품을 온전하게 이해하고 대중과 함께 작품의 가치와 지식을 공유하는 역할은 전문가의 중요한 임무이지요. 미술 작품을 감상하고 이해하기 위해서는 전문가의 안목과 지식이 도움이 될 수 있습니다. 이 책이 명작의 숨겨진 뜻을 헤아리는 안내서가 되길 바랍니다.

2017년 12월

백영주

contents

01

거장, 죽음마저 예술로 승화시키다

고흐 | 까마귀가 나는 밀밭

장마가 한창인 여름이면 고흐를 떠올린다. 그가 그맘때쯤에 권총자살로 생을 마감해서이기도 하지만 그보다는 폭풍이 오기 전 어둑한 하늘이 그의 작품을 연상시키기 때문이다. 고흐는 말년에 변화무쌍하게 소용돌이치는 대기와 구름의 흐름을 자신의 그림에 그려냈다. 마치 자신의 인생을 표현한 것처럼.

고흐는 실로 폭풍과도 같은 삶을 살았다. 학교에 적응하지 못해 가정교육을 받아야 했고 직장이

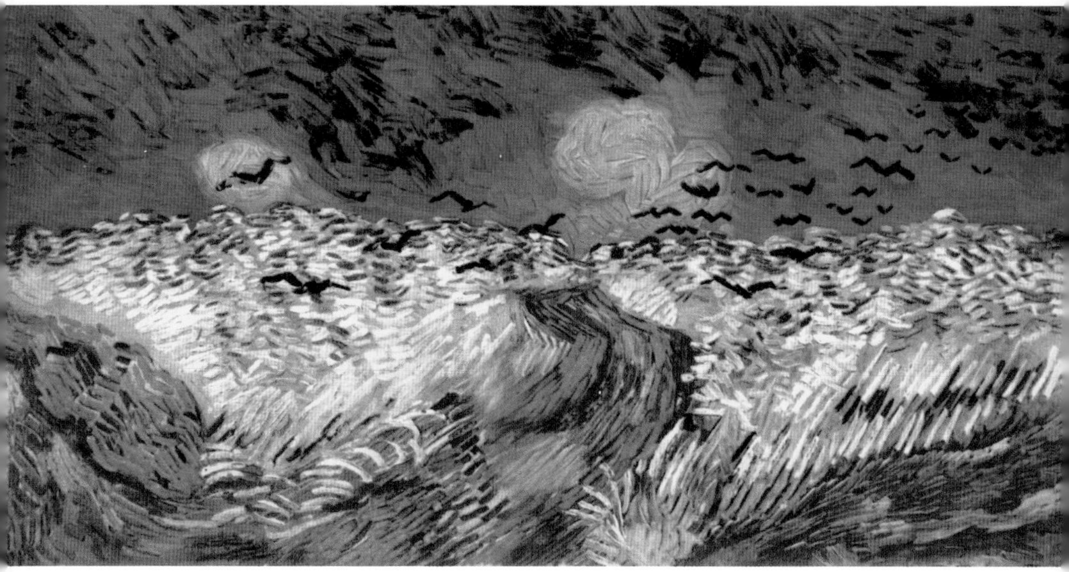

반 고흐, 〈까마귀가 나는 밀밭〉, 1890

었던 화랑에서는 해고를 당했다. 종교인을 꿈꾸며 신학교에 입학하고자 했을 때도 번번이 낙방했다. 벨기에의 광산촌에서 전도사로 활동하던 시절 목탄화를 그리며 화가가 되고자 마음먹는다. 그의 나이 26살이었다.

고흐는 1880년 브뤼셀 왕립 미술학교에서 얼마간 수학하지만 주로 독학으로 미술공부를 한다. 초기에는 〈감자 먹는 사람들〉과 같이 현실의 어두운 면을 강조한 자연주의적인 작품들을 그려냈다. 1886년 프랑스 파리로 건너가 인상주의 작품들을 접하고 또 일본의 판화 '우키요에'를 접하면서 고흐는 강렬한 붉은색, 초록색, 푸른색을 주로 사용하는 자신만의 독특한 화풍을 발전시켜 나간다.

그림을 그리며 어느 정도 자아의 성취를 이룬 고흐였지만 경제적 형편은 나아지지 않았다. 돈이 없어 끼니를 술과 커피로 때울 정도였다. 밤에는 모자 위에 촛불을 올려놓고 그림을 그려야 했다. 가난과 정신질환에 시달리며 10년 동안 미친 듯 그림만 그렸다.

〈까마귀가 나는 밀밭〉은 한때 고흐의 유작이라고 널리 알려진 그림이다. 물론 최근에 와서야 그 이후의 작품들이 발견되긴 했지만, 그림에서 느껴지는 어두운 기운이 죽음을 연상시키기에 충분하다. 우선 검은색과 청색의 하늘은 암울하고 불길한 느낌으로 마치 폭풍이 오기 전의 하늘같다. 요동치는 하늘아래에는 강한 붓 터치로 힘 있게 흔들리는 밀밭을 그렸다. 길은 총 세 갈래인데, 길의 표면은 포도주 빛으로 물들어서 마치 피와 같은 모습을 보여준다.

양쪽으로 향한 길들은 그 끝이 화면의 양 테두리에 의해 잘려 있어서 막히고 단절된 느낌을 주지만, 중앙의 길은 지평선과 맞닿아 있기에 무언가 그 끝에 기다리고 있다는 느낌을 준다. 고흐는 동생 테오와의 편지에서 수확하는 농부와 밀밭에서 죽음의 이미지를 엿봤다고 고백한다. 실제로 고흐는 죽기 얼마 전부터 40여점에 달하는 밀밭 그림을 그리기도 했다.

한편 고흐가 죽기 1년 전 생 레미의 정신병원에서 그린 〈별이 빛나는 밤에〉는 앞의 그림보다 밝은 느낌을 준다. 어슴푸레한 새벽, 샛별이 빛나는 하늘이 영롱하다. 별빛이 소용돌이치는 밤하늘을 표현하기 위해 점선을 이어 그렸다. 그림 왼쪽에 불길하게 일렁이는 검은 불꽃은 사이프러스 나무다. 사이프러스는 죽음과 애도를 뜻한다. 고흐는 죽음을 통해서만 별을 향해 나아갈 수 있다고 편지에 적은 바 있다. 마을에 있는 교회 첨탑이 별에서 한참 모자라지만 죽음은 별 가까이 있는 것이다.

고흐는 동생과 주고받은 편지에서 이렇게 말한다. "잃어버린 지난 시간을 만회하려면 남들보다 더욱 열심히 그림을 그려야겠지." 그는 그 말을 증명하듯 골방에 틀어박혀 10년 동안 그림만 그렸다.

정신병과 가난과 불확실한 미래와 싸우며 하루하루를 버텨냈던 그의 10년. 고흐의 10년 동안의 투쟁은 그의 그림과 편지에 고스란히 나타나 있다. 흐드러진 밀밭의 거친 붓터치와 소용돌이치는 하늘의 움직임은 시대를 잘못 타고난 비운의 천재 고흐가 바라본 세상의 마지막 풍경은 아니었을까.

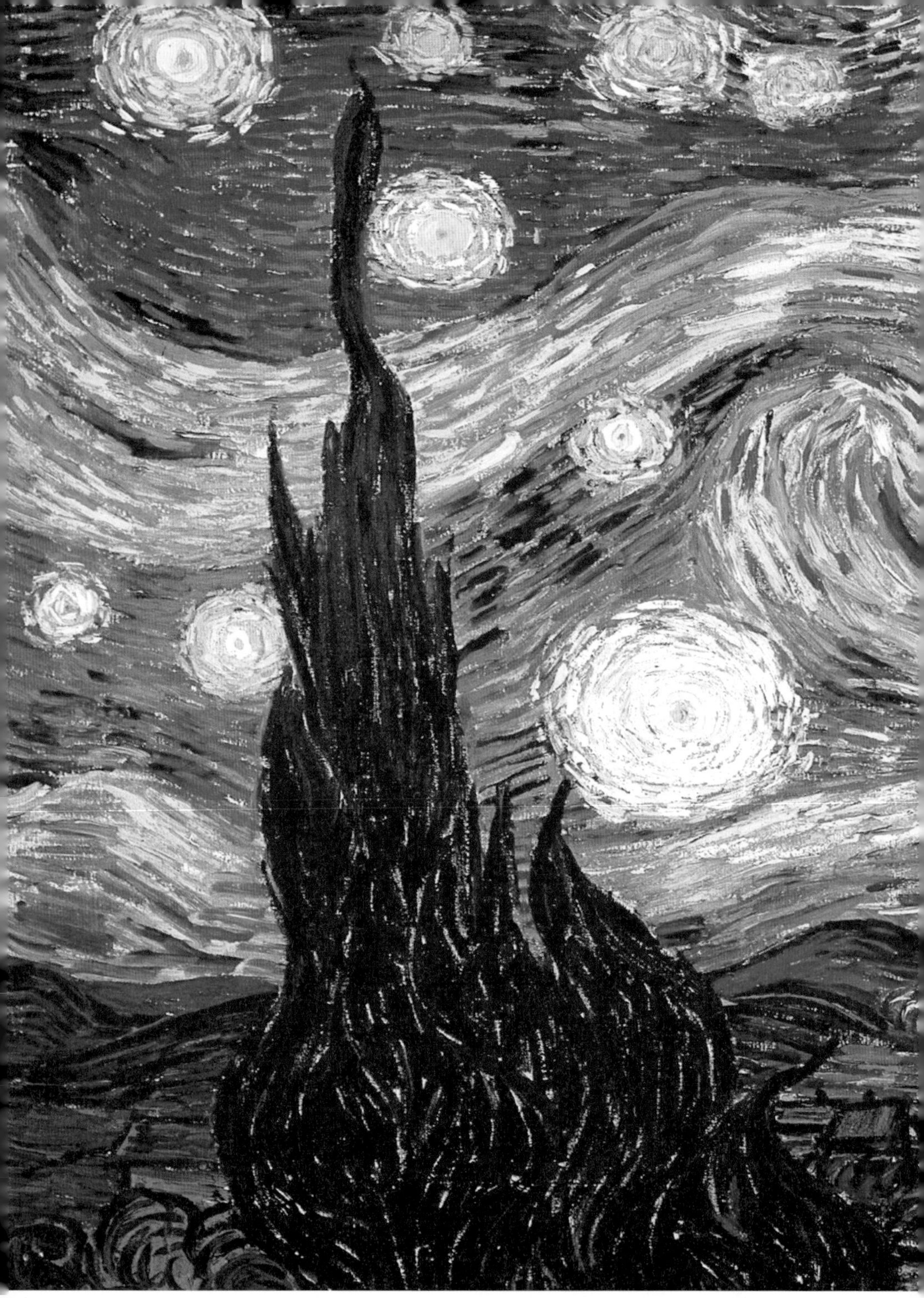

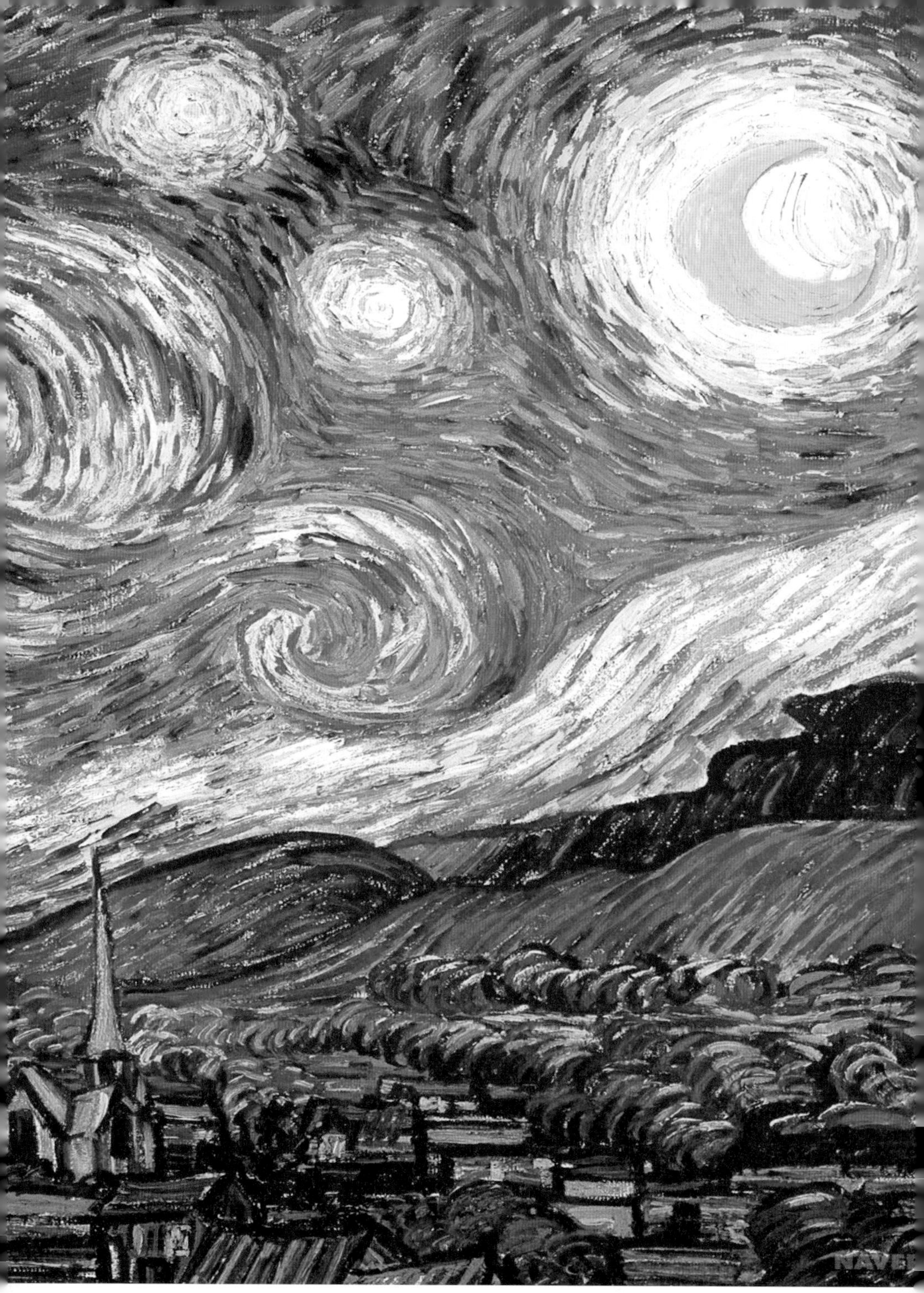

반 고흐, 〈별이 빛나는 밤에〉, 1889

02
과장된 웃음 속에 담긴 혼란의 슬픔, 반항, 분노

위에민준 | 처형

이를 한껏 드러내고 시원하게 웃는 모습은 보는 이들까지도 후련하게 만든다. 하지만 때와 장소에 맞지 않는 박장대소라면 난감할 때가 있다. 바로 위에민준의 그림이 그렇다. 입을 크게 벌리고 하얀 이를 드러낸 채 활짝 웃는 특유의 인물 캐릭터로 냉소적 리얼리즘을 보여 주는 그의 작품은 중국 사회의 급격한 변화에 대한 작가 자신의 풍자와 탄핵, 집단화에 대한 거부의 몸짓으로 웃음의 역설을 보여준다.

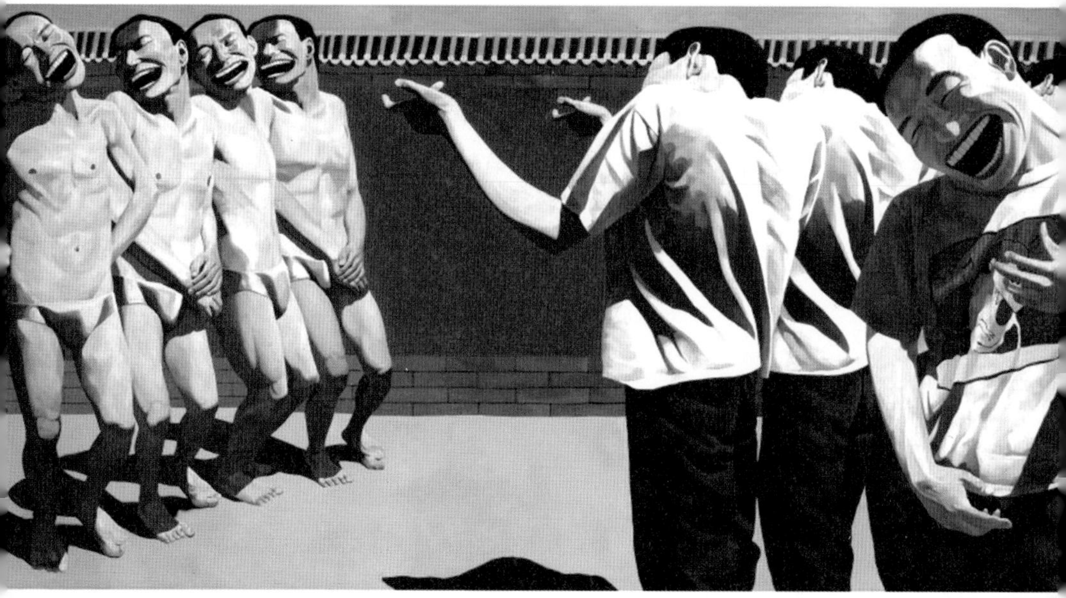

위에민준, 〈처형〉, 1995

군인 가정에서 태어난 그는 고등학교를 졸업하고 톈진의 석유공장에서 일했다. 1985년 서양의 모더니즘을 도입한 현대주의적인 청년 미술 사조가 한창 유행하던 때 허베이 사범대학 회화과에 입학하였고, 그 역시 85신사조 운동에 동참하였다. 1989년 대학을 졸업하고 본격적인 전업화가의 길을 걷기 시작하였다.

자기만의 예술세계를 찾고자 고민한 위에민준은 처음에는 과장된 제스처와 색상으로 주변 친구들의 모습을 화폭에 담았다. 하지만 점차 중국 노동자의 비참한 삶과 현대 중국의 모순을 깨달으면서 세상에 대한 조롱과 비판을 작품에 담게 되었다. 사회를 향해 박장대소 속 냉소를 던지는 그림 속 인물들 역시 그 자신으로 바뀌었다.

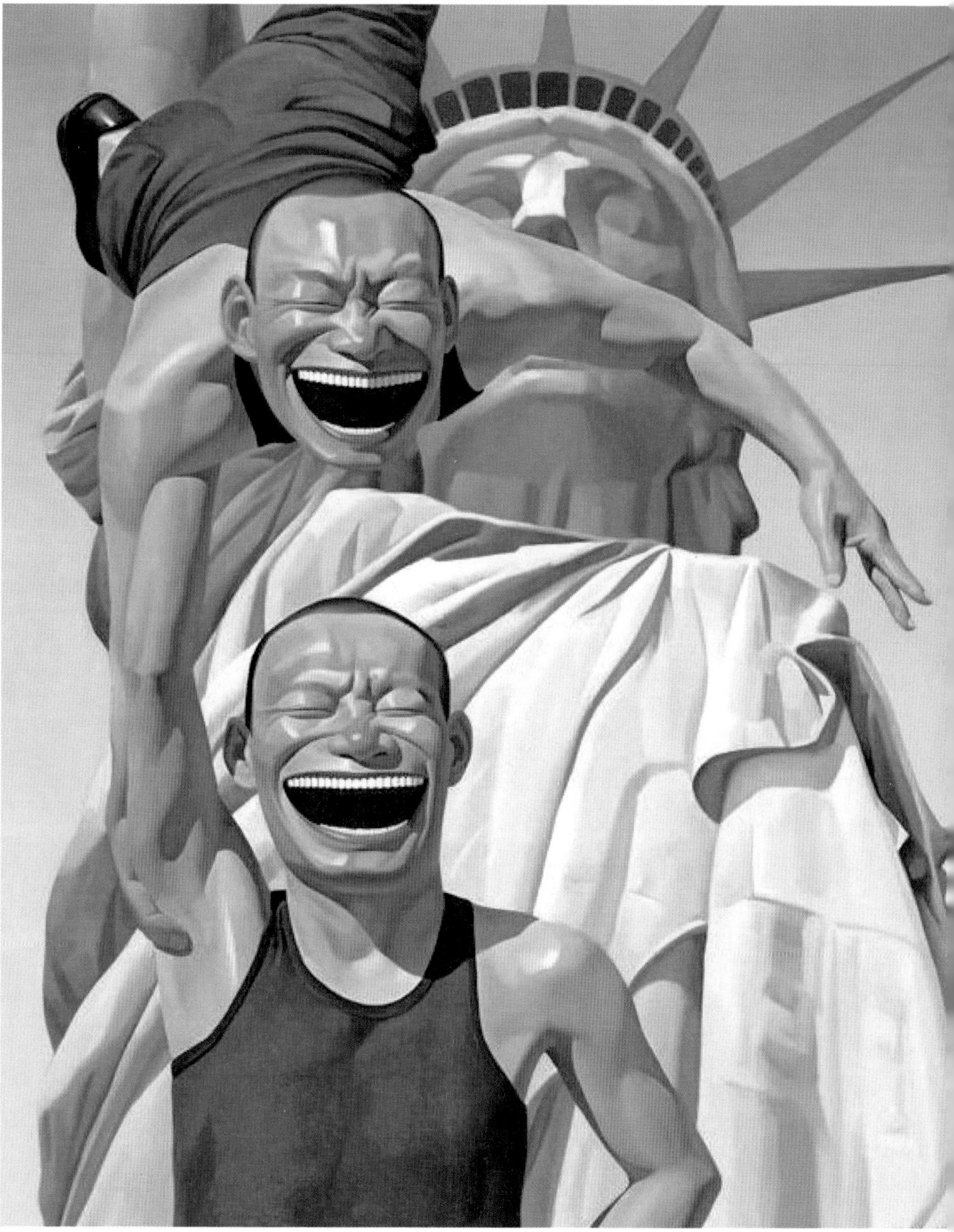

위에민준, 〈자유로 이끄는 여신〉, 1996

화가 본인을 모델로 한 그림 속 남자들은 우스꽝스러운 복장(혹은 옷을 벗고 있다)에 요상한 몸짓을 한 채 입을 크게 벌리고 하얀 이를 드러내 보이며 과격하게 웃어댄다.

눈을 감고서 크게 웃고 있는 인물은 들라크루아의 〈민중을 이끄는 자유의 여신〉, 마네의 〈막시밀리안 황제의 처형〉과 같은 서양의 명작들이나 중국의 전통을 상징하는 다양한 사물들과 함께 등장하였다. 그는 우주의 창공과 지구 끝에서도 웃는다. 그의 웃음은 모든 경계를 초월한다. 이념적 경계, 남녀의 구분, 평화와 폭력의 대치도 그의 웃고 있는 캐릭터 앞에서는 의미를 잃고 다른 이들도 그의 냉소에 동참케 한다.

그의 대표작 중 하나인 〈처형〉은 고야의 〈1808년 5월 3일〉에서 영감을 받았다. 천안문 사태를 연상시키는 신랄한 작품으로, 2007년 런던에서 약 60억 원에 낙찰되었다.

그의 과장된 웃음은 배경을 달리하며 수많은 장소에서 반복되어 등장함에 따라 이제 그것을 바라보는 사람들의 시각과 심리를 지배하는 하나의 아이콘으로 자리 잡았다. 모든 이념적 경계와 남녀의 구분, 평화와 폭력의 대치도 그의 웃고 있는 인물상 앞에서는 의미를 잃어버렸다.

영원히 살아 움직이는 생명력을 부여받은 그의 자화상은 폭넓은 대상을 조준하며 웃음의 역설을 보여주었다. 화난 것처럼 벌건 얼굴로 미친 듯이 웃고 있는 남자를 전 세계가 사랑하는 이유다.

03
극과 극이 만나 빚어낸 순수

키스 해링 | 크랙은 안 돼

밝은 색채의 몸통, 동그란 머리에 동그란 손발. 친숙한 모양의 얼굴 없는 인물들은 한때 아이들 사이에서 많은 인기를 누렸던 '졸라맨'을 닮은 것도 같다. 단순하고 깔끔한 형태가 현대인들의 마음을 사로잡은 것일까.

'팝숍'을 직접 열어 우산, 포스터, 벽화, 티셔츠 등으로 자신의 이미지를 판매한 키스 해링은 대중에게 큰 호응을 얻었다. 하지만 생기 넘치는 해링 특유의 인물들 속에 담긴 메시지까지 파악하고 있는 이는 그리 많지 않은 듯하다.

키스 해링은 1958년 미국 필라델피아에서 태어나 쿠츠타운(Kutztown)에서 성장하였다. 어린 시절부터 예술에 흥미를 가졌던 그는 1976년 피츠버그의 아이비전문예술학교에 입학하여 그래픽 디자인을 공부했다. 그러나 이에 별 흥미를 느끼지 못한 그는 1978년 뉴욕으로 이사해 시각예술학교(School of Visual Art)에 입학했다. 그는 뉴욕 거리의 벽면과 지하철 플랫폼에 그려져 있는 낙서 스타일의 그림을 보고 깊은 영감을 얻어 길거리, 지하철, 클럽 등의 벽을 캔버스로 삼기 시작했다.

1981년부터 지하철에서 낙서화를 시작한 그는 처음에는 동물을 그리다가 동물에 가까운 네발로 기는 작은 사람을 그리게 됐고, 작업을 반복함에 따라 그 형체가 지금 해링 작품에서 흔히 볼 수 있는 어린아이로 변했다. 이후 수많은 공공장소에 어린이를 등장시킨 벽화를 그리거나 조각 작품을 만들었다.

그의 간결한 선과 생생한 원색, 재치와 유머가 넘치는 기법들은 뉴욕 지하철에서 처음으로 대중의 관심을 얻게 되었고

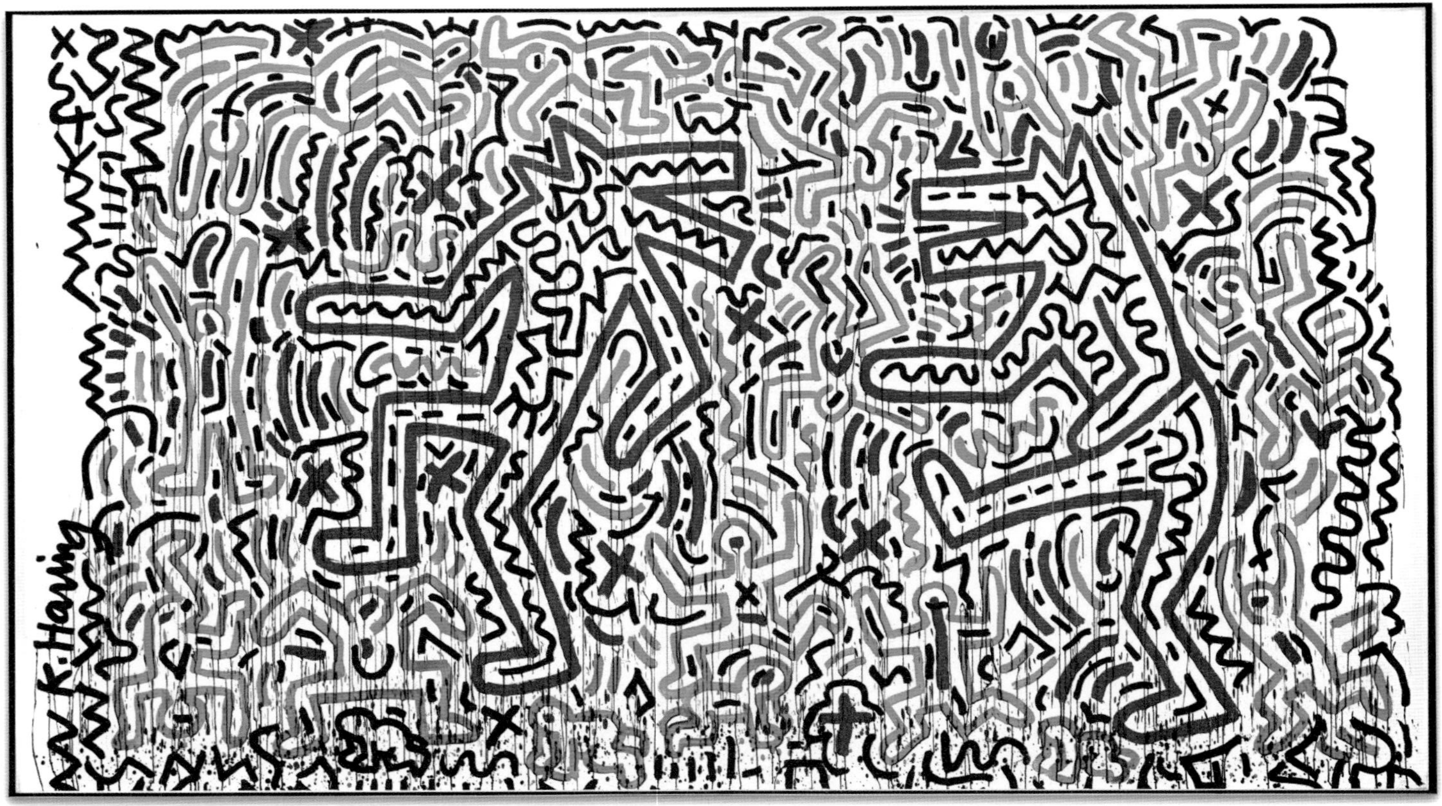

해링, 무제(춤추는 개), 1981(해링의 낙서화 대부분이 〈무제〉인 경우가 많다)

1981년 토니 샤프라치의 갤러리에서 개인전을 열게 되었다. 해링은 이 전시를 계기로 스타 작가로 떠올랐다. 낙서화의 형식을 빌려 새로운 회화 양식을 창조해낸 그의 그림은 뉴욕의 새로운 흐름을 주도하게 되었다.

『라이프』지를 읽고 월트 디즈니를 TV로 보면서 우드스탁 운동을 접한 해링의 10대 시절은 이후 자신의 예술 세계에 큰 영향을 미쳤고, 해링은 사회의 많은 무거운 고민들을 단순한 터치의 벽화로 밝게 풀어냈다. 예술은 소수의 특정 집단을 위한 것이 아닌, 모두를 위한 것이라고 믿었던 그의 철학이 작품의 성격과 위치 선정에 그대로 반영되었기 때문이다.

대표작 중 하나인 〈크랙은 안 돼(Crack is wack)〉는 뉴욕 이스트할렘의 버려진 핸드볼 코트 벽에 그린 그림이다. 근처 고속도로를 지나는 운전자들에게 가장 눈에 잘 띄는 위치가 이곳이었기에 해링이 선택했다. 당시 뉴욕에서 마약이 급속도로 확산되는 상황에서 그는 정부 대응을 촉구하는 마약반대 캠페인을 시작했다(크랙은 강력한 코카인의 일종인 마약이다).

단순하고 큼직한 알파벳과 해링 특유의 생동감 넘치는 아

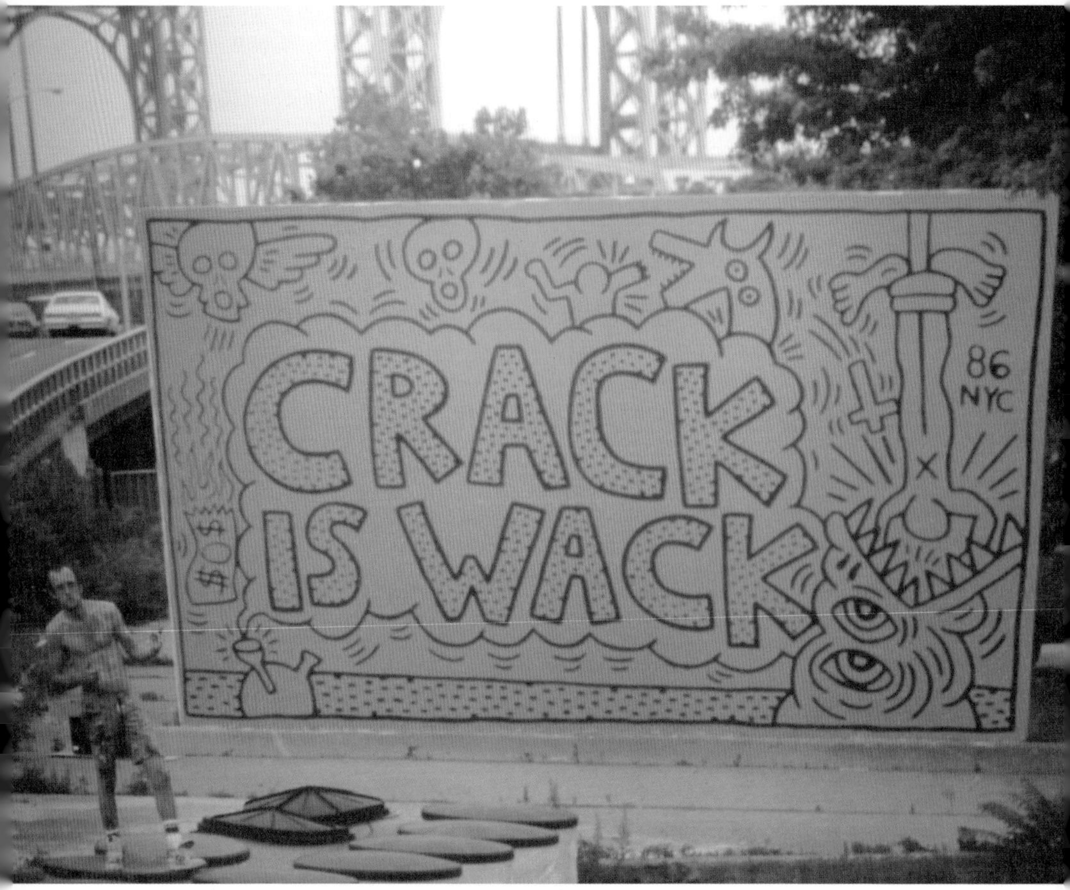

해링, 〈크랙은 안 돼〉, 1986(왼쪽에 포즈를 취한 남자가 바로 키스 해링이다)

이들이 등장하는 이 작품에는 두 개의 해골, 팔을 뜯어먹은 개, 거꾸로 매달린 사람을 잡아먹으려 하는 괴물 등 마약으로 인한 죽음을 상징적으로 나타내는 요소들이 곳곳에 자리하고 있다. 1986년 해링은 소호(SoHo)에 '팝숍'을 열고 자기 작품들을 티셔츠, 장난감, 포스터 등으로 상품화해 판매하기 시작했다. 이를 통해 그는 상위 예술과 하위 예술의 장벽을 무너트리려 노력하였으며, 팝숍을 개점하면서 그의 작품들은 더욱 에이즈(AIDS), 마약 코카인 등과 같은 사회적·정치적 주제를 반영했다.

극도로 단순한 터치와 극적인 주제를 결합해, 자칫 순수해 보이기까지 하는 그림으로 이를 승화시켜 대중들에게 강렬한 메시지를 전달한 키스 해링. 1988년 에이즈 진단을 받은 그는 키스 해링 재단을 설립하여 에이즈 단체와 어린이 프로그램을 지원하고 에이즈에 대한 경각성을 일깨우는 데도 힘썼다.

해링이 에이즈 합병증으로 31세의 나이에 요절하자 〈크랙은 안 돼〉는 뉴욕의 랜드마크로 급부상하기도 했다. '낙서문화를 예술의 경지로 끌어올렸다'고 평가받는 키스 해링의 추종자들은 '그래피티 아트'라는 현대미술의 한 장르를 창출해냈다.

04
독창성 지워낸 복제 이미지에서 새로운 고유성을 찾다

앤디 워홀 | 캠벨 수프

2015년 6월 6일부터 9월 27일까지 DDP(동대문디자인플라자)에서 열린 《앤디 워홀 라이브》는 국내 최대규모의 앤디 워홀 전시회다. 이 전시회에서는 워홀의 고향 피츠버그에 있는 앤디 워홀 미술관의 소장 작품이 대거 공개되었다. 유년시절과 자화상 사진부터 〈캠벨 수프〉 시리즈, 실크스크린 작품들과 영화까지 400여 점이 전시되었다. 사진을 찍을 수 있는 포토존이 여러 군데 있는데, 가장 눈에 띄는 오브제는 역시 붉은 캠벨 수프였다.

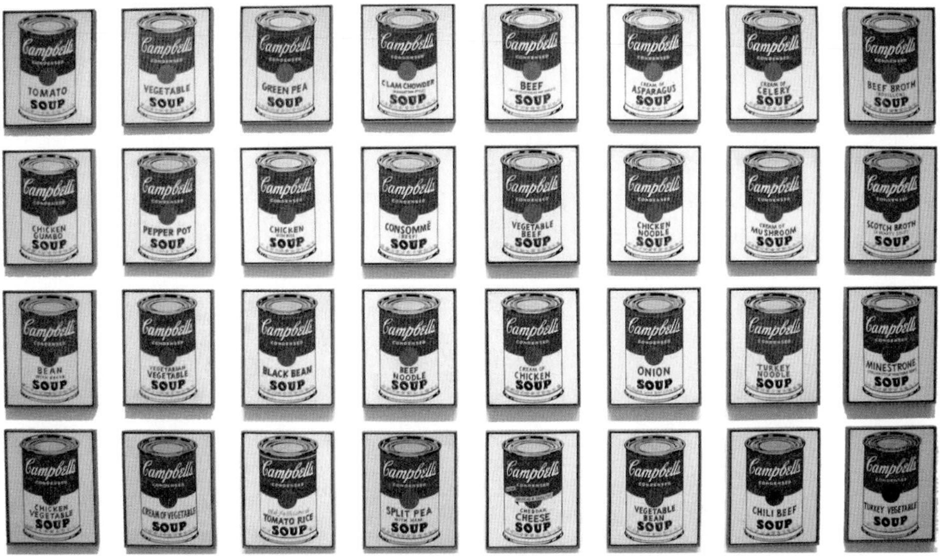
Campbell's TOMATO SOUP
Campbell's VEGETABLE SOUP
Campbell's GREEN PEA SOUP
Campbell's CLAM CHOWDER SOUP
Campbell's BEEF SOUP
Campbell's CREAM OF ASPARAGUS SOUP
Campbell's CREAM OF CELERY SOUP
Campbell's BEEF BROTH SOUP
Campbell's CHICKEN GUMBO SOUP
Campbell's PEPPER POT SOUP
Campbell's CHICKEN SOUP
Campbell's CONSOMMÉ SOUP
Campbell's VEGETABLE BEEF SOUP
Campbell's CHICKEN NOODLE SOUP
Campbell's CREAM OF MUSHROOM SOUP
Campbell's SCOTCH BROTH SOUP
Campbell's BEAN SOUP
Campbell's VEGETARIAN VEGETABLE SOUP
Campbell's BLACK BEAN SOUP
Campbell's BEEF NOODLE SOUP
Campbell's CREAM OF CHICKEN SOUP
Campbell's ONION SOUP
Campbell's TURKEY NOODLE SOUP
Campbell's MINESTRONE SOUP
Campbell's CHICKEN VEGETABLE SOUP
Campbell's CREAM OF VEGETABLE SOUP
Campbell's TOMATO RICE SOUP
Campbell's SPLIT PEA SOUP
Campbell's CHEDDAR CHEESE SOUP
Campbell's VEGETABLE BEAN SOUP
Campbell's CHILI BEEF SOUP
Campbell's TURKEY VEGETABLE SOUP

워홀, 〈캠벨 수프〉, 1962

매표소부터 전시관 내부까지 곳곳에 자리 잡은 캠벨 수프는 1960년대부터 워홀이 시작한 프로젝트 중 하나로, 그는 코카콜라 병이나 지폐 등 이미 유명한 상품을 실크스크린 판화로 제작하였다.

그가 선택한 주제는 잡지나 슈퍼의 진열대에 있는 것으로 워홀은 그것을 그의 스튜디오인 '팩토리(The Factory)'에서 조수들과 함께 대량 생산했다. 페루스 갤러리에서 열린 첫 개인전에서 그는 캠벨 수프 깡통을 그린 37점의 회화를 전시했다. 이 시기에 제작한 작품들은 대량생산되어 번호가 매겨지는 미국 문화의 어떤 속성, 특히 넘쳐나는 상품과 유명인 에 대한 논평이었다. 예를 들어 〈캠벨 수프〉 그림은 상품화에 대한 점점 더 늘어나는 무관심함에 대한 언급이며, 마릴린 먼로를 그린 〈마릴린〉은 번지르르하게 포장된 미국 문화의 천박함을 의미한다.

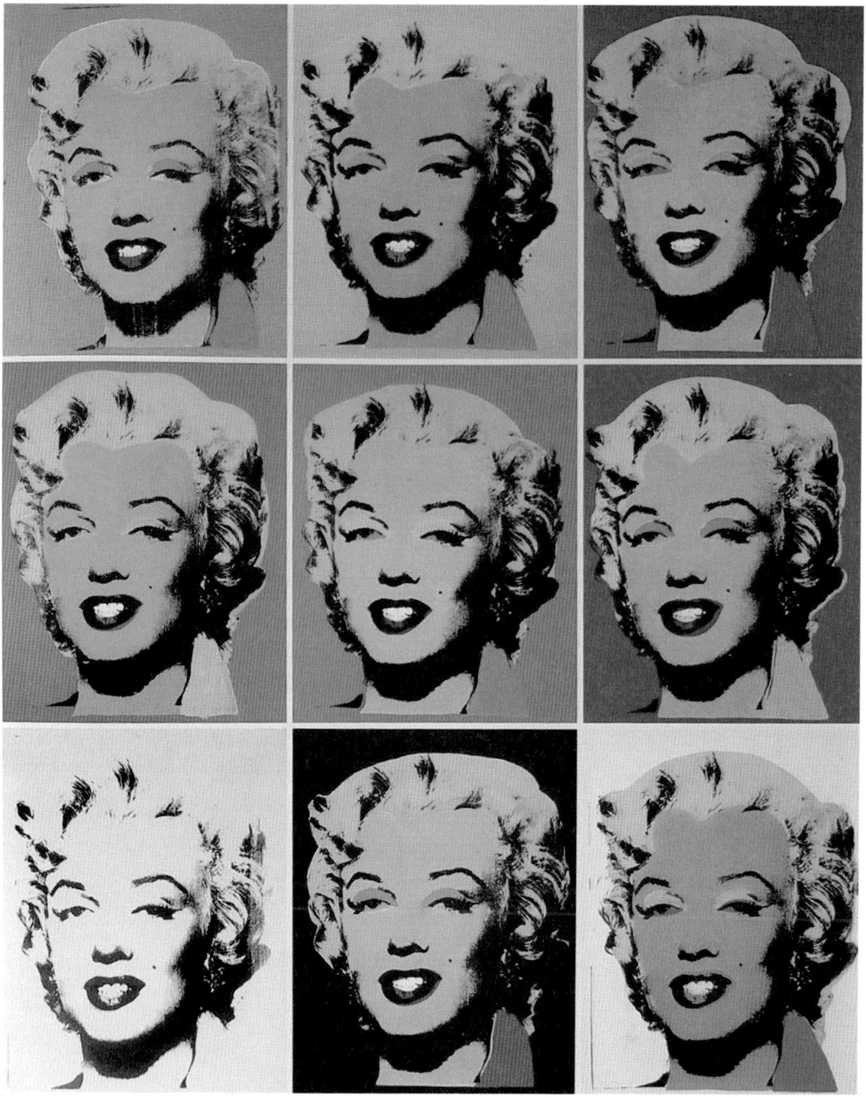

워홀, 〈마릴린〉, 1962

워홀의 작품은 미술의 전통적인 개념과 일상생활을 통합하는, 대중미술의 파생물인 팝아트 전제를 입증한다. 팝아트는 상업주의와 소비주의에 깊이 물들은 사회에 관해 이야기한다. 워홀은 "대상을 너무 오래 바라보면 그것의 의미를 모두 잃게 될까봐 두렵다"고도 말했다. 그럼에도 그는 대량생산이 특징인 이 문화를 받아들여 기계를 이용해 작업하는 실크스크린으로 작품을 생산했다. 그는 작업실의 조수들도 작품 제작에 참여시킴으로써, 의식적으로 완성작에서 미술가의 손길을 지워버렸다.

팝아트로 방향을 전환하기 전에 삽화와 무대 디자인을 맡기도 했었던 워홀은 〈첼시의 소녀들〉, 〈나의 허슬러〉와 같은 아방가르드 영화에도 손을 뻗어 다양한 영역을 개척했다. 또한 밴드 '벨벳 언더그라운드' 와 가수 겸 배우, 모델인 니코와 함께 레코드 작업에도 참여했으며, 1969년에는 미디어와 오락문화에 관한 잡지 『인터뷰(interview)』를 공동 창립하기도 했다. 『인터뷰』는 현재까지도 발행되고 있다.

워홀은 생전에 이미 현대미술의 아이콘으로 자리 잡았다. 전설이 된 그는 동시대 문화와 사회에 대한 날카로운 통찰력과 이를 시각화해내는 직관을 가지고 있었다. 워홀은 자신의 예술을 '세상의 거울'이라고 말했다. 스스로 기계이기를 원했던 워홀은 기계와 같은 미술을 만들어냈고 기계를 통해 무한히 복제되는 세계 속에서 그의 이미지도 명성과 함께 증식을 거듭하고 있다.

05
문제적 작가, 사생활을 예술로 끌어올리다

트레이시 에민 | 나의 침대

현대로 접어들수록 미술의 범위는 지극히 넓어지고 있다. 유럽과 미국에서 시작된 개념미술이 그 대표적인 예다. '종래 예술관을 외면하고 완성된 작품 자체보다 아이디어나 과정을 예술이라고 생각하는 새로운 미술'. 심지어 본인의 사생활을 거리낌 없이 작품에 담아내는 경우도 이제는 흔하다. 개념미술의 토대 위에서 사생활을 소재로 가장 큰 화제를 불러일으킨 작가를 뽑는다면, 트레이시 에민을 들 수 있다.

'고백의 여왕'이라고 불릴 만큼 자기고백적인 예술 활동으로 널리 알려진 트레이시 에민은 1963년 영국과 터키 혼혈로 7세 되던 해 부모의 사업 실패로 가족이 뿔뿔이 흩어지게 되었으며, 13세에 강간을 당한 후 집을 나와 고통스러운 시간을 보냈다. 두 번의 낙태 수술과 한 번의 유산, 폭음과 지나친 흡연, 심한 우울증, 그리고 자살 시도 등 그는 끊임없이 자신을 파괴하는 행동을 일삼았다. 13세에 학업을 중단하였지만, 친구의 권유로 단기 예술과정에 등록하고 미술을 공부했다. 한때 뭉크와 에곤 실레의 영향을 받아 표현주의 회화를 주로 그렸지만 1992년에 모든 작품을 파기해 버렸다.

이후 새로운 스타일의 작품세계를 구축한 에민은 자기 잠재력에 20파운드를 투자해 달라는 편지를 사람들에게 보냈고, 그 중 한 명이었던 제이 조플링이 자신의 갤러리에 에민이 전시회를 열 것을 제안했다. 이 첫 개인전의 이름은《나의 회고전》이었다. 말 그대로 지극히 개인적인 트레이시 에민의 삶을 대중에게 적나라하게 보여준 첫 무대였다.

"나의 삶이 곧 예술이고 나의 예술이 곧 나의 삶"이라고 말하는 그는 1995년 〈나와 함께 잤던 모든 사람들 1963-1995〉로 다시 주목을 받았다. 텐트 속에 이제까지 자신과 함께 잤던 102명의 이름을 적어 넣은 이 작품은 그가 태어난 1963년부터 이 작품이 완성된 1995년까지 그와 잠을 잤던 사람들의 이름, 여기에는 남자 친구의 이름뿐 아니라 자신을 키워주신 할머니의 이름과 가족의 이름, 친구, 낙태로 생명을 얻지 못한 아기의 이름까지 포함되어 있다. 즉 성적인 의미뿐만 아니라 같이 잠을 자며 느꼈던 따뜻함까지 모두 담겨져 있는 복합적인 작품이라 할 수 있다.

1999년 터너 상 후보에 올라 수상작보다 더 많은 화제를 몰고 다녔던 〈나의 침대〉는 구겨진 스타킹, 빈 술병, 사용된 콘돔 등이 어지럽게 널브러져 있는 그녀의 실제 침대를 고스란히 옮겨 놓은 설치미술이다. 물론 극적인 연출을 위해 치밀하게 계산된

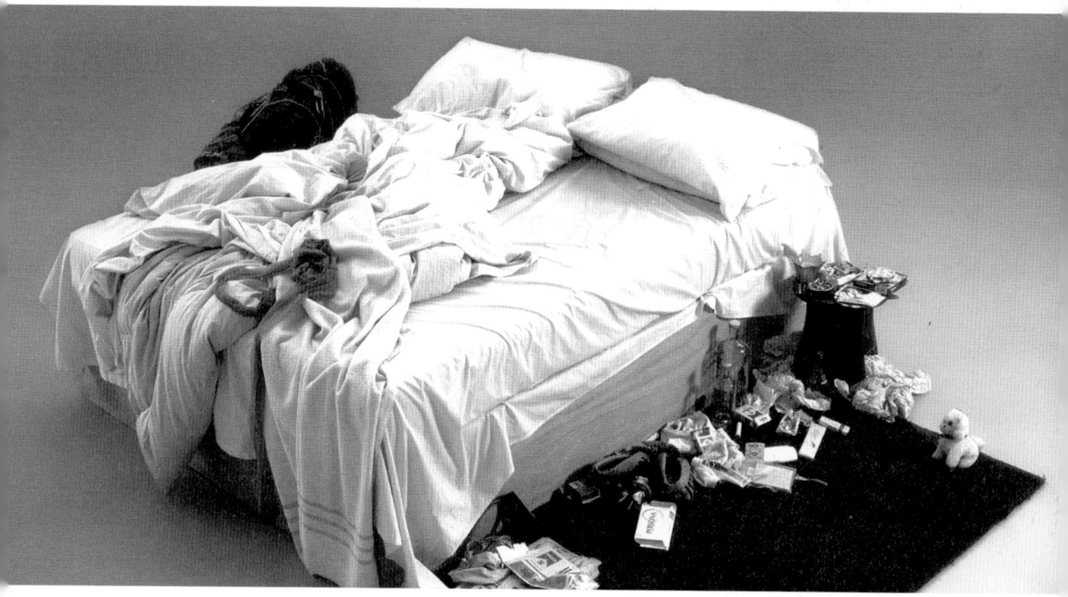

에민, 〈나의 침대〉, 1998

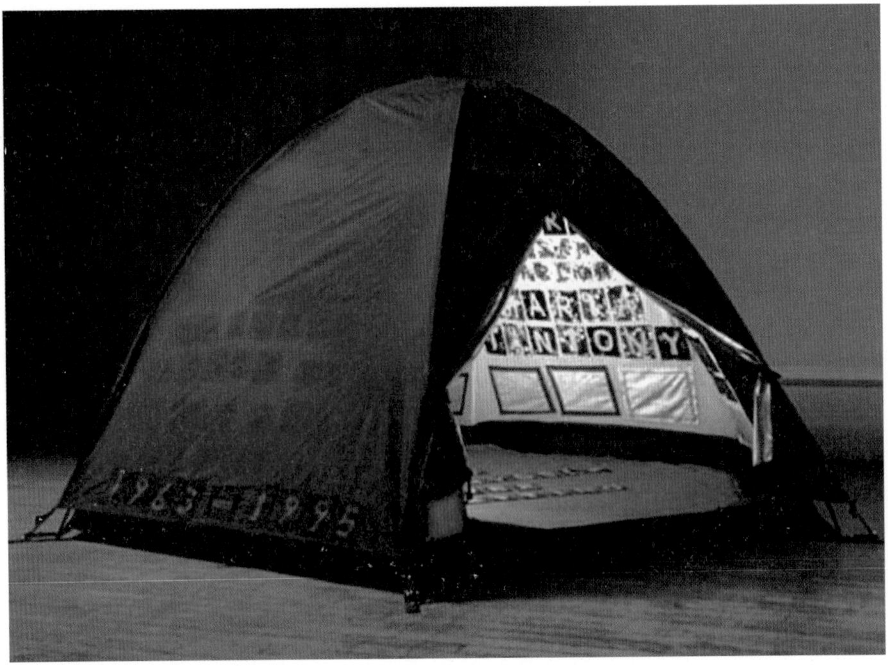

에민, 〈나와 함께 잤던 모든 사람들 1963-1995〉, 1995

작품일 텐데도 그녀의 '실제' 침대라고 할 수 있는 이유는 대부분은 숨기고 싶어할 자신의 치부, '실제' 삶을 적나라하게 침대라는 소재를 통해 드러냈기 때문일 것이다. 낡은 침대와 온갖 잡동사니들로 가득 찬 그의 침대에서 오래도록 자리를 뜨지 못하는 이유는 그 안에 진실이 담겨 있기 때문이다.

에민은 회화, 드로잉, 콜라주, 퍼포먼스, 사진, 영화, 네온과 미디어 설치 작업에 이르기까지 다양한 매체를 자기 고백적인 예술에 이용해 왔다. 최근에는 2013년 네온 작품이 미국의 패션지 『하퍼스 바자』에 실리는 등 펑키하고 트렌디한 방향으로의 예술에도 깊게 발을 들이며 스펙트럼을 넓히고 있다.

06
비닐봉지 속에 담긴 정체성을 찾아라

개빈 터크 | 비닐봉지

슈퍼마켓에 가서 "봉지에 싸 주세요"라고 부탁하면 가장 자주 받는 검은 비닐봉지. 오랫동안 썩지 않아 환경파괴의 주범이라 불리기도 하지만 휴대가 간편하고 무거운 짐을 실어도 튼튼하게 버텨 주는 덕에 여전히 일상 속에서 자주 볼 수 있다. 이런 잇 아이템(?)을 현대미술가들이 놓칠 리 없었다. 그중 제일 강렬한 인상을 남긴 작품은 개빈 터크의 〈비닐봉지〉였다.

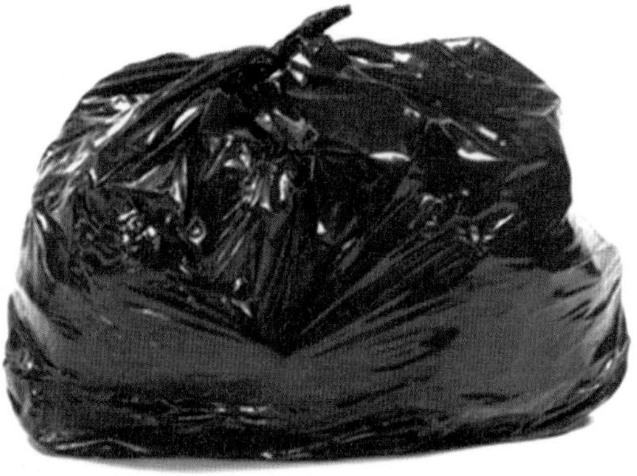

터크, 〈비닐봉지(Bag)〉, 2000

영국 현대미술의 주역인 YBA의 대표 작가 개빈 터크는 〈비닐봉지〉 연작 이외에도 앤디 워홀과 자신의 얼굴을 합성한 초상화, 말라비틀어진 사과, 항상 기발한 오브제들로 자신의 정체성과 예술의 가치, 이 세계에 대한 의문을 제시해 왔다.

그는 데뷔초부터 예사롭지 않았다. 1991년 런던의 왕립미술학교(Royal College of Art)를 졸업하며 '개빈 터크, 조각가, 여기서 작업하다 1989-1991'라고 쓰인 둥근 기념패만 달랑 설치해 교수들로부터 맹비난을 받은 적도 있다.

다소 건방져 보이는 졸업작품 때문에 이 대학 역사상 최초로 학위를 받지 못하는 불명예를 안기도 했다. 그러나 본인은 이에 크게 신경쓰지 않았다. 대학시절이 막 끝났음을 알리는 동시에, 아티스트로써 이제 예술의 본질을 파고들 때가 왔음을 알린 신호탄이었다. 이 작품은 교수들에겐 외면받았지만 미술계에서 단연 주목을 끌었고, 아트 딜러였던 제이 조플링의 눈에 띄어 YBA 중심작가로 도약할 수 있었다.

개빈 터크의 〈비닐봉지〉는 보이는 것처럼 진짜 쓰레기 봉지가 아니라 채색된 청동 조각이다. 서구 사회뿐만 아니라 대부분의 나라에서는 커다란 검정 비닐봉지가 '쓰레기 봉지'로 인식되고 있다. 특히 불법으로 버리는 음식물 쓰레기를 자주 검은 비닐봉지에 버린다. 그래서 꽉 찬 비닐봉지는 소비주의 사회와 환경에 대한 관심의 부재, 그리고 변하는 개인의 충성도 등의 상징으로 해석할 수 있다.

이 청동조각은 실재에 대한 환영을 강조하고, 눈을 속이며, 과거의 미술, 특히 바로크 시대에 찬양된 트롱프뢰유 회화를 상기시킨다. 개빈 터크는 사람들이 버리는 것과 미술관에 전시하는 것이 우리의 문화를 정의한다고 믿는다. 이 작품으로 그는 미술관의 진지함을 비웃는다.

터크는 사람들이 익숙한 사물과 어떻게 관련되는지, 그리고 왜 어떤 물건을 소중히 다뤄지고 어떤 물건은 경시되는지에 대해 고찰했다. 사실 어떤 미술품은 우상화되고, 다른 것은 무시되는 이유를 고찰하는 것이 그의 주요 관심사였다. 전시되었을 때,

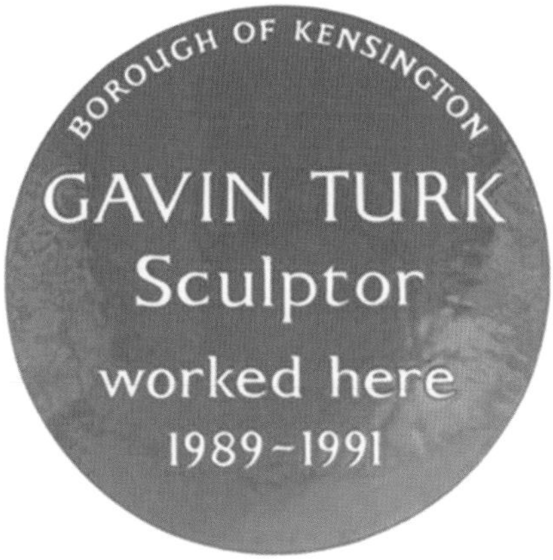

터크, 〈cave〉, 2000

사람들은 미술 작품임을 깨닫지 못하고 이 작품을 지나갔다고 한다. 터크는 비닐봉지를 다양한 버전으로 제작하고 여러 미술관에 전시했는데, 대체로 무례하고 모멸적인 대접을 받았다. 바로 이것이 작가가 기대한 것이었다.

〈비닐봉지〉 연작 이외에도 다양한 설치, 평면, 조각 작업을 통해 저자성, 진위성, 정체성에 대해 끊임없이 이슈를 제기해온 터크는 현재에도 남다른 재치와 참신한 비주얼을 무기로 정체성, 팝 문화, 예술의 가치와 본질에 대해 신랄한 의문을 던지며 독특한 개념미술을 잇따라 발표하고 있다.

07
사물의 본질과 영원성을 탐구하다

폴 세잔 | 생 빅투아르산

초록에 물든 산을 걷다보면 새삼 여름이구나 생각한다. 얼마 전까지만 해도 황량하던 산이 부지불식간에 녹음으로 푸르러지고 있는 것이다. 계절은 빠르게 변하고 그에 따라 세상이 차려 입는 옷도 달라진다. 폴 세잔은 이처럼 빠르게 변하는 세계 속에서 변하지 않는 사물의 본질을 작품 속에 그려내고자 했던 작가다.

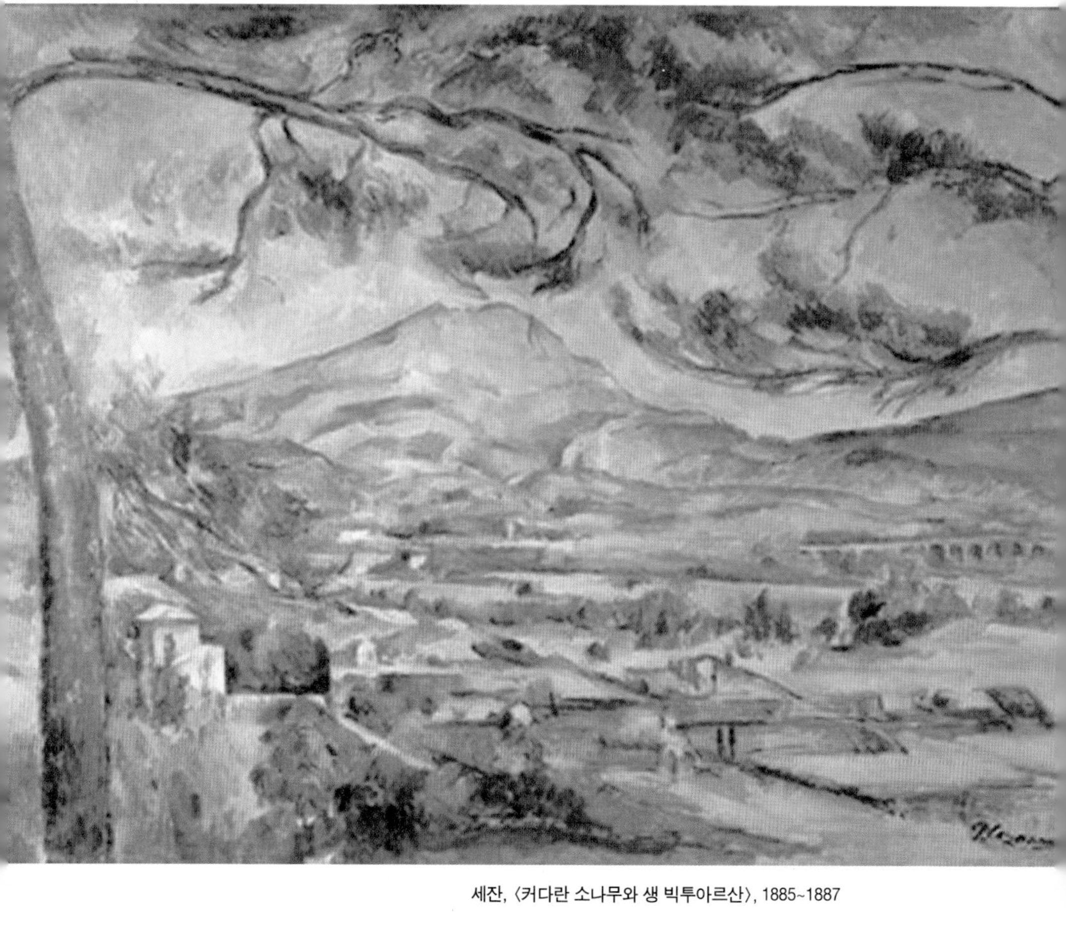

세잔, 〈커다란 소나무와 생 빅투아르산〉, 1885~1887

세잔은 프랑스 남부 엑상프로방스에서 모자 장수인 아버지 밑에서 자랐다. 세잔에게 미술가의 꿈을 키워준 건 다름 아닌 어머니였다. 엄격했던 아버지는 세잔이 법률가가 되기를 바랐고, 부자간의 의견다툼이 잦았다. 어머니 앤은 그때마다 아들의 편을 들어줬고 세잔이 파리로 미술공부를 할 수 있게 아버지를 설득했다. 22세에 파리로 건너온 세잔은 인상주의 화가 피사로 밑에서 거장들의 미술을 공부한다.

흔히 예술의 대가들을 두 종류로 나누고는 한다. 일찍이 빛을 본 천재형 예술가와 시간이 지나며 서서히 인정받은 대기만성형 예술가. 세잔은 후자에 속했다. 사교성이 좋지 못해 언제나 그림에만 몰두했지만 살롱전에서 낙방하는 등 세상은 그의 작품을 알아주지 않았다. 그럼에도 세잔은 자신만의 화풍을 만들어 내기 위해 세상과 단절한 채 끊임없는 미술적 실험을 거듭했다. 그런 그가 평생에 걸쳐 천착했던 소재는 바로 생 빅투아르산과 사과였다.

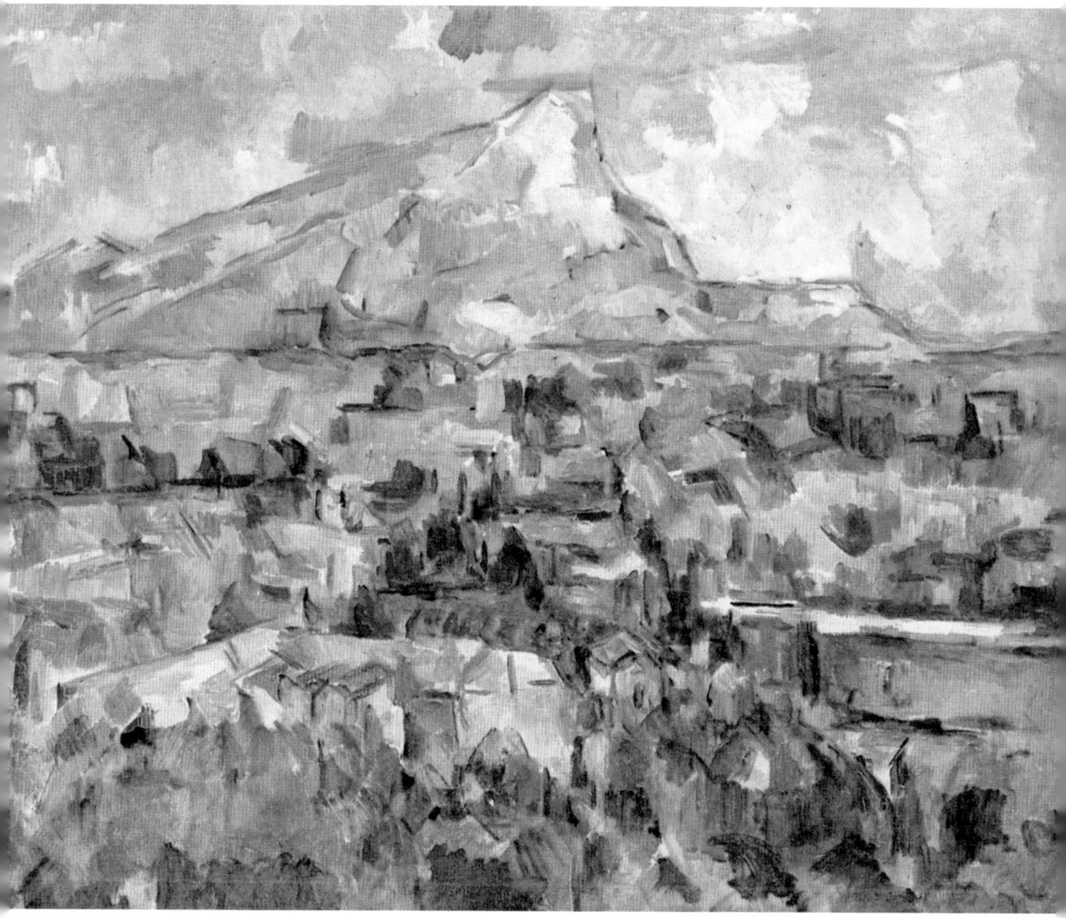

세잔, 〈생 빅투아르산〉, 1904

세잔은 생애 마지막 20년을 고향 엑상프로방스로 돌아가 생 빅투아르산을 그리며 보냈다. 생 빅투아르산은 그의 고향 엑상프로방스에 있는 거대한 돌산이다. 세잔이 생 빅투아르를 그린 그림만 30점이 넘을 정도로 세잔은 그 산을 사랑했다. 어렸을 적 절친한 친구였던 소설가 에밀졸라와 함께 그 산을 오르며 꿈을 키웠던 기억 탓도 있다.

30여 점이 넘는 생 빅투아르산의 변모과정을 살피다보면 세잔이 인상주의에서 자신만의 독자적인 화풍으로 넘어가는 것을 확인할 수 있다.

초기에 그려진 생 빅투아르산은 풍경의 여러 모습을 구별할 수 있다. 푸른빛으로 채색된 생 빅투아르산을 중심으로 논과 밭이 펼쳐져 평화로운 정경을 그리고 있다. 그림의 전경을 차지하는 긴 소나무가 산등성이와 비슷한 곡선을 따라가고 있다.

한편 후기의 그림은 흡사 모자이크화를 보는 듯하다. 영원히 변하지 않는 사물의 본질을 그리기 위해 삼각형, 사각형의 도형으로 사물을 단순화시켰다. 세모꼴의 뾰족한 산과 하늘을 비슷한 계통의 푸른색으로 칠해 산의 윤곽선만으로 둘을 구분짓고 있다.

이처럼 원근법을 무시하고 사물의 본질을 기본적인 형태로 단순화한 세잔의 형식은 피카소로 대표되는 큐비즘에 큰 영향을 미치게 된다. 사물을 보이는 대로 그리지 않고 그것이 가지고 있는 본질을 추구하려했던 세잔. 그는 자신만의 예술을 확립하기 위해 같은 소재를 수없이 그리는 장인정신의 화가였다. 사과가 썩어 문드러지고 생 빅투아르산이 계절의 옷을 갈아입어도 그 변화 속에서 변치 않는 무언가를 포착해내려 했다. 그렇게 그는 오늘날 현대미술의 아버지로 불리고 있다.

08
사실의 예술로 혁명을 일으키다

귀스타브 쿠르베 | 화가의 작업실

일상 속에서 예술의 씨앗을 발견하는 일이 있다. 그것은 너무 평범하거나 사소해서 곧잘 외면받고는 한다. 그것을 포착해 내는 것은 예술가의 섬세한 감성과 날카로운 시선이다. 바람에 흔들리는 느티나무의 춤사위에서도, 새벽 첫차를 타고 일터로 떠나는 사람들의 얼굴에서도 예술은 피어날 수 있다.

하지만 이런 생각은 19세기 초까지만 해도 대단히 진보적인 생각이었다. 눈에 보이는 것을 있는

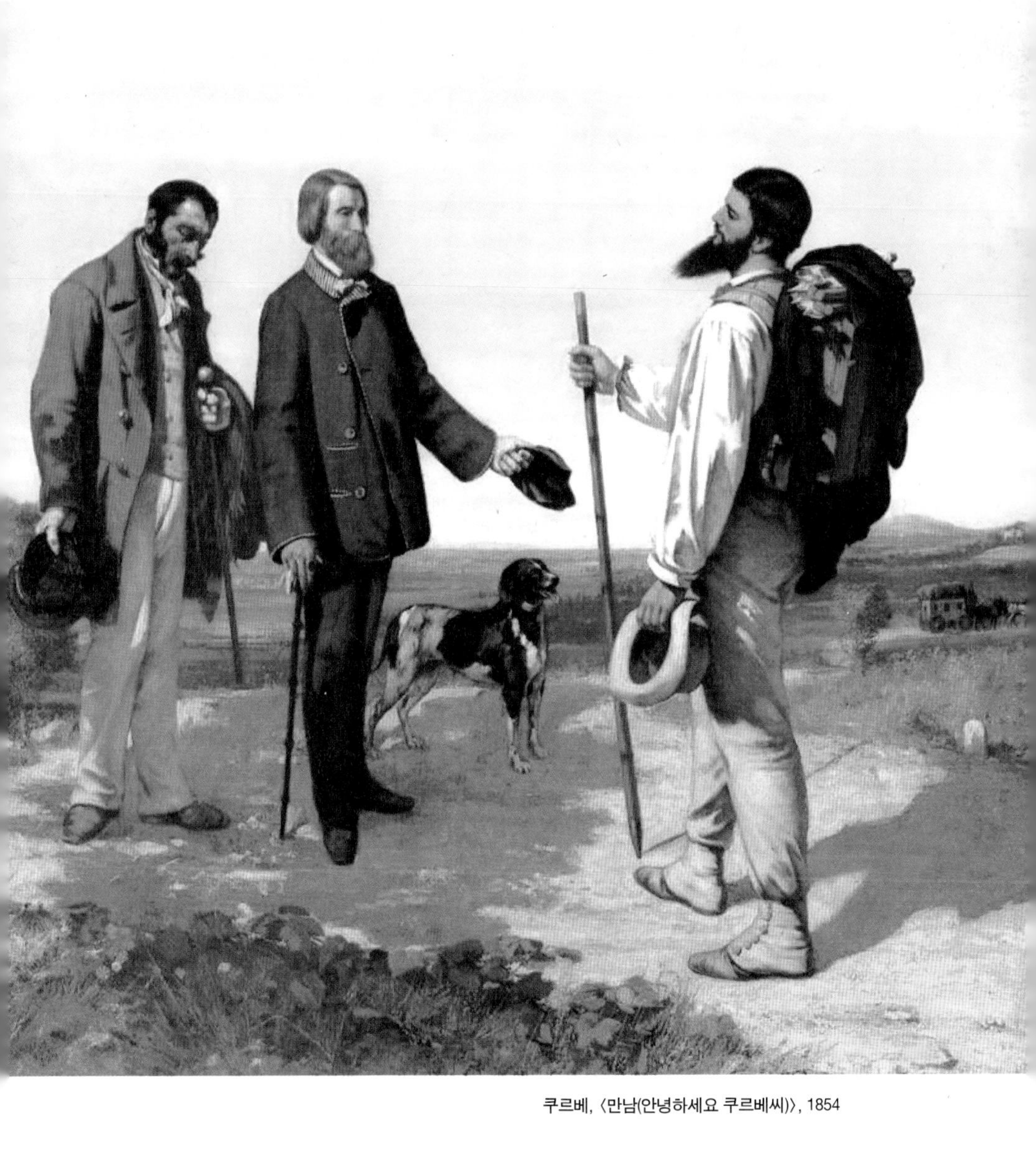

쿠르베, 〈만남(안녕하세요 쿠르베씨)〉, 1854

그대로 그리는 '사실주의'의 등장은 당시로서는 혁명적이었다. 그리고 사실주의의 선두에는 귀스타브 쿠르베(Gustave Courbet, 1819~1877)가 있었다.

천사를 그려달라는 주문에 "천사를 실제로 본 적이 없기에 그릴 수 없다"고 잘라 말한 쿠르베. 그는 파리세계박람회에 출품을 거절당하자 박람회장 앞에 따로 가건물을 세워 자신의 작품을 전시하고 '사실주의'를 선언한다.

쿠르베의 지향점은 신고전주의의 과거도, 낭만주의의 몽상도 아니었다. 그는 철저히 현실에 집중했다. 그가 화폭에 담아냈던 건 현실을 치열하게 살아가고 있던 당대의 사람들이었다. 돌을 깨부수는 노인과 청년, 삼등열차를 타고 어디론가 떠나는 초췌한 얼굴의 아낙들, 장례식장의 풍경 따위가 쿠르베 초기작품의 주제가 되었다. 그것이 곧 현실이었고, 진실한 예술의 재료였다.

오르낭이라는 시골에서 부농의 자식으로 태어난 쿠르베. 그는 정식 아카데미 교육을 거부하고 사립학교에서 그림을 배웠다. 이후 파리로 건너와 미술관을 전전하며 대가들의 작품을 모사하며 공부했다.

그래서인지 관습을 깨부수는 반항아적 기질을 가진 예술가로 성장할 수 있었다. 1885년 작품인 〈화가의 작업실〉은 쿠르베가 7년 동안 화가생활을 하며 고민한 자신의 철학을 우화적으로 담고 있다.

이 그림은 수평구조로 이뤄져 있는데 이는 이전의 낭만주의, 바로크 양식이 수직구조로 천상과 지상을 나눴던 관습을 타파한 것이다. 중앙 부분에 그림을 그리고 있는 화가는 쿠르베 자신이다. 곁에서 그걸 지켜보고 있는 소년은 현실을 아이처럼 있는 그대로 바라보겠다는 작가의 의지이다. 나체의 여인을 8등신의 아름다운 몸매가 아닌 사실적으로 묘사했다는 점도 그러한 의지를 담고 있다.

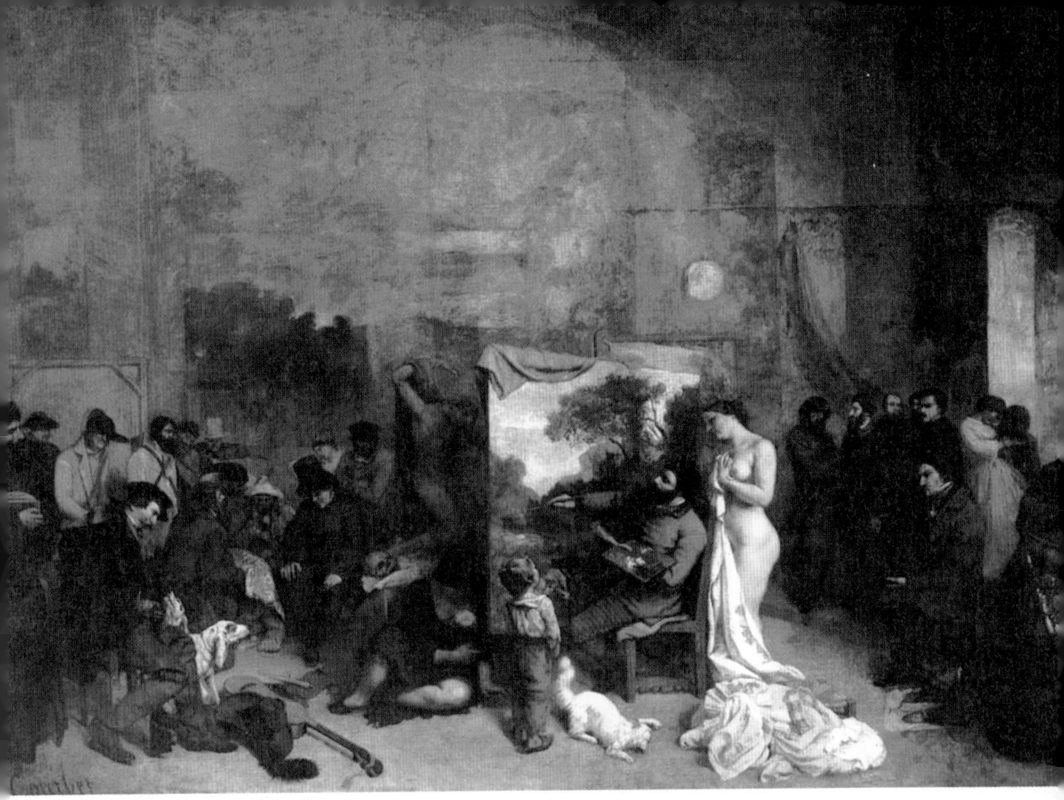

쿠르베, 〈화가의 작업실〉, 1855

그림의 오른편에 쿠르베를 바라보고 있는 자는 그의 예술을 지지해준 동료이자 그의 정체성을 형성하는 데 기여했던 인물들이다.

그림의 왼편에는 노동자 계급이 지친 기색으로 쿠르베를 외면하고 있다. 그러나 쿠르베는 그들을 바라보며 작품을 그리겠다는 예술가로서의 각오를 엿볼 수 있다.

왼편의 노동자와 오른편의 부르주아가 가운데 있는 예술로써 화해할 수 있다는 상징성을 담고 있다. 또한 〈화가의 작업실〉보다 1년 전에 완성된 〈만남〉에서 쿠르베는 몽펠리에산에 등산

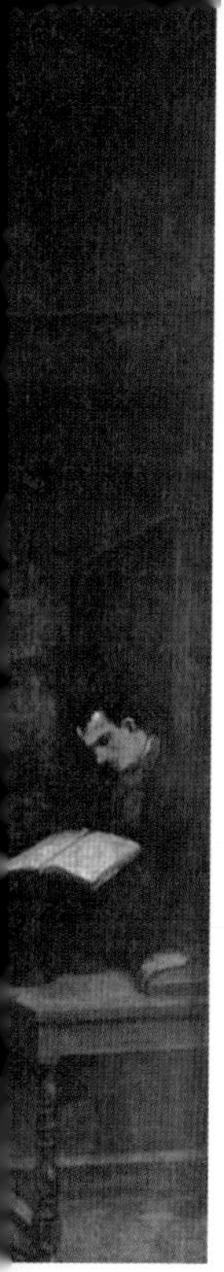

을 간 화가가 우연히 후견인인 브뤼아스와 하인을 만난 장면을 그렸다. 그들의 만남 자체가 전혀 극적이지도 않을 뿐 더러 묘사 방식에도 어떤 상징을 넣어 미화하려는 의도가 보이지 않는다.

그러나 쿠르베는 삶에서 매일 반복되는 일상이야말로 가장 위대한 순간임을 깨닫고 있었다. 화가란 모름지기 지루하고 평범한 것들에서 특별함을 발견하는 눈을 가지고 있어야 한다고 쿠르베는 생각했던 것이다.

사실주의로써 미술계에 혁명을 일으키려 했던 쿠르베. 그는 사회주의자이자 무정부주의자이기도 했다. 1870년 독일과의 전쟁에서 프랑스가 패하면서 파리코뮌이 결성되자 쿠르베는 의원 선거에 출마하는 등 잠시 정치인으로서의 길을 걸었다. 그러나 1871년 5월경 파리코뮌이 실패하자 곧바로 체포되었고, 정부로부터의 탄압이 거세지면서 스위스로 망명해 그곳에서 생을 마감하고 만다.

09
순수한 본능을 찬양하라

마티스 | 춤

평소에 '몸치'라며 춤추는 데 나서질 않던 사람도 흥이 오르면 절로 어깨를 들썩이거나 손가락을 까딱인다. 심지어 주변의 시선이나 스스로의 부끄러움도 잊고 온전히 자기 춤에 취하기도 한다. 그래서 필자는 춤이 인간의 본능을 표출하는 가장 순수한 형태의 예술 중 하나라고 생각한다.

어떤 도구도 필요 없이 흥겨운 마음과 몸만 있으면 언제 어디에서나 발휘할 수 있는 예술 아닌

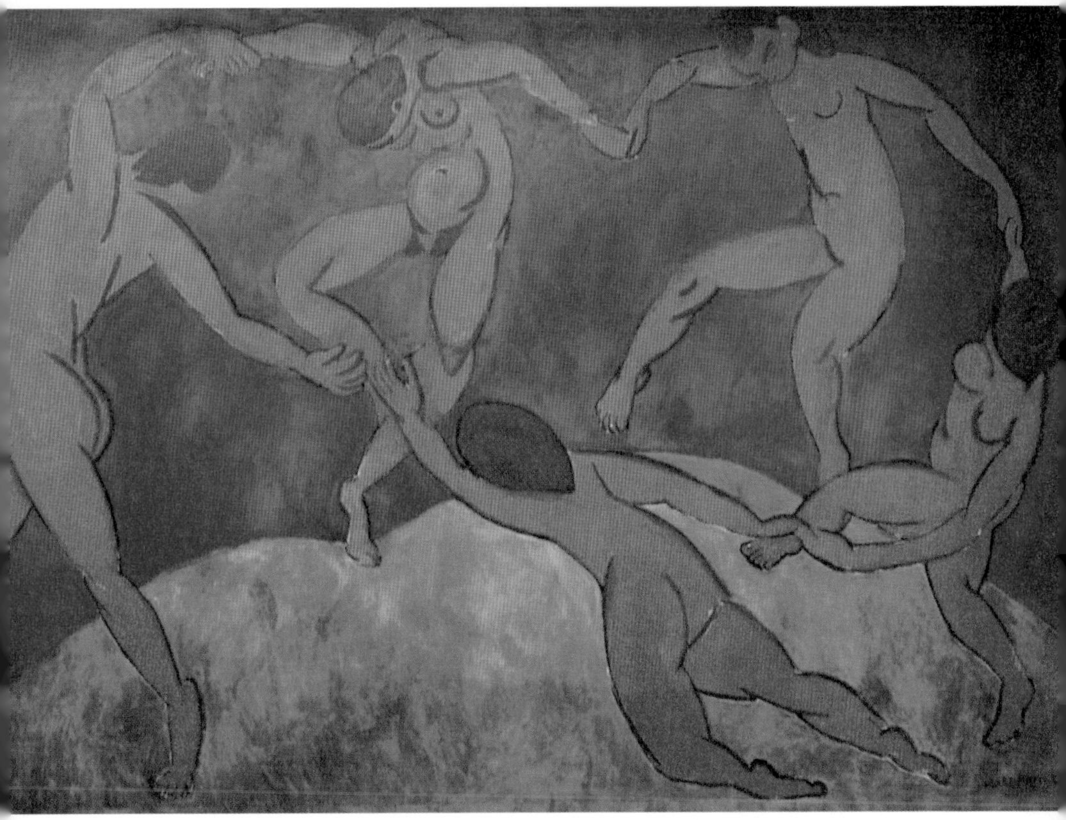

마티스, 〈춤 2〉, 1909~1910

가. 이 춤의 원시성을 가장 잘 나타낸 화가 중 한 명이 바로 야수파의 거장, 마티스다.

마티스를 비롯한 야수파 화가들의 거칠고 강렬한 원시주의적인 작품들은 처음엔 평론가들의 조롱을 받았다. '야수파'라는 이름 역시 조롱조의 성격이 강했으나, 야수파 화가들의 명성이 높아지고 작품성을 인정받으면서 야수파는 하나의 미술 사조를 지칭하는 용어로 자리잡았다.

마티스가 야수파 화가로서 국제적인 입지를 굳히고 있을 때, 마티스의 후원자였던 세르게이 슈추킨이 자신의 대저택에 장식할 두 점의 작품을 의뢰하는데, 그 두 점의 작품이 〈춤 1〉과 〈춤 2〉다.

〈춤 2〉는 빨강, 초록, 파랑 3가지 색만으로 작품을 완성시킨 점이 가장 큰 특징으로 손꼽힌다. 사람들의 시선을 사로잡는 것은 어떠한 의미나 뛰어난 묘사가 아닌 강렬한 색채다. 나무도, 강도 없는 그림 속의 공간에는 원을 이루며 춤을 추고 있는 다섯 인물들만 존재하고 있을 뿐 어떤 서사적 의미도 찾아볼 수 없다.

붉은색이 주는 원초적인 힘은 춤 자체에 에너지를 더하고 있다. 선도 군더더기 없이 간결하고 그림자도 없어 원근감이 잘 느껴지지 않는다.

여자의 웃는 얼굴, 나체임에도 부끄러움 따윈 없이 춤추는 사람들. 다들 흥겨움에 발걸음이 가벼워 보인다. 마티스는 '춤'이라는 인간의 본능적이고 순수한 행위의 아름다움을 강렬한 원색으로 대담하게 표현했다. 이들이 왜 춤을 추는지 궁금할 법도 하지만 그림 속 붉은 물결을 보고 있자면 그러한 의문보다는 색채의 아름다움, 춤의 역동성에 빠져들어 의문은 뒷전이 된다.

비슷한 색채를 사용했지만 느낌이 확연히 다른 작품으로는 〈음악〉이 있다. 이 역시 〈춤〉 시리즈와 동시에 슈추킨의 의뢰를 받아 만든 작품이다. 〈춤〉 시리즈 속 역동적인 인물들과 다르게 여기에서는 가만히 앉거나 서서 악기를 다루는 인물들이 등장한다.

마티스가 제시한 음악의 이미지는, 궁정 속 화려한 음악이 아니라 원시시대에나 있었을 법하다. 갈대피리와 조잡한 깽깽

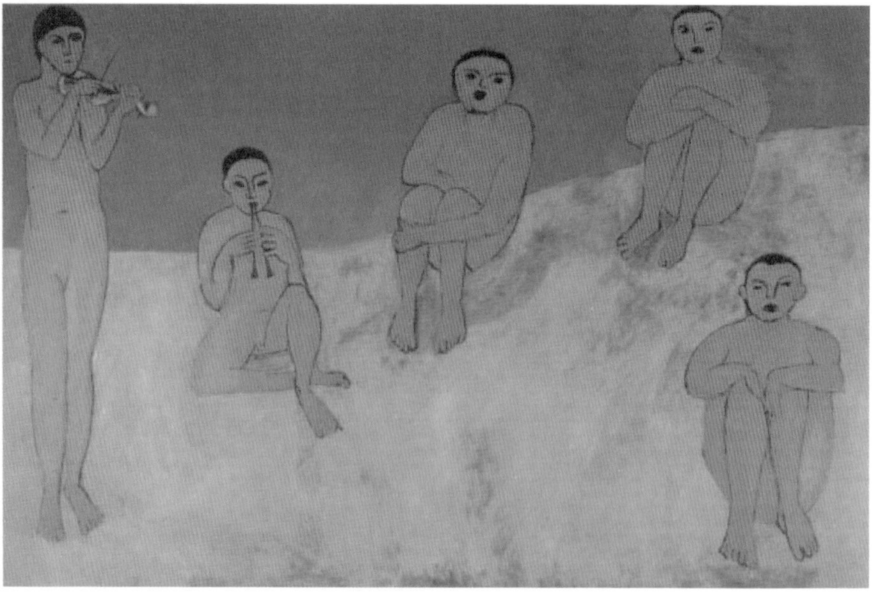

마티스, 〈음악〉, 1910

이, 살결을 두드리는 손장단 등은 연극과 붓, 금관악기와는 너무도 달랐다. 특히 이때 당시에는 사회 각계각층의 문화생활에 음악이 중요한 비중을 차지하고 있었고, 모스크바와 페테르스부르그에서 음악은 가장 뛰어난 예술로 각광받고 있었다. 각종 사회적 모임의 필수요소였던 화려한 현대 음악과 대조적으로 마티스는 음악의 원초적인 성격을 노출시킨 것이다.

마티스는 색채에서 에너지를 발견했다. 색깔을 선택하는 것은 음악에서 악기를 고르는 것과 같다는 것이다. "색채에는 고유의 아름다움이 있다. 그림에서도 음악에서처럼 음색을 잘 보존하는 게 중요하다." 음악에서 장조·단조를 태양과 그림자에 비유하기도 한 마티스는 각각의 음이 모여 화음을 이루듯 그는 그림에서도 색채가 한데 어우러진 앙상블을 만들어 에너지를 만들어낸다고 말했다.

10
아무도 거들떠보지 않는 곳에, 아무도 거들떠보지 않는 방식으로 세상을 바꾸다

바스키아 | 흑인들의 역사

거리의 낙서를 지나친 일이 있을 것이다. 아무도 그것을 눈여겨보지 않는다. 대부분의 경우 누가 누구를 좋아한다느니 하는 의미 없는 내용이거나 외설적인 그림과 단어들로 눈살을 찌푸리게 만들기 때문이다. 하지만 이따금 의미심장한 낙서를 마주치기도 한다. 아무도 거들떠보지 않는 곳에 아무도 거들떠보지 않는 방식으로 세계를 바라보고 자신을 드러낸다.

낙서는 바라보는 이의 눈길을 사로잡고, 그들의

마음속에 어떠한 미묘한 감정을 불러일으키면서 예술의 가능성을 확보한다. 검은 피카소라 불리는 장 미셸 바스키아의 예술도 그렇게 시작했다.

바스키아는 1960년 뉴욕 브루클린의 빈민가에서 태어났다. 세 살 무렵부터 그림을 그리는 등 미술에 소질을 보인 바스키아는 어머니와 함께 미술관을 다니면서 예술적 감각을 길렀다. 부

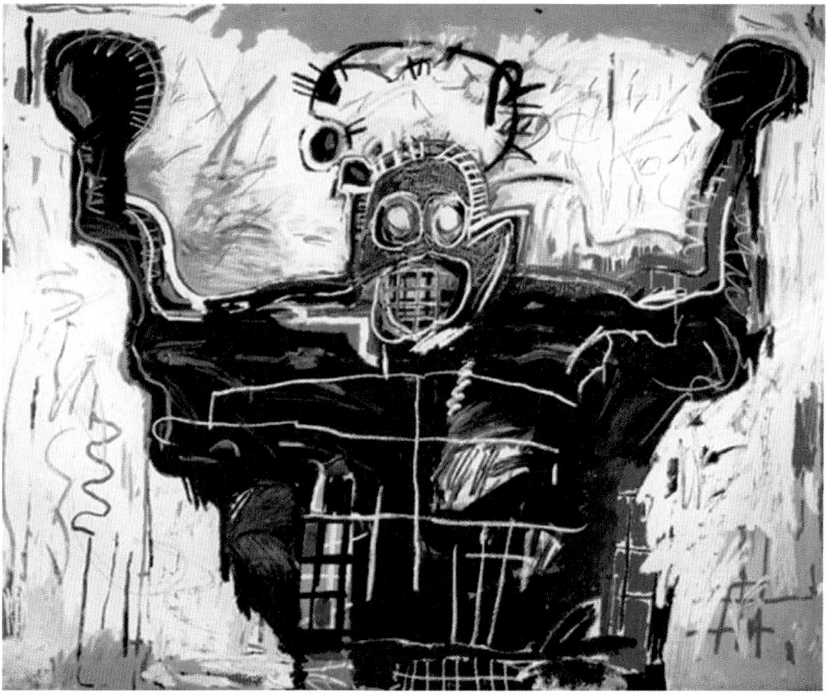

바스키아, 〈무제(복서)〉, 1982

모님이 이혼하면서 우울한 청소년기를 보낸 바스키아는 유색인종에 대한 경멸, 펑크족과 힙합, 브레이크 댄스 등의 영향을 받아 10대 특유의 반항의식을 거리의 낙서로 그려내기 시작했다. 세이모(SAMO: SAME OLD SHIT의 줄임말)라는 그래피티 그룹을 결성하여, 맨허튼의 외벽을 낙서로 채워나간 것이다. 이후에는 뉴욕의 현대박물관 앞에서 티셔츠와 엽서에 그림을 그려 넣어 팔기도 했다.

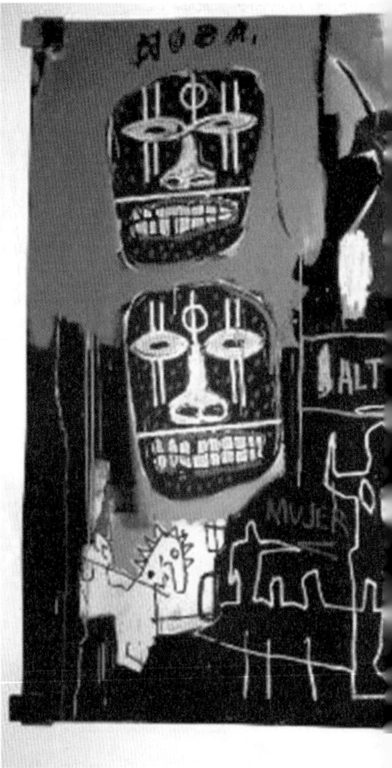

그가 그린 작품의 주요 키워드는 첫째 '인종'이었다. 특히 흑인에 대한 인종차별을 비판하고, 모진 역경을 이겨낸 여러 흑인 스타들을 작품 속에 그려 넣었다. 이들에 대한 존경의 의미로 '왕관'을 함께 그려 넣었는데 이는 이후 하나의 아이콘처럼 굳어져 바스키아 작품의 특징으로 남게 되었다. 바스키아 작품의 두

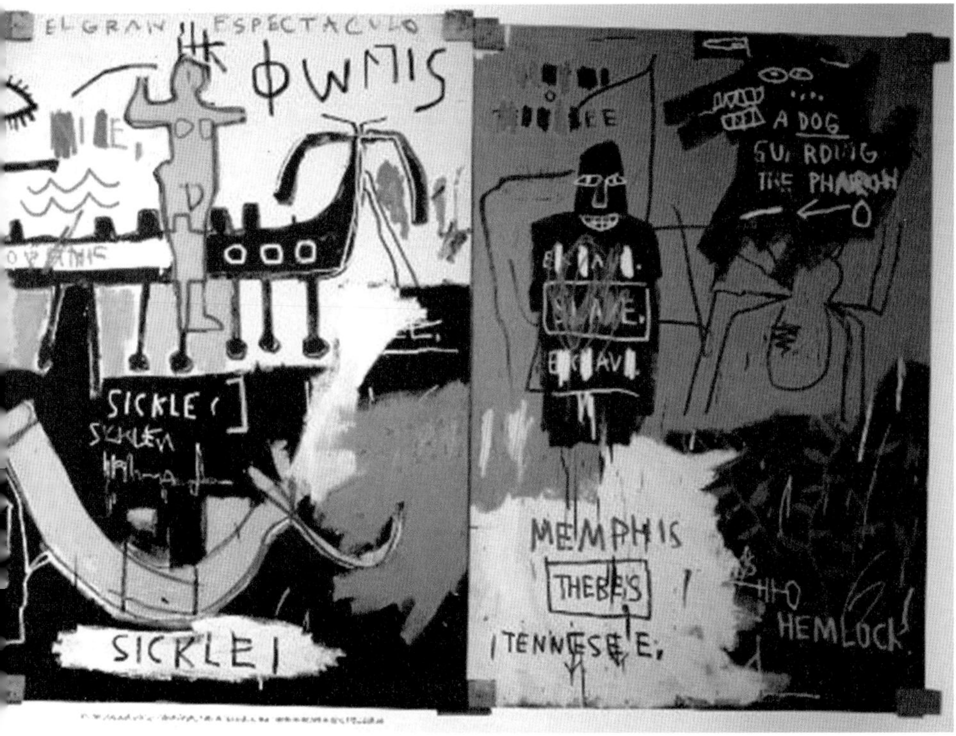

바스키아, 〈흑인들의 역사〉, 1983

번째 키워드는 '죽음'이었다. 그의 초창기 작품으로부터 그가 1988년 약물 중독으로 사망하기 직전까지 상처받고 우울한 인물들의 이미지가 빈번하게 등장한다. 유명세에 따른 인간관계의 무상함, 갑작스런 앤디 워홀의 죽음 등으로부터 영향을 받은 것이다.

〈흑인들의 역사〉에는 바스키아의 주요테마인 '인종'과 '죽음'이 모두 잘 녹아있다. 그는 아프리카 암벽화에서 모델을 구해 캔버스로 옮겨냈다. 바스키아는 자신의 시각 어휘를 풍부하게 표현하기 위해 다양한 기원과 의미를 지닌 로고와 상징들을 찾아내서 작품 속으로 옮겼다. 이 작품은 세 개의 패널로 구성되어있다. 좌측 패널에 있는 두 개의 아프리카 가면에서 원시성, 또는 원시적 예술의 기원이 드러나는데, 더욱이 눈이 움푹 들어가고 치아를 드러낸 표현은 죽음을 암시하는 부두교 매장 의식을 환기시킨다. 중앙 패널에는 거대한 광경을 뜻하는 스페인어 EL GRANSPECTACULO가 있고 고대 이집트인의 낫 모양의 배를 차용한 초승달 모양의 노란 배가 있다. 흑인들의 역사에서 거대한 광경이라는 단어와 배라는 이미지는 흑인 디아스포라를 암시한 것이다.

장 미셸 바스키아는 비교적 짧은 생애에도 광기 어리고 열정적인 작품활동을 통해 미술사의 특별한 위치를 차지한다. 그는 '낙서'라는 당대의 비예술적 행위를 통해 인간에 대한 탐구나 비판을 엮어 냈다. 기존에 가지고 있던 '예술'과 '비(非)예술'의 장벽을 허무는 돌파구의 역할을 했을 뿐만 아니라 인종의 장벽도 허물었으며 금전적 가치, 죽음과 관련한 그만의 시적 문구 등으로 독특한 작품세계를 구축했다는 평가를 받는다.

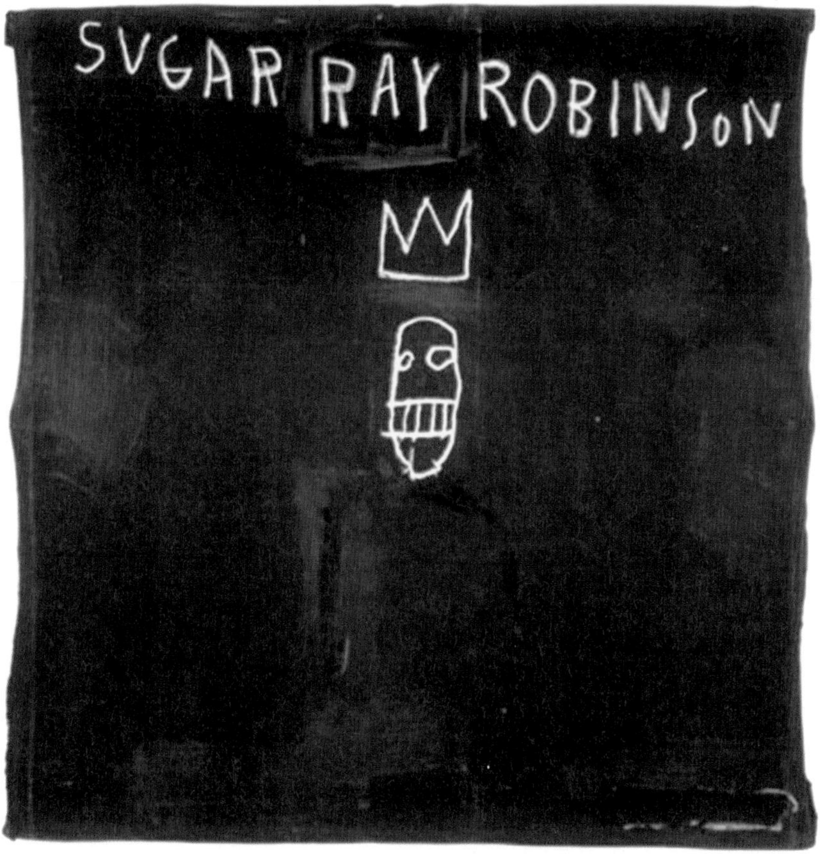

바스키아, 〈무제(슈거 레이 로빈슨)〉, 1982

11
예술 같지 않은 예술

마틴 크리드 | 작업 No.227: 켜졌다 꺼졌다 하는 전등

'시대를 앞서갔다'고 후대에 평가받는 작품들은 당대에 혹독한 시련을 거치곤 한다. 파격을 넘어 아예 기존의 예술 형식을 파괴하거나, 전혀 생각지도 못한 방향으로 작품을 만드는 이들이 그렇다. 우리나라의 경우 이상의 〈오감도〉 연작이 대표적인 사례다. 이와 비슷한 사례가 10여 년 전 영국에서도 발생했다. 2001년 영국의 최대 미술상인 '터너 상'을 받은 마틴 크리드의 설치미술 작품이 한바탕 논란에 휩싸인 것이다.

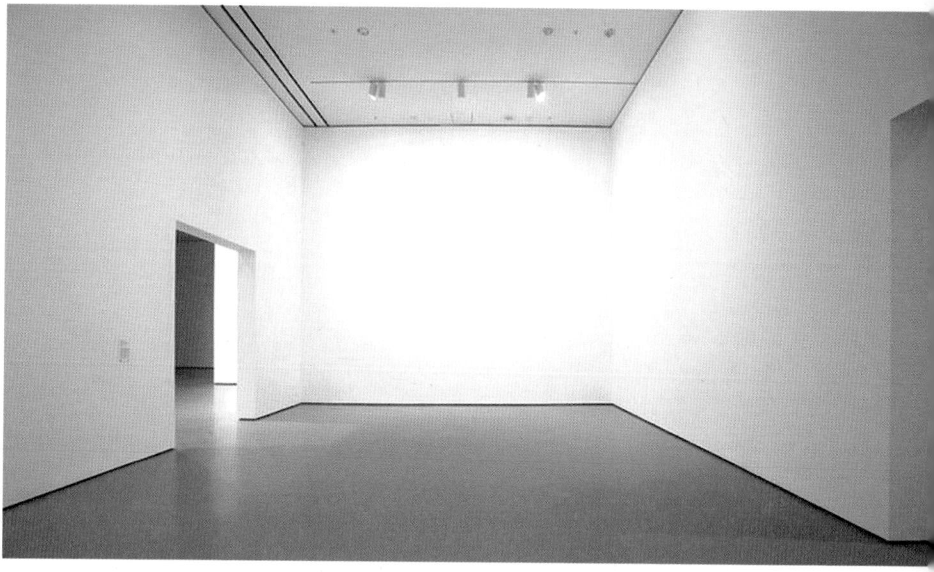

크리드, 〈작업 No.227 : 켜졌다 꺼졌다 하는 전등〉, 2000

빈 벽으로 둘러싸인 갤러리에서 5초 간격으로 불이 켜졌다 꺼진다. 그것이 바로 마틴 크리드의 227번째 작품이자, 터너 상 수상작이다. 언론에서는 '미술관의 텅 빈 방은 상을 받을 자격이 없다'며 비난했지만 작가가 노린 바가 바로 이것이었다. 마틴 크리드는 미술관을 구성하는 '미술품'이라는 구성 요소를 제거하고 '미술품'의 배경으로만 쓰이던 '벽'에 감상자들을 집중시켰다. 미술관이 미술품의 전시 공간이 아닌 미술품 자체가 되었고, 감상자들은 미술품의 전통적 개념과 의미, 그 목적 등에 대해 다시 한 번 생각하게 된다.

또한 이 작품은 삶에 대한 보편적인 비유를 담고 있다. 불이 켜졌을 때는 탄생을, 불이 꺼졌을 때는 죽음을 의미한다고 해석할 수 있다. 크리드는 다다이즘에서 출발해 초현실주의, 팝아트, 이후 개념주의를 토대로 작업해 왔다. 〈작업 No.227: 켜졌다 꺼졌다 하는 전등〉은 미니멀리즘과 개념주의를 재치 있게 비틀어 현대 미술의 오만함을 비판했다.

크리드의 작품에는 재치가 빛나는 작품들이 많은데, 〈작업 No.1686〉은 자동차 뒷유리가 사람을 센서로 감지하면 문과 본네트를 포함한 모든 것이 열리고 라디오까지 켜지는 설치미술이다. 언뜻 평범해 보이는 자동차에 호기심을 가진 관객이 다가가면 그때 진가를 발휘하는 역동적인 작품이다. 이외에도 전시장을 빙빙 도는 〈작업 No.1092 : 엄마들〉은 'Mothers'라는 네온 조형물이 전시장에 들어온 관객들을 깜짝 놀라게 한다. 크리드는 작품 자체에 큰 의미를 담기보다는 '관객과의 소통'에 그 목적을 두고 있다는 것을 여실히 느낄 수 있는 대목이다.

2009년 우리나라 아트선재센터에서 열렸던 '마틴 크리드 개인전'에 갔을 때는 작가의 작업세계를 전반적으로 이해할 수 있도록 조각, 설치, 네온, 드로잉, 사운드, 필름 등의 다양한 작품이 관객들을 찾았다. 전시 오프닝에서는 'Work No. 673'을 감상했다. 미술과 음악에 경계를 두지 않는 작업으로서 지휘자와 18명의 오케스트라 단원들에 의해 베이스 드럼(bass drum)의 최저음

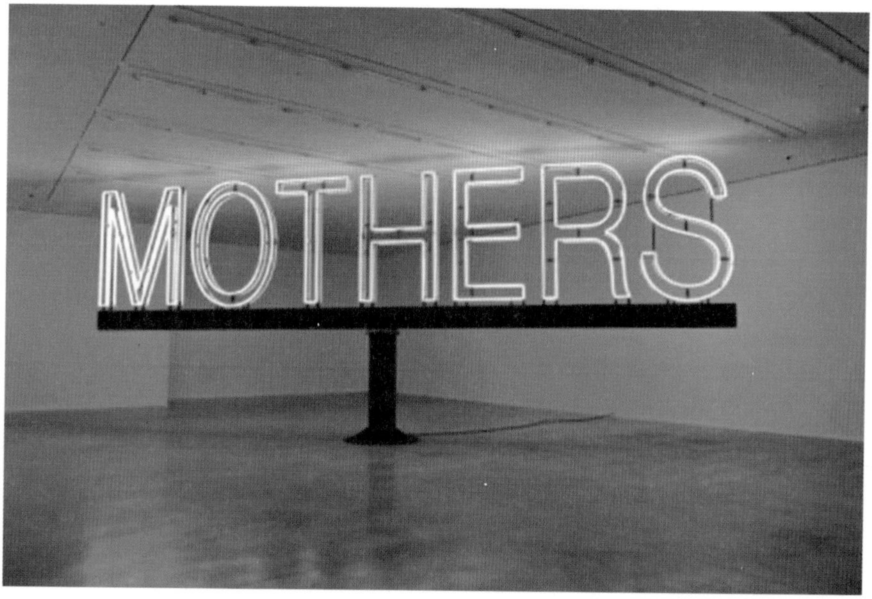

크리드, 〈작업 No.1092 : 엄마들〉, 2011

(note)에서 시작해 가장 높은 음까지 악기는 크기에 따라 일렬로 위치해 연주된다. 관람객들은 콘서트홀의 일방적 감상구조를 벗어나 설치작품 사이를 연주시간 동안 자유롭게 돌아다니며 체험할 수 있었다.

최소한의 작업으로 최대한의 사유를 이끌어 내는 마틴 크리드는 한껏 과장된 현대미술에 반기를 들어 세계 미술계의 주목을 받았다. 작품은 일상에서 흔히 접할 수 있는 평범한 소재들로 이루어져 있지만 작가만의 치밀한 구성법으로 돋보인다. 그는 반복적인 일상의 삶이 예술과 하나가 되는 작업을 한다. 개념적인 엄격함을 지니고 있음과 동시에 감동적이며 단순하다.

12
예술에 담긴 진심은 언젠가 통한다

마크 로스코 | 무제

2015년 3월경에 있었던 마크 로스코의 내한 전시를 기점으로 인터넷 상에서 그의 작품에 관한 논란이 일었다. '이렇게 단순한 걸 누가 못 그리나', '이게 왜 세계적으로 대단한 작품인가'라며 현대미술의 풍조를 비웃는 이들까지 있었다. 하지만 작품 안에 담긴 예술가의 진심을 작품을 직접 보며 느낀다면 절대 그런 말들을 꺼낼 수 없었을 것이다.

러시아 출신의 마크 로스코는 어릴 때 미국으로 이주한 뒤, 예일대를 졸업하고 뉴욕에서 아트 스

로스코, 〈무제〉, 1953

튜던트 리그에 진학한 것이 그가 받은 정식 미술 수업의 전부다. 그의 초기작은 표현주의적 풍경화, 풍속화, 정물화 등으로 구성되었다.

2차 세계대전 동안 유럽의 많은 예술가들이 미국으로 이주해 왔는데, 그중에는 초현실주의 운동에 가담했던 이들도 포함되어 있었다. 이때부터 로스코는 집단 무의식에 대한 융의 이론을 자신의 작품에 적용시키기 시작했다. 또 자신의 예술 방향을 더욱 추상적인 양식에 맞추어 갔다.

자신의 예술이 인간조건의 비극성을 표현하기를 원했던 그는 "이제 누구도 형상을 훼손하지 않고는 사용할 수 없는 때가 왔다"라고 말했다. 1940년대 즈음부터 로스코는 면 분할된 영역 속에 위치한 반복되는 형태와 심하게 분절된 인간 형상을 특징으로 하는 작품 '무제'와 같은 일련의 회화에서 그리스, 로마 신화를 탐구하기 시작했다. 이 시기가 진행될수록 마크 로스코의 이미지는 더욱 상징성을 띠고, 신체적 변형을 그린 회화로 이행하면서 추상화에 더욱 근접해 갔다. 이 그림들은 초현실주의에서 영감을 받아 종이와 캔버스를 이용해 그려진 많은 그림들의

로스코, 〈무제〉, 1970

일부분이다.

1940년대 말 회화에서 재현적 형상을 완전히 제거하기로 결심한 로스코는 이때부터 오늘날 가장 잘 알려진, 1950년대 이후의 풍부한 색채 추상 작품들을 그리기 시작했다. 드디어 그는 자신만의 독특한 화풍을 구축해 '단순한 표현 속의 복잡한 심정'이라는 그의 이상을 실현했다. 외관상 단순해 보이는 이 그림들은 사실 굉장히 복잡한 작업 과정을 내포하고 있다. 그가 담아낸 충만한 색채는 어떤 감정을 불러일으키는 동시에 명상에 빠지게도 한다.

올해 서울에서 열린 마크 로스코 개인전에 가서는 그가 주장하는 관객과의 거리 45센티미터를 유지하며 작품을 바라보았다. 〈무제〉라 이름붙인 수많은 작품들을 한 개씩 그 앞에 서서 찬찬히 응시하다 보면 유화물감으로 덧칠된 사각형 속에 겹쳐진 또 다른 색이 내비치고, 하나의 색으로 칠해진 것처럼 보였던 캔버스가 선명하게 경계를 드러낸다. 또는 강렬한 붉은색이 감정을 뒤흔들기도 한다. "회화란 경험에 관한 것이 아니라 경험 그 자체"라고 주장한 그는 자신의 작품이 사람들의 마음을 움직이길 바랐다. 평론가들에 의해 추상표현주의의 거장이라 칭송받아도 본인은 "나는 비극, 아이러니, 관능, 운명 같은 인간의 근본적인 감정을 표현하는 데에만 관심이 있다"는 말로 명확히 선을 그었다.

인생의 후반기를 모두 '예술을 통한 경험의 전달'에 걸었던 거장도 끝내 예술적 좌절에서 온 슬럼프를 이기지 못하고 자살했다. 그만큼 자신이 느낀 감정을 작품을 통해 온전히 전달한다는 것은 어려운 길이다. 표현하고 전달하려는 그 무언가를 위해 화가가 한 가지 색을 고를 때도 얼마나 숱한 고민을 거쳤을지는 직접 작품을 보아야만 제대로 느낄 수가 있다.

13
외설과 예술의 경계를 허물다

귀스타브 쿠르베 | 세상의 기원

오늘날 우리는 TV나 영화 그 밖에 여러 대중매체를 통해 여성의 아름다운 육체를 감상한다. 유려한 곡선의 S라인과 풍만한 가슴과 골반, 윤기가 흐르는 피부는 그 자체로 순수한 아름다움이다. 때문에 예술에서 여성의 누드는 오래전부터 꾸준히 다뤄진 주요 소재였다.

그러나 아름다운 여체란 무엇인가. 왜 날씬함과 풍만함을 갖춘 체형만이 예술로 다뤄져야 하는가. 여성의 음부는 왜 그려서는 안 되는가. 사실주의 화가 귀스타브 쿠르베는 이러한 진보적인 의문을 당대의 예술계에 던졌다.

여성의 성기를 너무나 사실적으로 묘사한 쿠르베의 〈세상의 기원〉은 당대에 큰 충격을 줬다. 작품 속에는 모델의 예쁜 얼굴도 없고 아름다운 육체도 없으며 오직 성기만이 존재한다. 당대로서는 금기시되어 있던 음모의 표현과 더불어 노골적으로 그린 여성의 성기도 예술이 될 수 있다고 강하게 주장하는 듯하다. 감상자는 리얼하게 그려진 여성의 성기에서 음란함을 느끼기보다는 지나친 현실감에 불편함 혹은 당혹감을 느끼게 마련이다.

이는 이전의 누드화들이 성기를 가림으로써 오히려 에로틱함을 강조하고 귀족들의 성적 욕망을 교양있게 포장했던 것과 대조적이다. 쿠르베는 〈세상의 기원〉을 통해 이전까지의 관습과 허례허식을 비판했던 것이다.

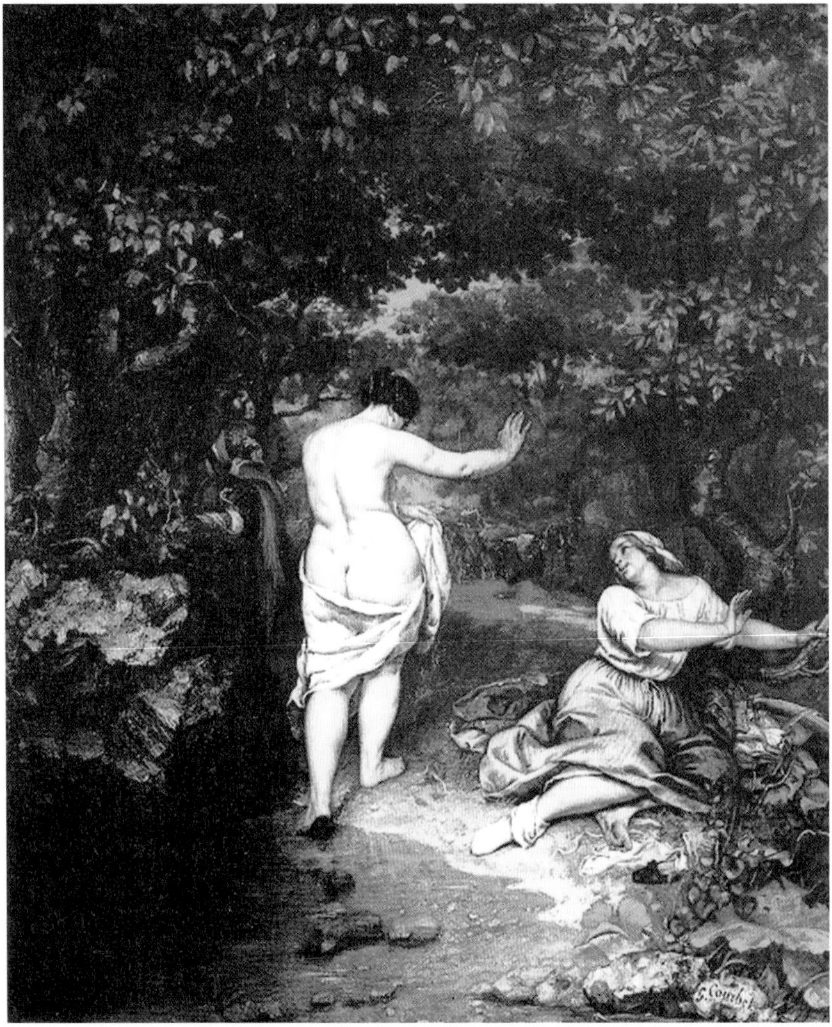

쿠르베, 〈미역 감는 여인들〉, 1853

1853년 살롱전에서 쿠르베 최초의 누드화인 〈미역 감는 여인들〉이 출품됐다. 반응은 끔직했다. 우선 그림이 어떠한 이상도 종교적 상징도 가지고 있지 않아서였다. 그 그림은 단지 미역을 감는 여인일 뿐이었다. 둘째로 두툼한 여인을 그려냈기 때문이다. 여성성을 강조한 날씬한 누드가 아닌 강인한 여성성을 포착해 그렸다.

동시대 화가 들라크루아는 이 누드화를 보고 얼굴을 찡그렸으며 이 그림을 감상하러 온 나폴레옹 3세는 우산으로 그림을 내리쳤다는 일화도 있다.

쿠르베가 이처럼 여성의 육체를 현실적으로 그려낸 데는 그의 예술철학이 담겨있다. 눈에 보이는 것만을 그리겠다는 '사실주의'의 선구자였던 쿠르베. 그의 철학은 "천사를 그리기 위해서 천사를 데려와 달라"라는 한마디에 잘 나타나있다. 이전까지 회화의 목적은 성서의 내용이나 신화 혹은 영웅들의 활약상을 담아내는 것이었다.

따라서 많은 상징물이 사용됐고 엄격한 균형과 절제된 표현 속에서 그림이 그려졌다. 회화의 소비자 또한 귀족과 성직자가 대부분이었다.

쿠르베는 그러한 관습을 거부한 화가였다. 그림 속에 민중들의 소소한 일상을 그려냈다. 두툼한 지방층의 여성도, 여성의 성기 그 자체도 예술이 될 수 있다고 말했다. 논란이 많았던 그의 작품들을 통해 예술의 저변은 확장되었고 일상 속에서 아름다움을 찾고 그것을 보이는 대로 그려내는 사실주의 사조가 성행하게 되었다.

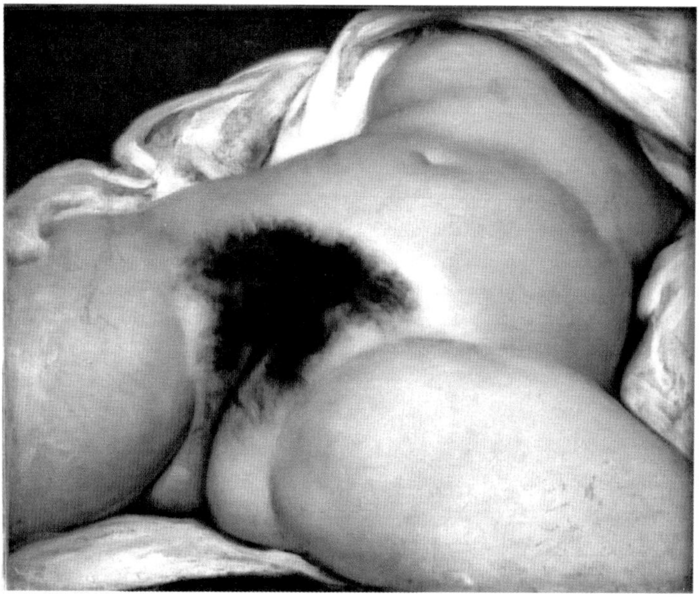

쿠르베, 〈세상의 기원〉, 1866

14
일상도 예술이 되는 마법

클래스 올덴버그 | 팬케이크와 소시지

청계천 광장에 솟아 있는 〈스프링〉의 작가로 널리 알려진 클래스 올덴버그의 작품은 예술에 대해 잘 모른다 하는 이들에게도 어느 정도 호감을 사는 엄청난 매력을 지녔다. 친숙한 일상 속 사물을 무지막지한 크기로 불린 그의 조각을 보면 누구라도 미소를 띠고 있기 때문이다.

스웨덴 출신의 올덴버그는 처음부터 조각가의 길을 걷진 않았다. 예일 대학교에 입학해 문학과 미술사를 공부했지만, 학부 과정을 마치고 시카고

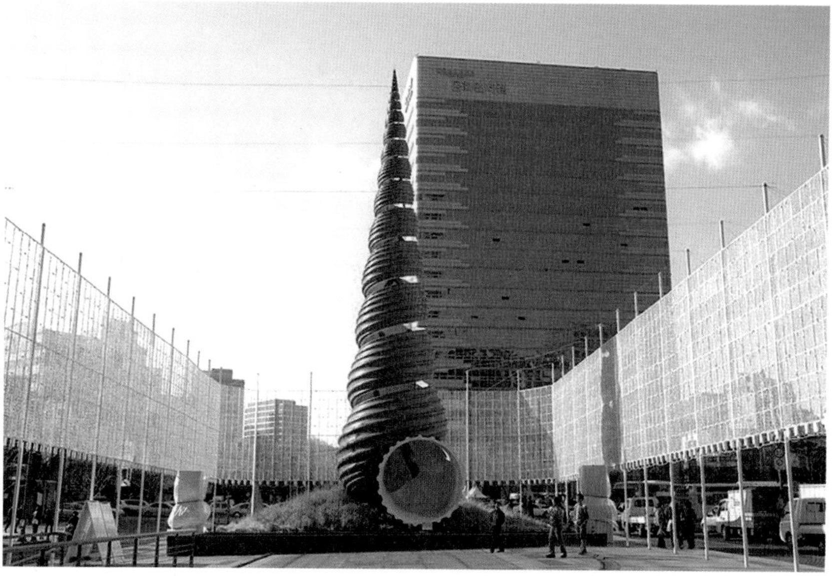

올덴버그, 〈스프링〉, 2006

예술대학에 다시 들어가 늦깎이로 예술을 공부했다. 졸업 후에는 조지 브레히트, 앨런 카프로우 등과 교류하며 행위 예술에도 관심을 가졌다.

그가 조각에 몰두하게 된 계기는 아마 1961년의 〈잡화점〉 시리즈일 것이다. 신발, 셔츠와 드레스, 조각파이와 케이크, 탄산음료 캔 등을 실물보다 큰 석고 조각으로 만들고, 이 오브제들을 가게 차리듯 전시한 〈잡화점〉은 미국 사회의 소비문화를 상징하는 일상적 사물들의 집합소다. 광택이 도는 에나멜 물감으로 채색된 석고 표면에는 물감이 군데군데 흘러내려 마치 잭슨 폴록의 추상화를 보는 듯하다.

〈프라이팬의 달걀〉, 〈팬케이크와 소시지〉도 이때 만든 작품이다. 그는 이 일상적인 미술 상품들을 판매했고, 이 독특한 프로젝트는 1964년 '미국 수퍼마켓'이란 전시회의 전조가 되었다. 올덴버그와 로이 릭텐스타인 등 팝아트 작가들이 참가한 이 전시회에서는 전형적인 음식물 아이템들이 전시되었다.

이와 같은 일상적 오브제에 대한 관심이 새로운 조각적 시도와 맞물린 것이 1960년대 초반 선보인 일련의 '부드러운 조각' 연작이다. 그전까지 조각의 재료는 돌이나 나무, 금속 등 반영구적인 재료가 대부분이었지만, 올덴버그는 과감히 비닐이나 천과 같은 부드러운 재료로 작품을 만들었다. 마치 달리의 그림 속에서 녹아내리는 시계처럼 축 늘어진 전기 스위치, 흐느적거려 도저히 앉을 수 없는 좌변기, 천으로 만든 햄버거와 샌드위치는 역시 전작에서 볼 수 있듯 실물보다 큰 크기로 만들어, 관람자에게 생경하지만 유쾌한 상상거리를 제공한다.

1960년대 중반부터 올덴버그는 작품의 전시공간을 미술관 밖으로까지 연계해 여러 도시에서 공공미술 프로젝트를 진행했다. 작품의 규모도 이전보다 한층 커지면서 기념비적인 크기로 변모했다. 보통의 공공미술은 지나가는 사람들의 손길이나 낙서로부터 작품을 보호하기 위해 받침대 위에 설치된다. 하지만 올덴버그의 조각에는 대개 이런 좌대가 없다. 그래서 빨대 모양의 거대한 조각이 물 위에 꽂혀 있거나, 먹음직스런 체리를 얹은 숟가락이 다리 대신 연못 위를 가로지르고, 거인이 배드민턴을

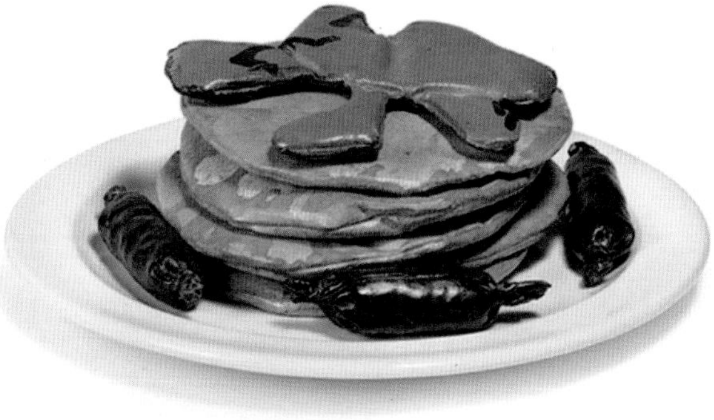

올덴버그, 〈팬케이크와 소시지〉, 1962

치다 떨어뜨리고 간 것 같은 셔틀콕이 잔디밭 한가운데 놓여 있는 풍경이 자연스럽게 다가올 수 있다.

이처럼 유쾌한 공공미술 작가의 작품이 드디어 청계천에 상륙했지만, 한국적인 요소를 살렸다는 작가의 말과 달리 많은 이들이 한국의 특성은커녕 올덴버그 작품에서 느낄 수 있던 개성마저 없다고 비판하는 경우가 많다. 이에 대해 올덴버그는 "공공미술에 다양한 견해가 없는 것이 더 이상하다. 전 세계에 내 작품 40여 점이 전시되고 있는데 그때마다 논란이 없으면 오히려 실망스럽다"는 대범한(?) 대답을 내놓았다. 무엇이 맞는지는 각자의 생각에 따라 천차만별이겠지만, 필자는 일상의 위트를 콕 집어 '재미있는 예술'로 뽑아내온 올덴버그의 작품에 호감을 느낄 수밖에 없다.

15
일상을 위한 거짓 가면, 거울과 반전시켜 드러내다

마네 | 폴리 베르제르

일할 때 항상 즐거울 수는 없다. 유난히 집중이 안 되고 축 쳐지는 날이 있는데, 그때마다 〈폴리 베르제르〉 속 여종업원을 떠올리며 혼자 공감해 보곤 한다. 200여 년 전에도 반복되는 일상은 누구에게나 따분했겠구나 하고. 특히 다른 사람의 유흥을 위한 감정 노동, 서비스직 종사자들에게 이 무력감은 더욱 자주 나타나는 듯하다.

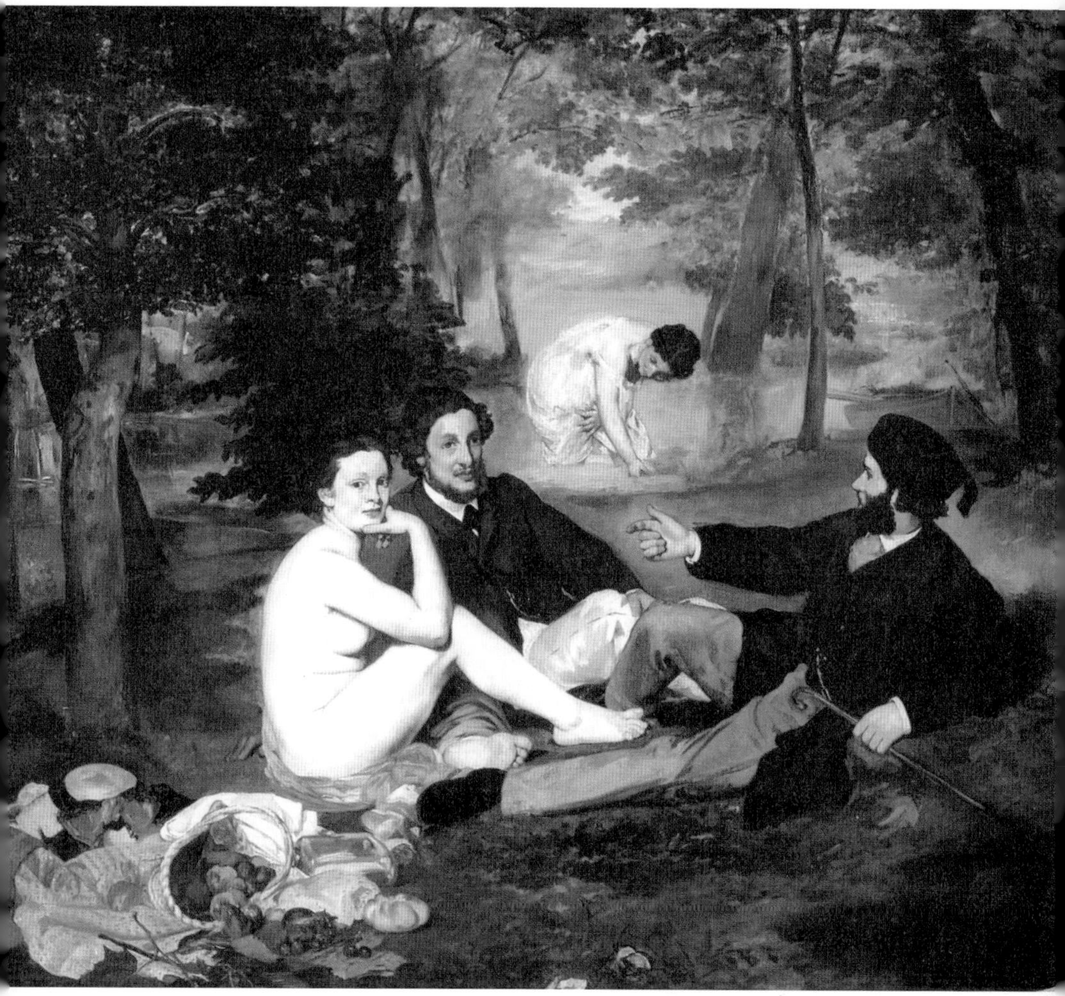

마네, 〈풀밭 위의 점심〉, 1863

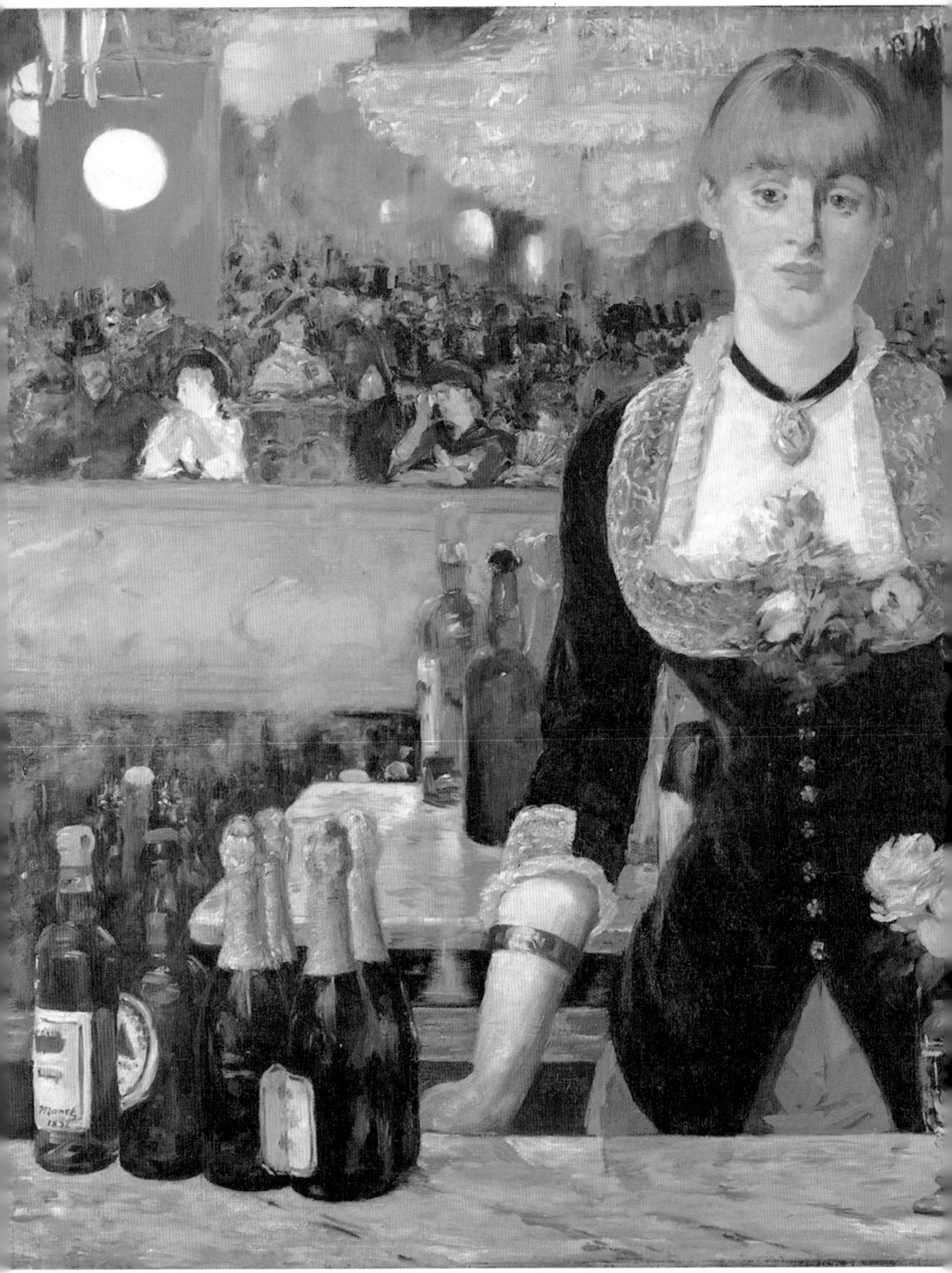
Manet

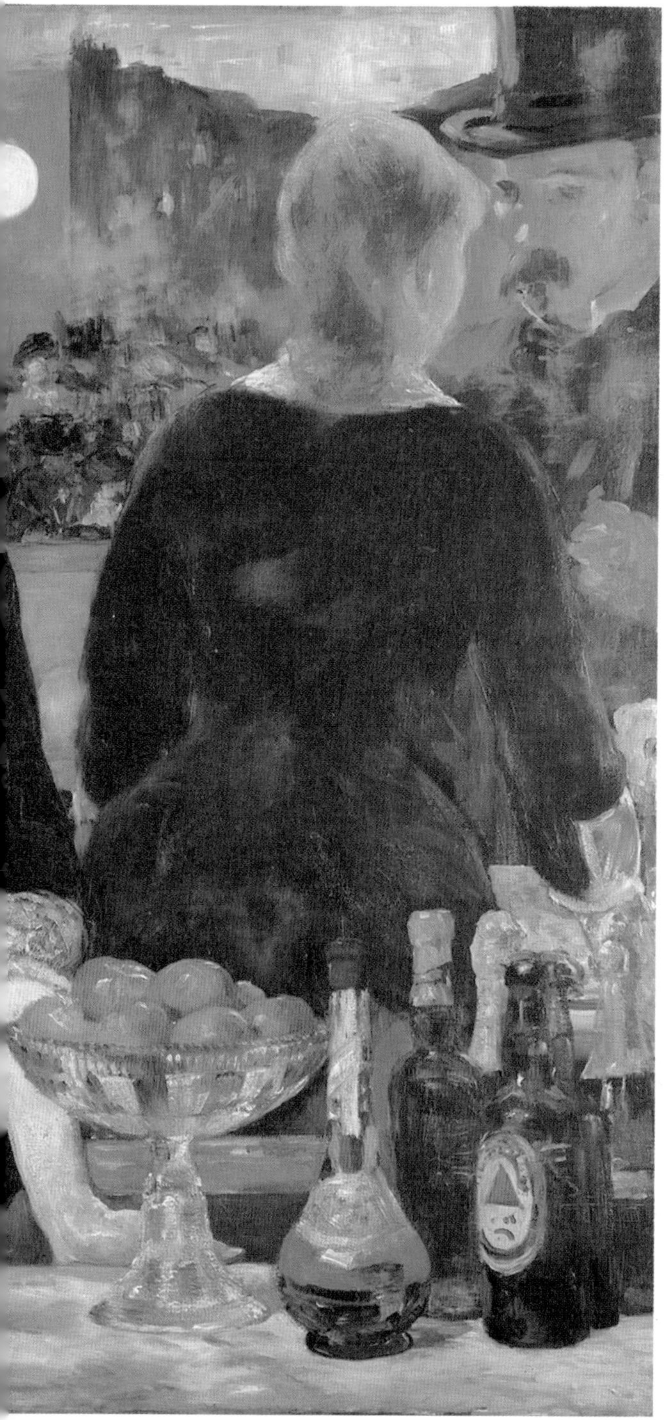

마네, 〈폴리베르제르〉, 1881~1882

'폴리 베르제르'는 파리의 대표적인 카페콩세르였다. 카페콩세르는 샹송 무대가 갖춰진 카페로 오늘의 음악다방과 비슷한 곳인데, 발레에서 서커스 공연까지 다양한 볼거리를 제공하는 파리 최고의 사교장이었다. 은밀하게 매춘을 했던 여자 바텐더들은 이곳의 또 다른 볼거리였다. 마네는 〈풀밭 위의 점심〉처럼 도덕적이지 않은 상황을 당대의 아름다운 배경을 바탕으로 버젓이 고급 예술의 영역으로 끌어들이는 게 특기였다.

작품의 정가운데에 등장하는 여성은 폴리 베르제르에서 일하는 종업원으로, 쉬종(Suzon)이라는 이름의 실존인물이었다. 흥겨워 보이는 배경의 분위기와 달리 정작 그림 속 주인공은 지루해 보이는 표정을 짓고 있다. 그녀는 카운터에 서 있으면서도 혼자 다른 세상에 가 있는 듯하다. 그녀는 술을 파는 바텐더보다는 오히려 술과 같이 매대에 오른 매물 같아 보인다. 이는 곧 매춘을 의미하며, 뒤에 있는 거울의 신사를 통해 더욱 명확해진다.

표현기법을 살펴보면 마네는 거울에 비친 손님들까지 인물들은 빠르고 거친 붓터치로 그려내 현장의 왁자지껄한 분위기를 잘 전달하고 있다. 또한 탁자 위에는 와인과 맥주병들, 오렌지가 담긴 크리스탈 그릇, 꽃병에 꽂힌 꽃들이 놓여있다. 이들은 모두 섬세한 붓터치로 그려냈다. 아파서 현장에서 작업할 수 없었던 마네는 모형 바를 설치한 작업실에서 그림을 완성했다. 그래서 술병 등 전경 디테일은 매우 섬세하게 그려진 것이다.

한편, 그림 속 거울에 비친 이미지는 동시대 언론과 수많은 비평가들로부터 많은 논쟁을 촉발시켰다. 작품 속 거울 이미지와 실제 이미지는 맞지 않는다.

중앙에 위치한 바텐더 쉬종 뒤의 거울은 정면의 넓은 홀과 손님들을 비추고 있다. 그러므로 거울에 반사된 이미지는 앞을 바라보고 있는 그녀의 바로 뒤에 나타나야 하고, 그녀는 거울 속 자신의 모습을 가리고 서 있어야 한다. 그러나 테이블에 놓인 술병들과 쉬종, 그리고 오른쪽에 나타나는 신사를 보면, 이는 어긋나 있다.

그녀는 오른쪽으로 치우쳐 비치고, 무기력한 모습과는 정반대로 신사와 대화를 나누고 있다. 또한 신사는 그녀보다 거울에서 더 떨어져 있는데도 원근법에 맞지 않게 너무 크게 그려져 있다. 이는 활기 넘치고 사람들이 가득한 바 안의 이미지를 더 넓은 파노라마로 보여주기 위해 원근법에서 벗어나는 표현을 한 것일 수도 있다. 또는 거울 속 쉬종의 모습은 손님들의 눈에 보이는 겉모습이고, 관람자와 정면으로 마주하는 쉬종이 그녀의 본모습, 즉 속마음인 것을 마네는 공간을 모호하게 표현한 회화로 우리에게 제시하고 싶었는지도 모른다.

그림을 통해 한 사람의 양면적인 감정을 전면에 드러내고, 부도덕한 상황을 아름다운 배경에 녹여내 폭로하고자 했던 마네는 51세의 나이로 병사했다. 마지막 작품이 된 〈폴리베르제르〉는 그의 반재현적 실험의 절정을 보여주는 걸작이라 할 수 있겠다.

16
죽음을 포착하는 자, 그는 '미스터 데스'라 불린다

데미안 허스트 | 살아 있는 자의 마음속에 있는 죽음의 육체적 불가능성

'만약 내가 내일 죽는다면 나는 오늘을 어떻게 살아갈까'라는 질문을 던져본 적이 있을 것이다.

그러나 그 질문은 곧 머릿속에서 사라진다. 다들 내일 해야 할 일이 있고 적어도 내일은 죽지 않을 거라 생각하기 때문이다. 그러나 죽음은 우연한 순간에 우리 삶을 덮쳐온다. 누군가의 장례식장에서, 혹은 교통사고 현장에서 죽음은 불현 듯 그 불길한 그림자를 내비춘다. 그때 우리 마음속에 떠오르는 감정은 무엇일까. 숭고함일까 아니면 두려움일까.

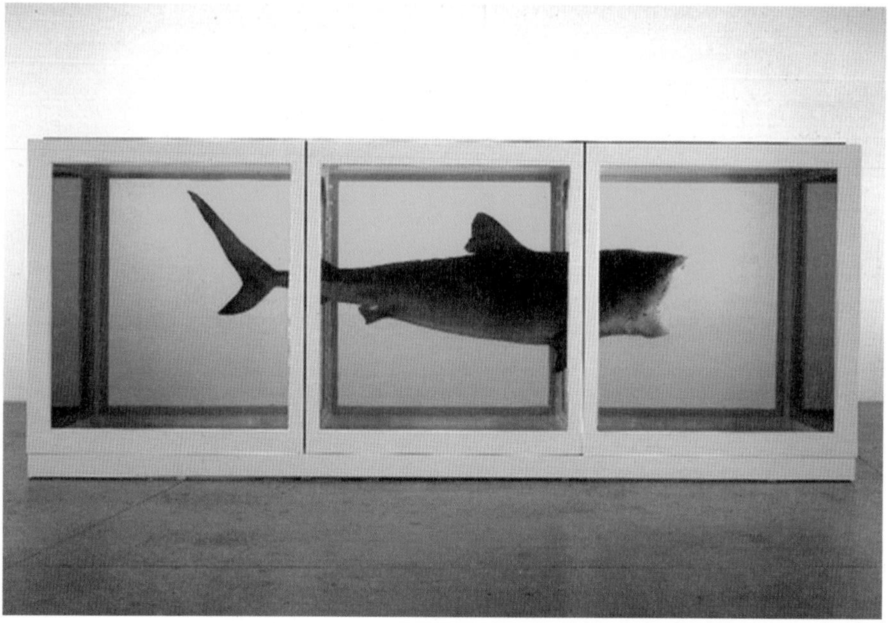

데미안 허스트, 〈살아 있는 자의 마음속에 있는 죽음의 육체적 불가능성〉, 1991

이러한 현대인의 죽음에 대한 인식을 가장 잘 포착해낸 예술가가 있다. 미스터 데스(Mr. Death), 악마의 자식(Devil child)라는 별명을 가진 예술가. 영국 현대미술의 거장 데미안 허스트(Damien Hirst, 1965~)가 그 주인공이다.

그는 1965년 영국 브리스톨의 한 카톨릭 집안에 사생아로 태어나 어머니로부터 그림 그리는 법을 배우기 시작했다. 청소년 시절에는 인체를 그리기 위해 병원의 영안실을 드나들며 삶과 죽음에 대해 고찰했으며, 런던 골드스미스 대학에서 미술을 전공해 '프리즈(Freeze)'전을 계기로 주목받기 시작했다. '프리즈(Freeze)'전에 참가한 이들은 영국 현대미술의 부활을 이끌어 내는 중심으로서 yBa(young British artists) 군단으로 미술계를 장악했다.

그의 가장 유명한 작품으로 알려져 있는 〈살아 있는 자의 마음속에 있는 죽음의 육체적 불가능성〉은 예술계에 큰 센세이션을 일으켰다. 죽은 상어를 포름알데히드가 가득 찬 유리 진열장 속에 매달고 모터를 연결해 움직이게 한 이 작품은 갤러리 화이트 큐브의 주인 제이 조플링과 유명 컬렉터 찰스 사치의 눈에 들면서 연일 미술시장의 기록을 갈아치웠다.

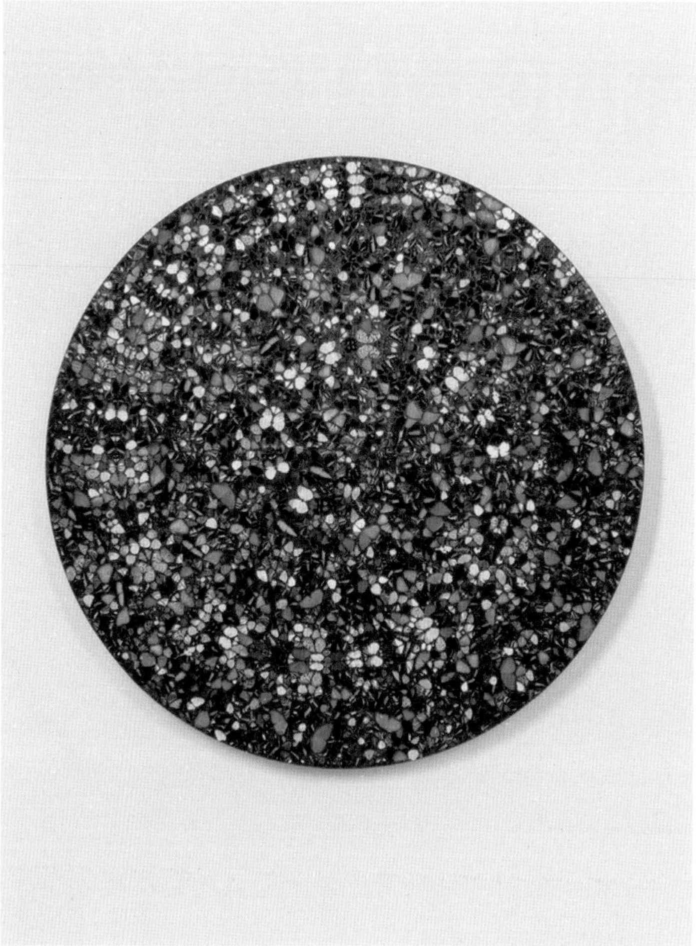

데미안 허스트, 〈용서〉, 2004,

그는 이후로도 살아 있는 나비를 강렬한 원색바탕의 캔버스에 붙인 작품 〈용서〉의 '나비' 연작을 통해 살아있는 나비의 아름다움과 그것이 박제화 되었을 때 느껴지는 감정을 뒤섞어 놓았다.

또한 2007년에 발표된 작품 〈신의 사랑을 위하여(For the Love of God)〉는 18세기 남성으로 추정되는 실제 해골에 8601개의 다이아몬드를 박아 만들어 세간의 큰 화제가 되었다.

데미안 허스트는 "이 작품을 통해 인간의 끝없는 욕망과 죽음의 관계를 이야기하고 싶었으며, 죽음의 궁극적인 상징인 두개골에 사치와 욕망의 상징인 다이아몬드를 덮어버림으로써 '죽음이여 가라'고 외치고 싶었다"고 한다.

'내가 만약 내일 죽는다면 나는 오늘을 어떻게 살아갈까?' 라는 질문의 대답을 데미안 허스트는 자신의 작품집에서 밝힌다. "나는 내 남은 인생을 모든 곳에서, 모두와 함께, 하나씩, 언제나, 영원히, 지금 보내고 싶다(I Want to Spend the Rest of My Life Everywhere, with Everyone, One to One, Always, Forever, Now)"라고. 작품마다 죽음을 포착하는 그의 면모가 드러나는 그다운 답변이다.

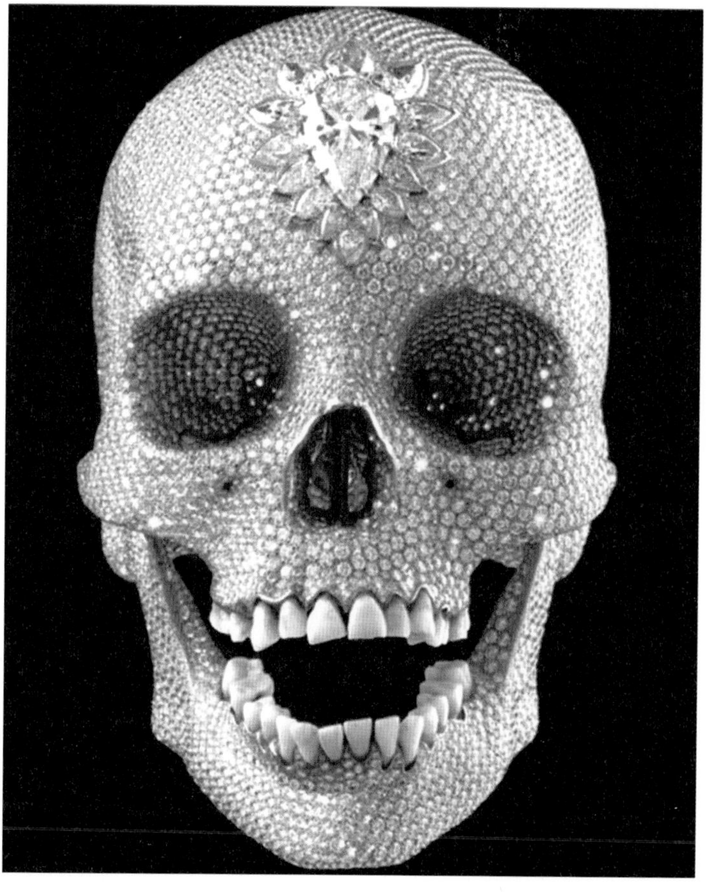

데미안 허스트, 〈신의 사랑을 위하여〉, 2007

17

철학, 의학, 법학에 에로티시즘을 입히다

클림트 | 빈 대학 천장화

이슬람 급진 무장세력 IS가 수천 년 넘는 역사를 자랑하는 고대 유적을 파괴했다는 기사를 볼 때마다 마음이 아프다. 그 긴 세월 동안 일어난 전쟁과 자연재해 속에서 살아남은 인류의 유산이 하루아침에 다시는 볼 수 없게 된 것 아닌가. 회화 중 가장 원래 모습을 보고 싶은 것은 클림트의 빈 대학 천장화 시리즈다. 지금은 당시 그림을 찍은 흑백사진과 그 일부만 남아 있는 〈철학〉, 〈의학〉, 〈법학〉을 주제로 한 작품이었다.

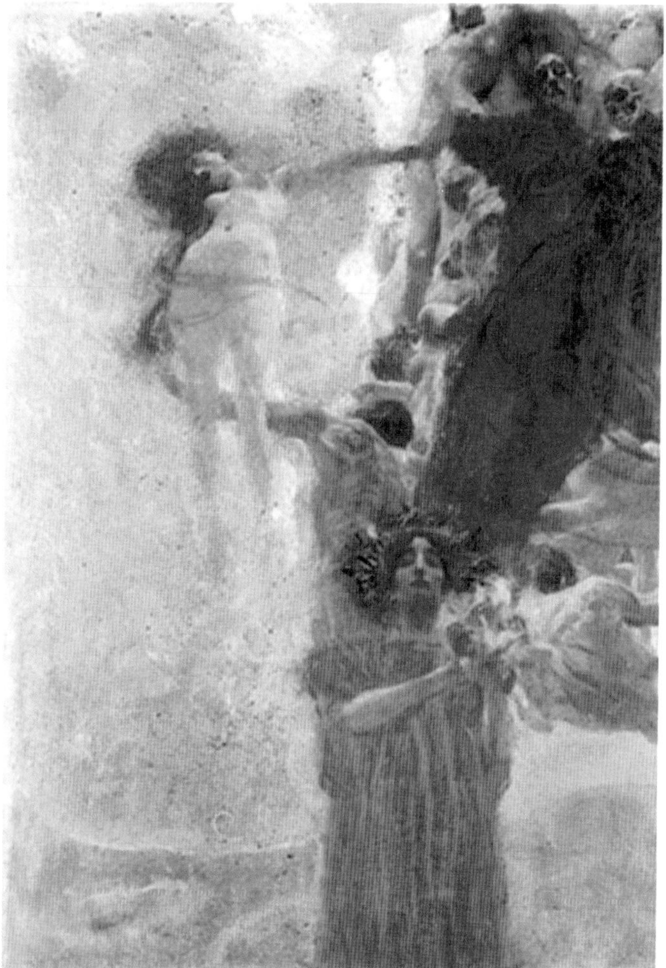

클림트, 〈의학〉, 1898

클림트는 1890년대부터 예술운동을 주도하면서 새로운 화풍을 시도하고 있었다. 그때 마침 그에게 1894년 빈 대학 강당의 천장화 의뢰가 들어왔고, 그는 〈철학〉, 〈의학〉, 〈법학〉 세 가지 작품을 1900년대 초에 완성했다.

하지만 세 작품에 대한 평가는 혹독했다. 제7회 분리파 전시회에서 제일 먼저 공개된 〈철학〉은 세간의 엄청난 비난을 받았다. 전통 학문을 과감한 성적 이미지로 표현했다는 이유로 논란의 중심에 선 것이다. 무한한 우주 공간을 배경으로 발가벗은 인물들이 기둥을 이루고 있고, 배경에는 몽환적인, 사색하는 듯한 길고 풍성한 머리칼의 여인이 그려져 있다.

전시회 팸플릿에는 배경인 그녀가 '지식'으로 설명되어 있었다고 한다. 하지만 빈 대학의 교수들은 클림트의 작품에 강하게 반발했고, 87명의 교수들이 반대 성명서를 내기도 했다. 하지만 1900년 열린 만국박람회에서 금상을 받는 등 〈철학〉의 예술적 가치를 인정하는 이들도 많았다.

논란 속에서 클림트는 제10회 분리파 전시회에서 〈의학〉을 공개했다. 그때부터 〈의학〉은 그리스 신화 속 건강의 여신 히기에이아를 그렸고, 〈의학〉 맞은편에 위치하기로 되어 있어 역시 벌거벗은 여인들이 기둥을 이루는 등 비슷한 분위기를 띤다.

의학의 목적인 질병 치료보다는 삶과 죽음을 히기에이아가 든 해골과 벌거벗은 여인들로 묘사한 점이 보수주의자들의 반발을 샀다. 마지막 작품인 〈법학〉은 앞의 두 작품과는 약간 다른 평면적 구성을 띠고 있지만 기본적인 화법은 비슷하다.

화려한 배경 뒤에 서 있는 세 여인은 각자 진리·정의·법을 상징한다. 그림의 밑부분에서 여인에게 고문당하는 노인은 죄인을 상징하며, 이는 법의 심판을 나타낸다.

이 세 작품은 거센 반발에 부딪혀 대학 강당에 걸지 못했다. 자기 작품들이 춘화로 비난받자 이에 클림트는 후원자의 도움을 받아 계약금을 돌려주는 대신 그림들을 회수 받고 다시는 공공 회화를 그리지 않았다.

하지만 전화위복이라 하던가. 이후 떠난 이탈리아 여행에서 접한 비잔틴 예술의 영향으로 자신감을 되찾고 그만의 특색인 금박, 금빛 색채를 쓰기 시작한다. 1908년 발표한 그의 대표작 〈키스〉를 기점으로 클림트의 작품 세계는 새로운 국면을 맞았다.

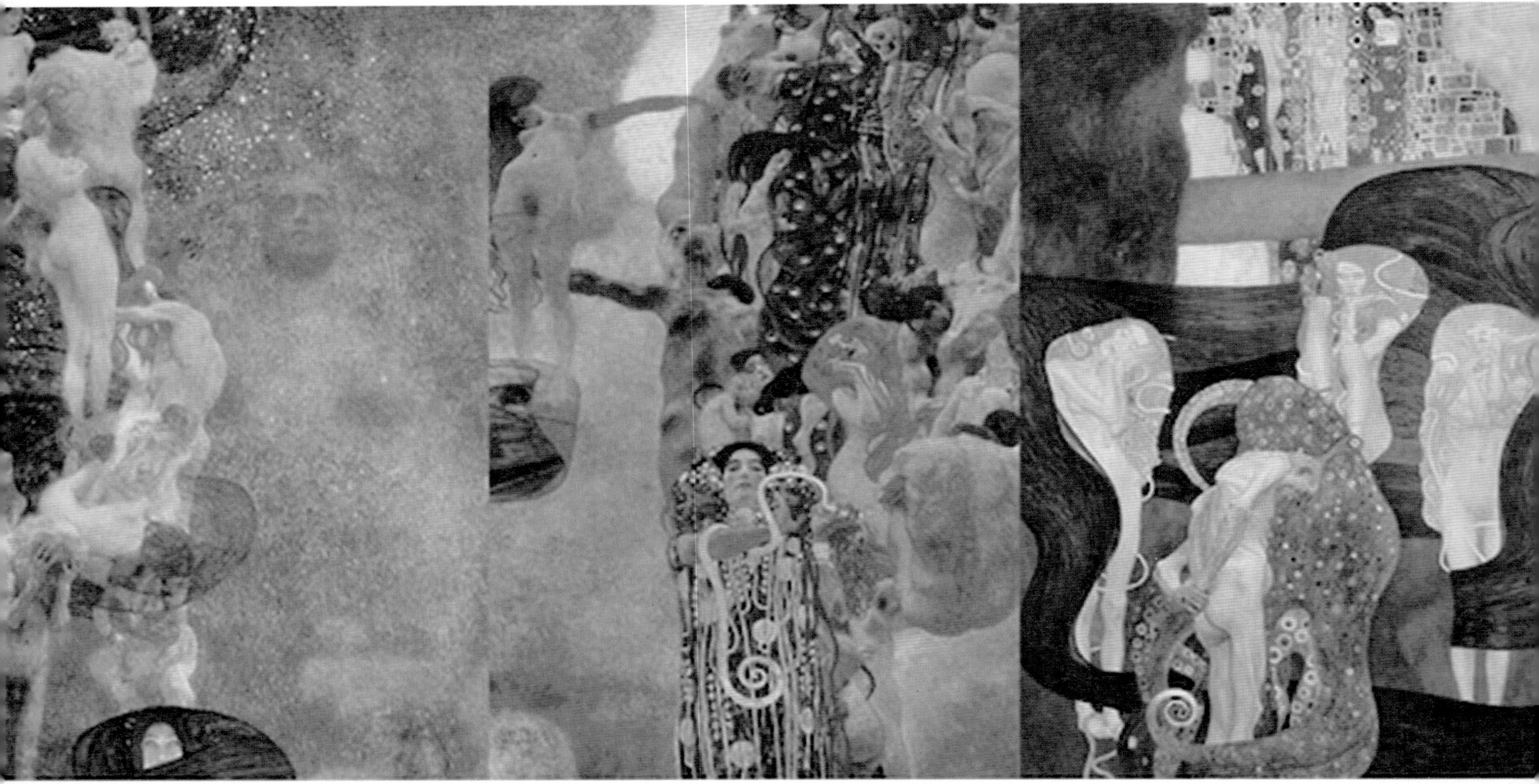

클림트, (왼쪽부터) 〈철학〉, 〈의학〉, 〈법학〉, 1899~1907

〈철학〉은 클림트의 후원자였던 레데러가 소유했었고, 〈의학〉과 〈법학〉은 클림트의 친구이자 화가인 모저가 구입했다.

모저 사후 〈의학〉은 오스트리아 미술관에서 구입하고, 〈법학〉은 다시 레데러가 사들였다. 세 작품은 1943년 클림트 컬렉션에서 마지막으로 공개된 후 안전상의 이유로 임멘도르프 성에 레데러의 클림트 컬렉션과 함께 옮겨졌다가 독일군이 퇴각하면서 성을 불태울 때 소실되었다.

이때 레데러가 갖고 있던 클림트 작품 13점도 전부 불타버렸고, 〈의학〉은 1898년의 습작만 남아 있다. 나머지 두 작품은 흑백사진으로만 그 모습을 짐작해볼 수 있다.

18
캔버스를 거울 삼아 중국인들의 아픈 시대를 비추다

장샤오강 | 혈연: 대가족 No.3

작품 한 점이 100억원대를 훌쩍 넘는 등 중국 미술계의 붐을 주도한 현대미술가 장샤오강. 그의 1995년작 〈혈연: 대가족 No.3〉는 2014년 4월 홍콩 소더비 근현대 아시아 미술 야간 경매에서 7,441만 8000위안(약 123억 원)에 낙찰되어 2014년 상반기 중국 현대미술 경매에서 최고 낙찰가를 기록했다. 이에 힘입어 작년에 대구미술관에서 열린 그의 한국 첫 개인전 'Memory + ing'는 추석 연휴와 겹쳐 많은

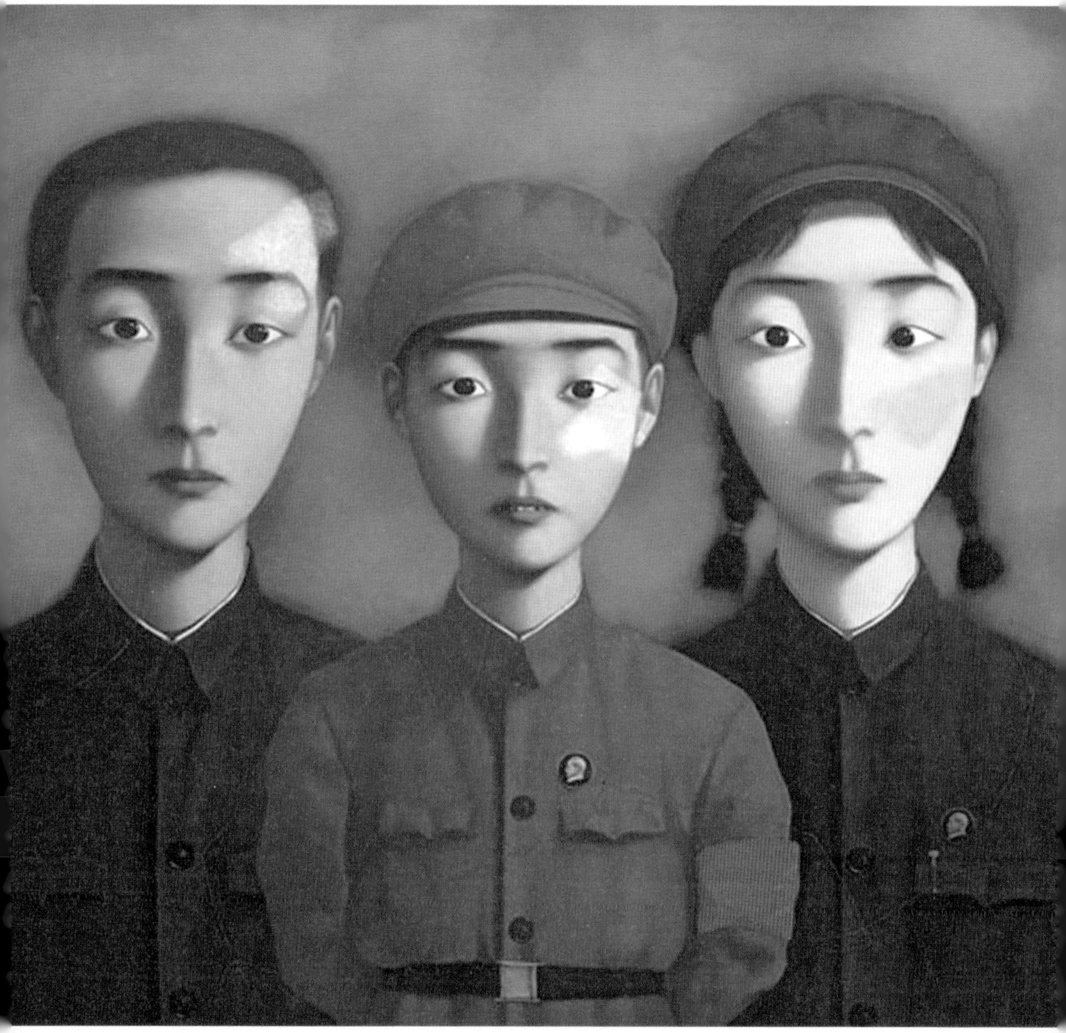

장샤오강, 〈혈연: 대가족 No.3〉, 1995

이들의 성원 속에 막을 내렸다. 필자 역시 그를 만나기 위해 작년에 대구를 다녀왔다.

1958년 태어난 그는 1977년 쓰촨미술대 유화과에 입학해 학부 시절 내내 사회주의와 사실주의를 거부하고 모더니즘을 탐구했다. 1980년대까지는 서구 모더니즘의 영향을 받아 꿈과 내면적 명상을 결합해 현실을 향한 고민과 불안이 드러난 〈음과 양〉, 〈폭우강림〉 등이 이 시기 주요작이다.

그의 화풍이 일대 변화를 맞은 계기는 1992년 유럽여행이었다. 중국의 정체성에 관한 의심을 품기 시작한 것이다. 1960년대부터 1970년대에 걸친 문화혁명과 1989년 천안문 사태 이후의 아방가르드 운동, 1990년의 냉소적 사실주의, 이후 다원주의에 이르는 과정을 경험하면서 자신의 예술을 발전시켜 나갔다. 작품에 중국의 이러한 시대 상황들이 고스란히 담겨져 있으며, 그 시대를 몸소 체험한 이들의 고뇌와 격정, 슬픔까지 엿보인다.

대표작인 〈혈연〉, 〈대가족〉 연작은 우연히 발견한 가족의 옛 사진을 보고 영감을 얻어 그리기 시작했다고 한다. 그는 사진 속 얼굴에서 사적인 은밀함과 집단주의의 세례를 받은 세대의 공통된 표준화를 발견하였으며, 이것은 바로 그가 고민해온 중국적 정체성에 대한 해답을 제시해 주었다.

회색 혹은 청회색의 얼굴이 크게 나오는 인물들은 하나같이 웃음기가 없고 금방이라도 눈물이 떨어질 것만 같은 연약한 표정을 짓고 있다. 혈연을 떠올리게 하는 붉은 선과 과거의 상처 혹은 흔적을 암시하는 빛을 조화시키는 것이 연작들의 특징이다. 딱딱하면서도 고요한 인물의 표정과 냉정하고 차분한 단색조의 색채, 그 가운데 빛으로 물든 상처의 흔적은 무수한 사연과 공감을 이끌어냈다.

그의 작품은 격동의 시대를 산 중국인과 중국사회의 자화상이면서 이들이 굴곡으로 점철된 역사 속에서 터득한 생존법을 이야기한다. 바로 정치적 권리를 박탈당해 하고 싶은 말을 꾹 참고 그저 하루하루를 살아가는 소시민의 모습이다.

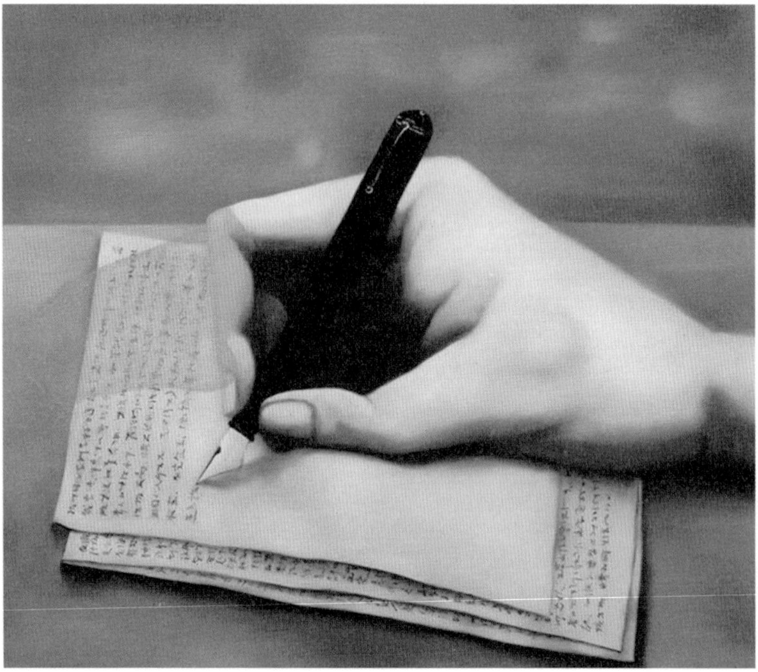

장샤오강, 〈망각과 기억: 기록〉, 2007

대구에서 본 〈혈연: 대가족 No.3〉는 세 명의 남녀가 나란히 앉아 있었다. 3남매일까, 혹은 젊은 부부와 첫아들일지도 모른다. 틀로 찍은 듯 눈썹과 눈매, 코, 입술까지 똑같은 무표정한 세 명의 얼굴에는 전부 흐릿한 빛이 맴돈다.

오랜 사회주의의 장막을 걷어내고 변화의 바람을 맞고 있는 중국에서 사회 전체 모습보다 개인 심리에 초점을 맞춘 그의 작품은 중국의 급격한 경제 성장과 더불어 국제 미술시장에서도 커다란 이슈를 낳으며 주목받았다. 2000년대에 와서 장샤오강은 주로 〈망각과 기억〉, 〈인 앤 아웃〉 시리즈로 과거에 대한 향수를 일으키는 작업을 진행했다. 최근에는 중국 전통회화를 현대적으로 재해석하고, 회화를 입체화하는 등 다양한 표현 방식에 도전 중이다.

19
하나의 색은 없다, 다양한 색이 함께 섞여 있을 뿐…

쇠라 | 그랑 자트섬의 일요일 오후

학창시절 미술수업 때 명화를 따라 그리는 시간이 있었다. 필자가 어떤 명화를 따라 그렸는지는 기억이 나지 않는데 친구 것은 아직도 기억에 또렷하다. 12색 사인펜만으로 친구가 몇날 며칠 콕콕 점을 찍어 가며 완성한 명화 모작은 바로 〈그랑 자트섬의 일요일 오후〉였다. 제목은 모르더라도 그림을 보여주면 '아~', '어디서 한 번 봤는데?'라는 반응이 대부분 돌아올 만큼 우리나라 사람들에게 사랑받는 그림이기도 하다.

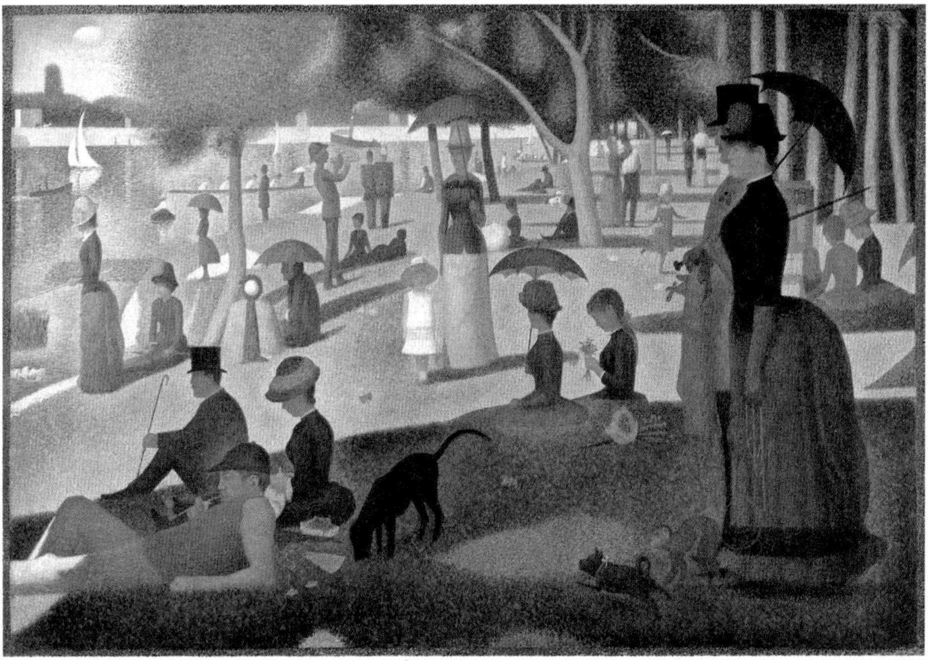

쇠라, 〈그랑 자트섬의 일요일 오후〉, 1884~1886

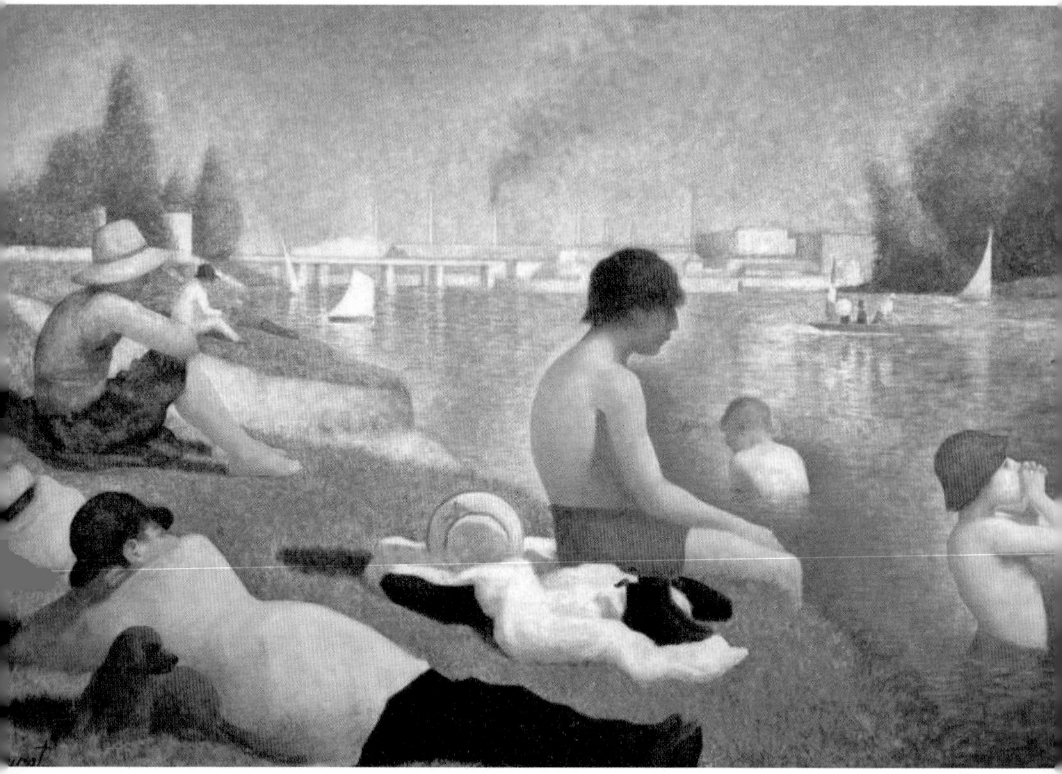

쇠라, 〈아스니에르에서의 물놀이〉, 1883~1884

파리 근교의 그랑 자트섬에서 여름 하루를 보내고 있는 시민들의 모습을 담은 이 그림은 2년에 걸친 습작·제작기간을 거쳐 완성되었다. 쇠라는 인상주의가 빛에만 지나치게 편중된 점에 불만을 느끼고 무수한 점으로 화면을 구성하는 점묘화법을 도입해서 통일성을 유지, 인상주의의 색채원리를 과학적으로 체계화했다. 인상주의가 무시한 조형 질서를 다시 구축하려고 노력한 그의 흔적이 엿보인다. 이런 점에서도 이 작품은 오늘날 매우 의의 있는 작품으로서 평가되고 있다.

작품에 등장하는 그랑 자트섬은 센 강 주변에 있는 지역인데, 쇠라가 이 그림을 그릴 때만 해도 교외의 한적한 전원 지대였다. 쇠라는 당시 파리지앵들의 휴식처인 그랑 자트의 풍경을 세밀하게 그려내고자 했고, 이를 위해 작품을 완성하고 나서도 계속해서 다양한 수정을 가했다. 커다란 화폭 안에 담긴 공원 풍경은 다양한 색채와 빛, 그리고 형태들이 작은 점으로 꼼꼼하게 표현되어 있다. 이 그림은 당시 19세기를 주도한 과학적인 시각 이론과 색채 이론에 근거하고 있다.

빛에 관한 과학적 이론은 사물을 단색으로 표현하는 것에 문제를 제기하는 것이었다. 사물은 다양한 색채의 대비를 통해 모습을 드러낸다는 것이 쇠라의 생각이었다. 쇠라의 이런 믿음을 보여주는 이 작품은 서로 보색 관계인 색채의 점들을 수없이 찍어서 형태를 구성한다. 이런 형태는 관객의 시선에서 하나의 색채로 합쳐져 보인다. 쇠라는 세계를 드러내는 색채의 구성과 배합에 대해 고민했고, 그 색채의 원소들을 해체해서 재구성하면 자연의 법칙에 좀 더 다가갈 수 있다고 본 것이다.

쇠라가 이러한 이론을 창작에 적용한 점묘법으로 완성한 최초의 대작은 1883-1884년 〈아스니에르에서의 물놀이〉다. 쇠라는 1884년 이 그림을 살롱에 출품하였다가 낙선하였으나, 이후 앙데팡당 전시회에 출품하여 큰 반향을 불러일으켰다. 그림은 전체적으로 여름날의 열기에 취해 몽롱해진 느낌을 전해 준다. 화면에는 많은 인물들이 놀고 있는 풍경이 묘사되어 있지만 이들이 주는 인상은 매우 질서정연하다. 이러한 분위기는 〈그랑자트섬의 일요일 오후〉로 이어졌다.

이 그림들이 보여주는 것은 쇠라의 주관이라기보다 세계에 대한 이론이라고 할 수 있다. 쇠라는 이런 기법을 통해 훨씬 더 확연하고 설득력 있는 표현을 만들어낼 수 있다고 믿었다. 점묘주의의 목표는 경험을 더욱 생생하게 재현하는 것이었다. 쇠라는 기법뿐만 아니라 최첨단 재료를 사용해서 실험성을 높였다. 그 예가 아연에서 노란색을 추출한 물감을 사용해서 풀밭 위에 떨어지는 태양빛을 강렬하게 표현한 것이다. 지금은 변색이 일어나서 갈색으로 바뀌었지만, 당시에 이런 재료의 사용은 깊은 인상을 줄 만했다.

20
화려하지만 가슴 아픈 내용을 담고 있는 도자기들

그레이슨 페리 | 세계의 지도자들이 결혼식에 참석하다

예술가들은 특이한 성격이나 외모로 주목받는 경우가 일반인보다 많은 편이다. 필자의 개인적인 견해로는 현존하는 예술가들 중 영국의 그레이슨 페리만큼 독특한 외모를 한 이도 드물 것이라 생각한다. 이성의 옷을 입고 다니는 복장도착(크로스드레싱)으로 공식석상에서 항상 눈에 띄는 그는 그 작품세계마저 독특해 자연스레 감상자들의 눈길을 끈다.

그레이슨 페리는 어렸을 적 어머니의 간통으로 친아버지가 가족을 떠나고 의붓아버지와 함께 살게 되었다. 의붓아버지의 폭력을 피해 숨어있던 지하실에서 그는 자신만의 세계에 빠져들었고, 이때부터 독창적인 예술세계를 확보해 나가기 시작했다. 스스로를 여리고 섬세한 소녀로 인식하고 10대 때부터 여동생의 옷을 입기 시작한 페리는 '클레어'라는 이름의 또 다른 여성적 자아를 갖게 되었다.

또한 집을 나간 아버지의 부재와 상실감을 달래고자 '알란 미즐즈' 라는 곰인형과 깊은 교감을 나눴는데, 이때부터 이 곰인형에게 자신의 모든 남성성을 전가하고 새로운 자아로 인식하는 동시에 아버지의 역할을 대신하고, 악을 물리치는 영웅, 또는 아픈 상처를 치유해주는 성스러운 성직자이자 종교로 인식하였다.

〈세계의 지도자들이 결혼식에 참석하다〉 속에서 보이는 낡은 곰인형이 바로 작가의 상상 속 '알란 미즐즈'다. 작품의 원제는 로, '클레어'는 작가의 여성적 자아를 뜻한다. 이상적·남성적 자아인 곰인형과 현실적 자아인 클레어의 결합은 결국 작가 의식의 완전한 화합을 뜻하며, 이 결혼식에 세계 지도자들이 참석했다는 것을 통해 당당함을 내비춘다.

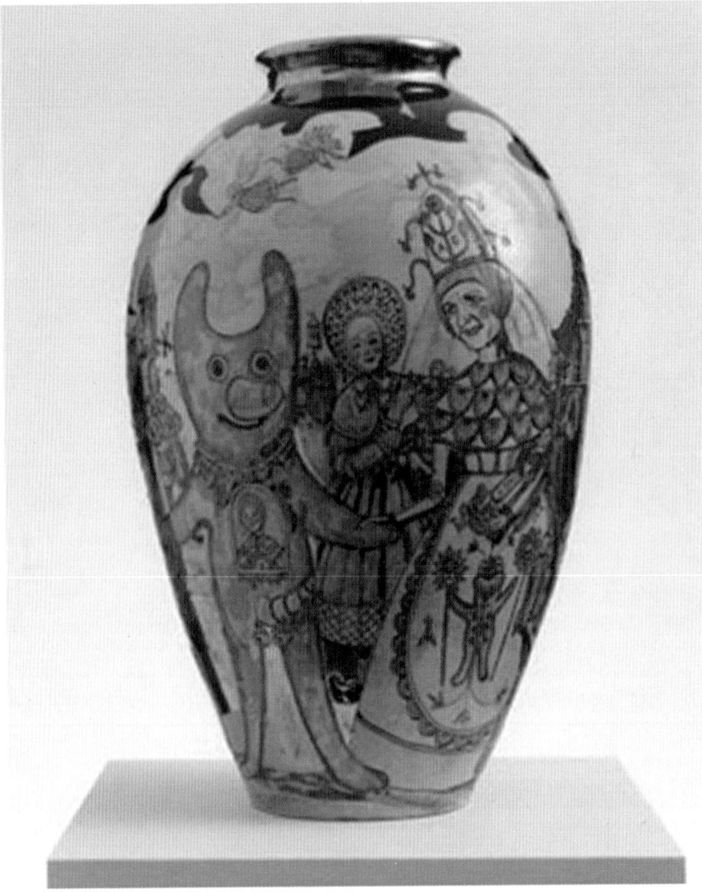

페리, 〈세계의 지도자들이 결혼식에 참석하다〉, 2009

태피스트리, 초상화, 설치미술 등 다양한 분야에 작품을 남겼지만 그가 유명해지게 된 것은 도자기 작품들 덕분이다. 멀리서 보면 다른 도자기와 별반 다를 게 없는 모양을 하고 있지만 독특하고 밝은 색을 표면에 칠해 놓았다. 가까이 다가가 바라보면 예상치 못했던 아동학대, 매춘, 성폭력 등 개인적인 이야기부터 사회 문제에 이르는 다양한 이슈를 거친 그림과 사진을 콜라주하여 도자기 위해 덧입혀 놓았다.

〈금빛 유령〉에서는 두 손이 잘린 채 피를 뚝뚝 흘리고 있거나 무언가를 상실한 듯 공허한 표정으로 앉아 있는 여자 아이들이 등장 한다. 그리고 목가적인 풍경과 대조적으로 작은 관들이 패턴처럼 화면 한편을 뒤덮고 있다.

도자기 위에 채색된 이미지는 가학적인 이야기를 충격적이지만 위트 있게 표현해 많은 이들의 주목을 받았다. 페리는 2003년 영국의 권위 있는 예술상인 터너 상을 수상하기도 하였다.

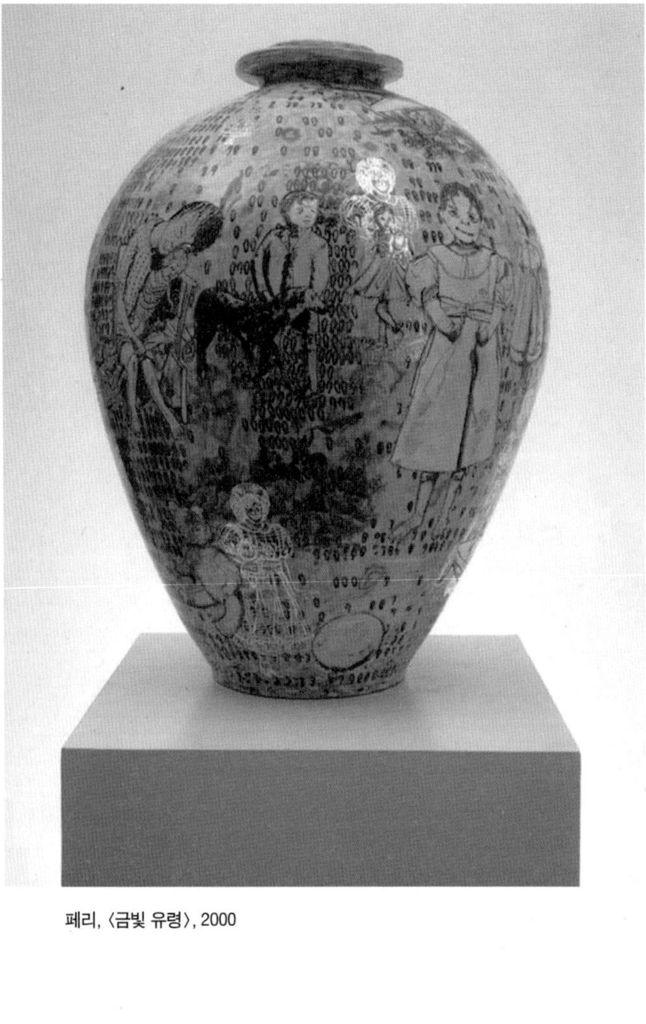

페리, 〈금빛 유령〉, 2000

장미와 하트를 예쁘게 수놓은 원피스 차림에 빨간 구두를 신고 공식적인 자리에 나타나는 그는 "내 예술은 어두운 과거의 아픔과 상처를 감추기 위한 것이 아니라 오히려 소통을 통해 치유하기 위한 것"이라고 말한다. 남성이면서도 여성 행세를 하고, 현대미술의 변방으로 밀려난 도예작업을 하며 저급하고 진부한 소재를 예술에 끌어들인 것에 대해 페리는 "스스로 규정한 '이류' 또는 '약자'라는 자기 정체성과 통하기 때문"이라고 한다. 여자 옷을 입은 나 자신마저도 자신의 모든 것이라며 당당하게 내보이고 사랑하는 그의 용기는 더 이상 자신이 이류나 약자가 아님을 증명하고 있다.

21

19세기 농민의 모습…
같은 현실, 다른 작품

쥘 브르통 | 이삭 줍고 돌아오는 여인들

국립중앙박물관에서 열린 오르세미술관 전《인상주의, 그 빛을 넘어》에 수많은 인파가 몰렸다. 8월에 전시회를 찾았던 지인은 무려 400명이 넘는 대기인원을 보고 발걸음을 돌렸을 정도라고 하니 전시회가 끝날 때까지 인산인해를 이룬 그 인기가 실감이 된다.

전시회에 직접 가지는 못했지만 몇 년 전 직접 오르세미술관에 간 적이 있다. '인상주의 미술관'으로도 잘 알려진 이곳에서 마네, 고흐 등 익히 알려진 거장들의 작품을 감상하는 것 역시 즐거웠지만 가장 필자의 시선을 끈 작품은 따로 있었다.

19세기 프랑스 현실주의 화가, 브르통은 고향인 코리에에서 농민들의 일상을 화폭에 담아내곤 했다. 밀레의 〈이삭 줍는 사람들〉이 이삭을 줍고 있는 모습을 보여준다면, 이 작품은 들판을 떠나고 있는 농민들의 모습을 보여주고 있다. 그림 속 배경은 해질녘으로, 오후의 황금빛 석양이 나무 뒤로 빛나고 있어 경건

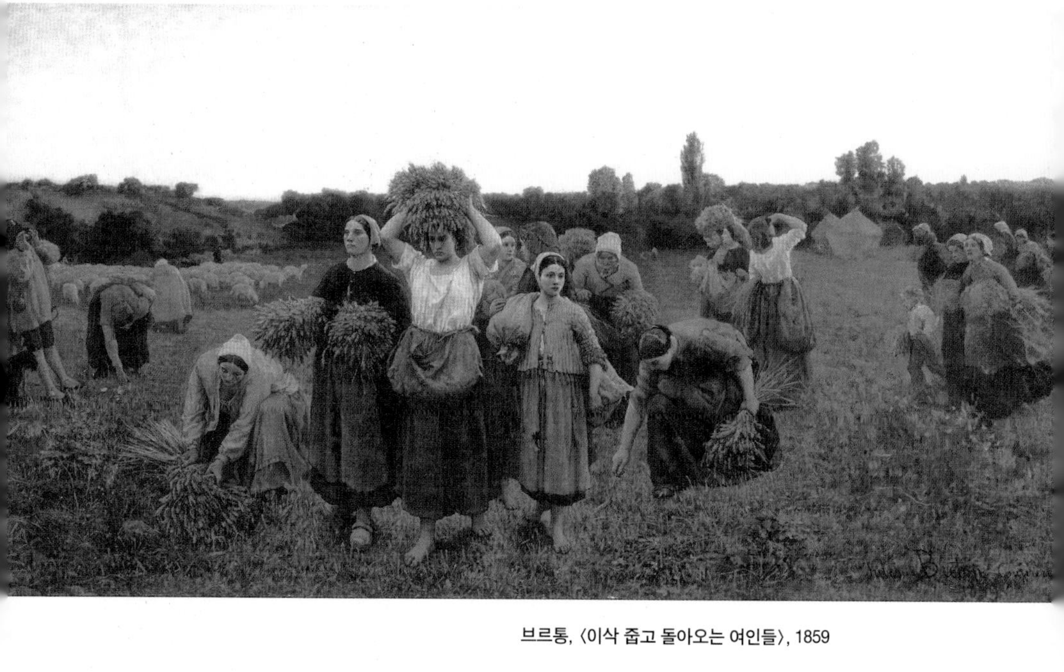

브르통, 〈이삭 줍고 돌아오는 여인들〉, 1859

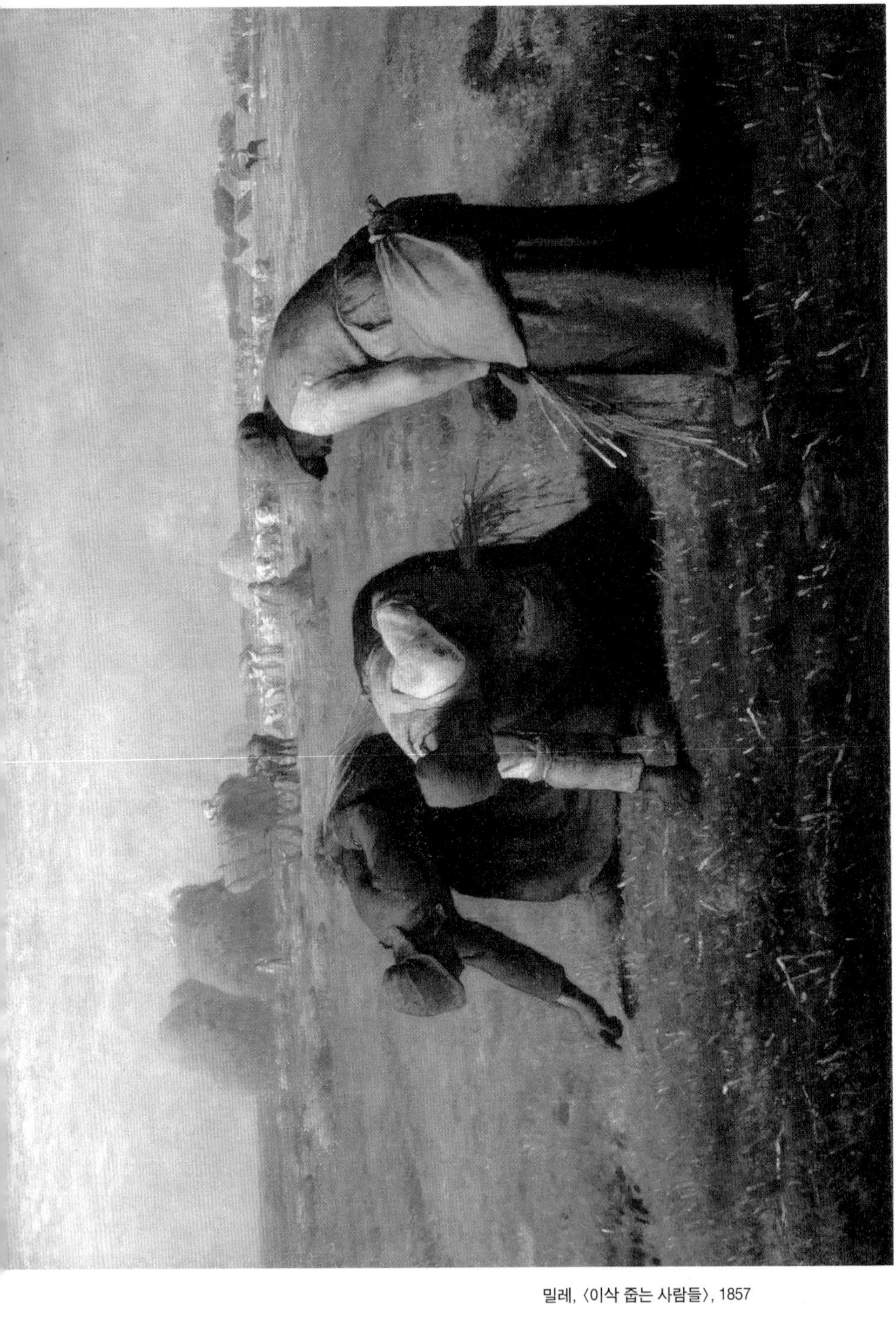

밀레, 〈이삭 줍는 사람들〉, 1857

한 느낌마저 들게 한다.

소작농들의 낡은 옷, 맨발이나 인물의 배치가 더욱 작품을 거룩하게 보이게 한다. 한쪽에서는 칼을 찬 남자 하나가 뭔가 외치고 있다. 토지 관리인 혹은 시골 경찰일 그는 농민들에게 그만 줍고 어서 나오라고 재촉하는 중일 터. 여인들은 그 앞을 말없이 지난다.

그들은 추수가 다 끝난 밭에서 바닥에 흩어진 지푸라기를 주우러 온 가난한 농민이다. 엄청나게 큰 실제 그림을 보면서 나는 만감이 교차했다. 농촌의 고된 현실을 그대로 그려낸 밀레와는 달리 브르통의 농민화들은 낭만, 혹은 우아함까지 느껴진다.

농촌의 목가적인 면을 강조한 그의 그림은 비평가와 대중으로부터 만족스러운 평가를 이끌어 냈으며 1859년 살롱에서 외제니 황후는 나폴레옹 3세를 통해 이 작품을 구매하려고도 했다. '사실주의의 정수'라는 극찬까지 받았으며 필자 역시 넋을 놓은 작품이지만 과연 실제 이삭줍기 후 돌아가는 들판이 저런 분위기를 풍겼을지는 의문이다.

고흐도 브르통의 작품에 매료되어 집까지 찾아간 적이 있지만 '농민화를 그리는 사람답지 않게 화려한 집에서 사는 것을 보고 실망해 돌아왔다'고 한다.

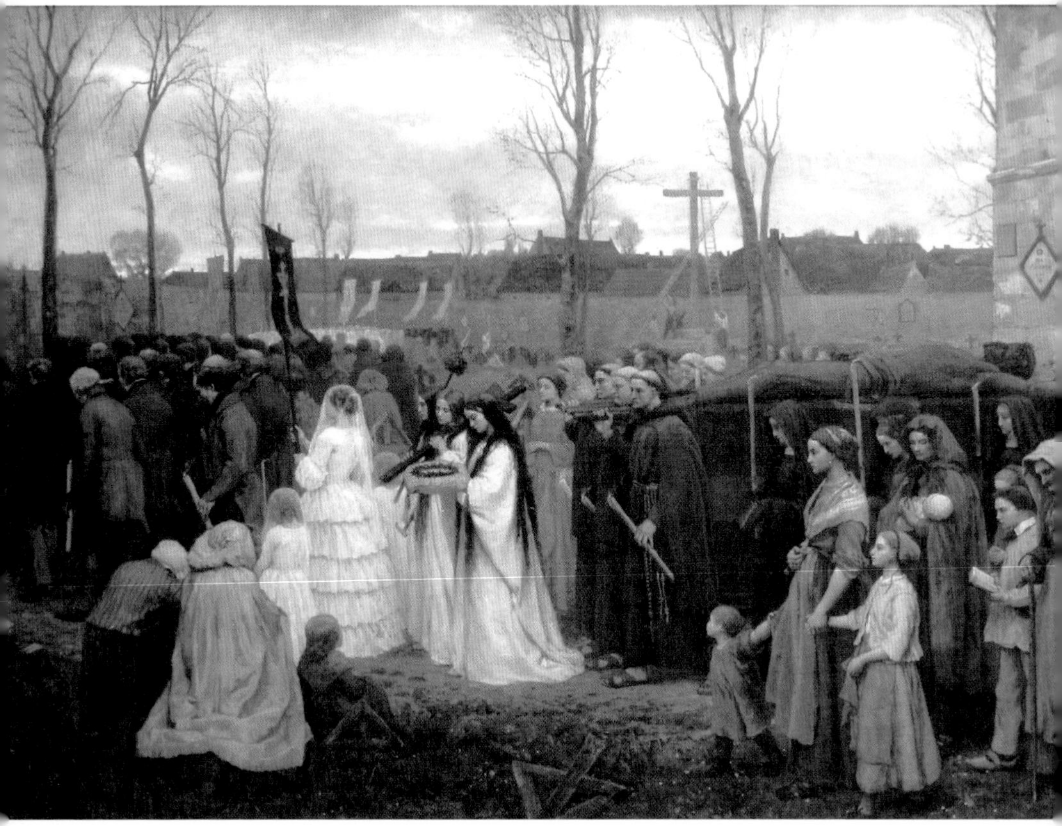

브르통, 〈골고다 언덕의 풍경〉, 1858

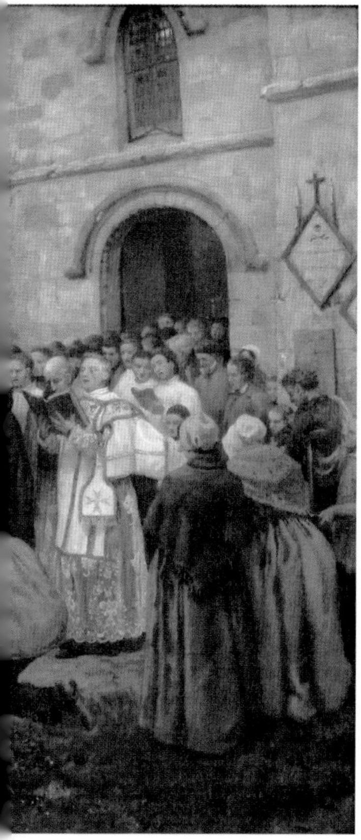

이외에도 〈골고다 언덕의 풍경〉, 〈아르투아 지방의 밀밭에서의 은총〉 등의 인기작을 남긴 브르통. 생전 대중과 평단의 사랑을 한 몸에 받은 그지만 사후에는 농촌의 진정성을 더욱 강조한 밀레가 재평가된 것을 보면 묘한 기분이 든다. 예술은 예술 자체의 아름다움도 중요하지만, 시대정신을 담는 것 역시 중요하단 것을 깨닫게 해주던 오르세미술관에서의 한 때였다.

22
그림 속의 '눈'은 정말 하늘을 보고 있었을까

마그리트 | 잘못된 거울

내가 보고 싶은 것을 보게 해주는 중요기관인 동시에 다른 이들이 내 얼굴 중에 가장 유심히 보고, 첫인상에 가장 중요한 역할을 하는 게 바로 '눈'이다. 흔히 '마음의 거울'이라고도 부르는 이 눈을 통해 상대방의 마음을 어렴풋이 들여다볼 수 있기 때문이다. 그래서 그림을 볼 때도 사람을 처음 만났을 때처럼 그림 속 인물의 눈을 먼저 보는 편이다.

2007년 서울에서 있었던 마그리트 전시회에서

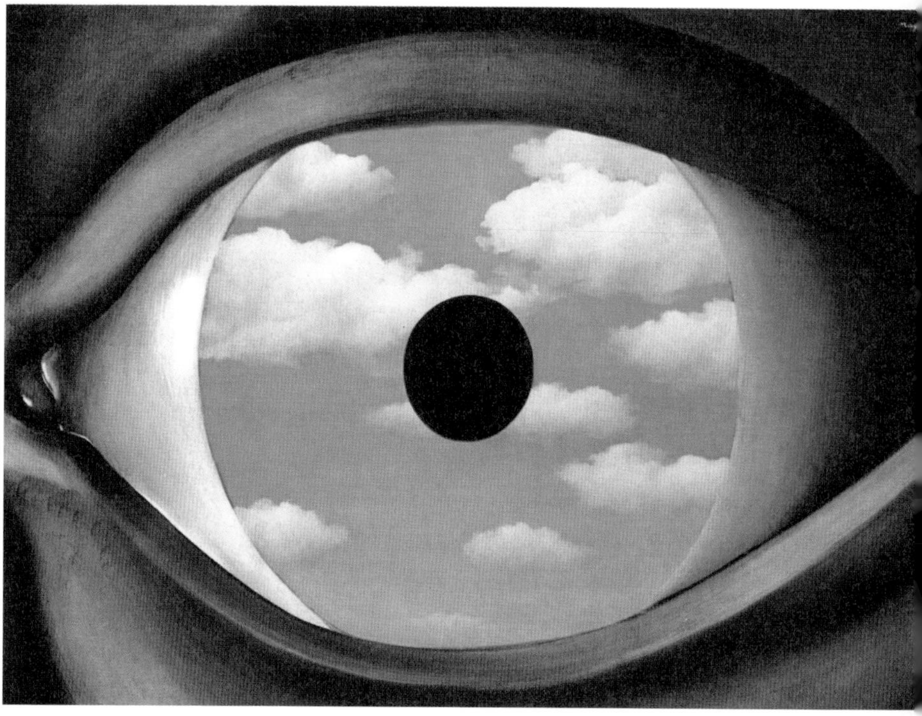

마그리트, 〈잘못된 거울〉, 1928

는 아쉽게도 개인 소장품이라 볼 수 없었지만, 〈잘못된 거울〉은 캔버스의 대부분을 차지하는 큰 눈과 그 속에 비친 하늘이 참 인상적인 작품이었다.

클로즈업된 한쪽 눈과 그 눈 속에 하늘이 비치는 장면을 그린 〈잘못된 거울〉은 마그리트가 연작으로 제작할 만큼 애착을 보였다. 눈에만 집중한 이 작품은 그림이 보는 행위와 직결된다는 점에 착안한 듯하다.

대상을 옮겨놓는 회화는 1차적으로 보는 이의 눈을 속이는 것을 전제로 한다. 〈이미지의 배반〉에서 '이것은 파이프가 아니다'라고 말할 수 있는 이유다. 실제 파이프가 아닌, 파이프를 그린 그림인데도 '파이프'라고 우리는 인식하기 때문이다. 〈잘못된 거울〉에서 눈은 사물을 수동적으로 반사하는 거울로 축소하여 표현했다. 수동적으로 반응하는 눈을 강조한 것은 왜곡을 통해서만 그림을 볼 수 있는 우리의 지각 구조를 드러낸 것은 아닐까.

그림 속의 눈은 '하늘로 보이는 것'을 보고 있다. 하지만 그건 하늘이 아닐 수 있다. 바다일 수도 있고, 하늘이 비친 빌딩의 유리창일 수도 있다. 그러나 눈이 '하늘'로 인식하는 순간 실제로 무엇이든지 간에 그것은 하늘이 되어 버린다. 그런 면을 부각시키기 위해 작가가 '잘못된 거울'이라는 제목을 붙인 것일 수도 있겠다.

이 작품에는 초현실주의 사진가 만 레이와 마그리트의 교류가 영감을 주어 만들어졌다는 설도 있다. 둘이 교류하던 때 만 레이의 작업실에 거대한 눈 사진이 걸려 있었다는 것이다. 또한 〈유리 눈물〉이란 사진으로 유명한 만 레이는 〈잘못된 거울〉의 1928년 버전을 1933년부터 1936년 사이에 소장하고 있었다.

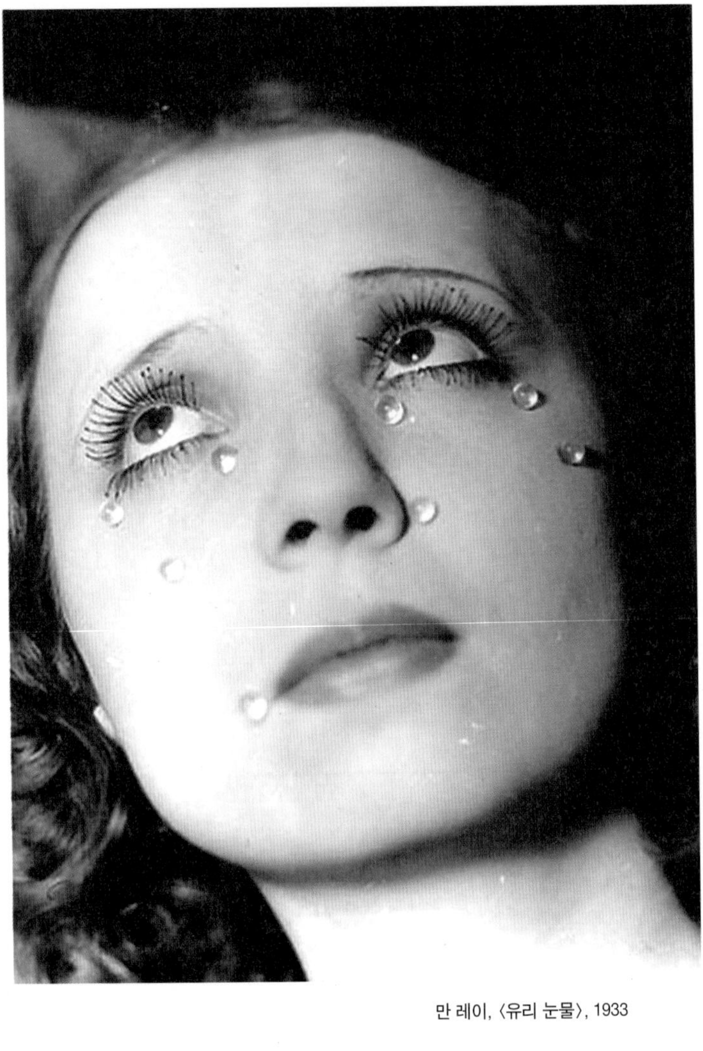

만 레이, 〈유리 눈물〉, 1933

2년 전에는 강동아트센터에서 《헬로 아티스트! 마그리트의 방 엿보기》 전이 열렸다. 전시회가 아닌 체험전이었지만 조카들이 가서 찍은 사진을 보니 〈잘못된 거울〉을 본떠 만든 체험 시설도 있었다. 하늘색 눈동자 속 까맣던 동공이 디스플레이 화면으로 파랗게 빛나고 있었다. 무엇을 봤는지 물어보니 조카는 움직이는 하늘을 봤다고 한다.

조카가 봤던 움직이는 '하늘'을 진짜 하늘로 봐야 할까, 아니면 하늘을 카메라로 찍은 영상이나 프로그램으로 만든 가짜 하늘로 생각해야 할까? 마그리트는 눈동자 하나로도 오랫동안 생각할 수 있는 주제를 던져 주기에 사랑하지 않을 수 없는 화가다.

23
그림이 건네는 따뜻한 위로

샤갈 | 나와 마을

어릴 적 내 눈에 이 그림은 무섭게만 보였다. 그림의 절반 가까이를 차지하는 큰 눈의 소와 초록색 얼굴, 쪼개져 채색된 이미지들 전부가 그러했다. 하지만 '아는 만큼 보인다'고 했던가. 나이가 들고 샤갈의 삶을 알게 되면서 그림이 점점, 따뜻해 보이기 시작했다.

제목인 〈나와 마을〉에서 '마을'은 어디일까, 바로 샤갈의 출생지를 보면 알 수 있다. 그의 본명은 모이셰 세갈. 프랑스에서 활동하게 되면서 마르크 샤갈로 이름을 바꿨다.

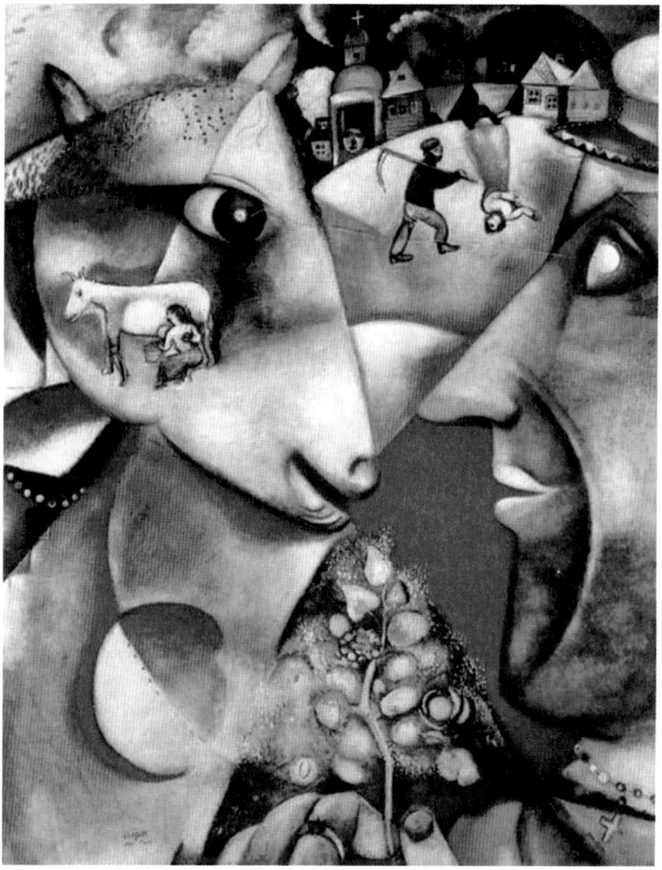

샤갈, 〈나와 마을〉, 1911

비테프스크라는 작은 마을에서 나고 자란 그는 고향의 유대교 문화, 특히 하시디즘(동유럽의 유대인들에게 널리 퍼진 신비주의 종파)을 작품 안에 자주 드러내곤 했다. 당나귀, 수탉, 염소, 물고기와 연인이 함께 등장하는 환상적인 화폭의 힘은 자연과 인간의 조화로운 관계를 중시하는 하시디즘에서 나온 것이다.

〈나와 마을〉은 파리에서 한창 활동하던 때 그린 작품으로 곳곳에 고향을 향한 향수가 짙게 배어 있다. 커다란 소와 소의 얼굴 속에 들어 있는 젖 짜는 여인, 배경 속 농기구를 든 남녀와 배경을 이룬 조그만 집들이 소박한 농촌을 떠올리게 한다. 남자와 소의 목에 걸린 십자가와 뒤의 교회 건물은 종교적인 색채를 띠며, 남자가 손에 쥐고 있는 불타는 떨기나무는 성경에 등장하는 중요 모티브 중 하나다.

누구보다도 꿈 많고 그림 그리기를 좋아했던 소년은 어린 시절의 가난과 설움까지 환상적인 아름다움으로 승화시켰고, 이는 〈나의 마을〉 외에도 〈눈 내리는 마을〉의 하늘 위를 유유자적하게 부유하는 지팡이 짚은 남자를 통해 구현되었다.

그가 얼마나 고향을 그리워했는지는 뉴욕의 한 일간지에 실린 '내 고향 비테프스크'라는 에세이에 절절히 쓰여 있다.

> 내 사랑하는 마을 비테프스크. 너를 마지막으로 보고 울타리 쳐진 너의 거리에서 나를 발견한 후 오랜 세월이 흘렀구나. 너를 사랑하면서 왜 여러 해 동안 너를 떠나 있었는지……?(중략) 나는 이제 너와 살지 않지만 네 즐거움과 슬픔이 반영되지 않은 내 그림은 단 하나도 없어.(후략)

샤갈은 평생 고향을 그리워했지만 현실의 조국은 그의 그림처럼 아름답지 않았다. 1차 세계대전 이후의 조국을 차지한 사회주의자들은 샤갈의 예술세계를 받아들이지 못했고 동료 화가와는 반목해 러시아에 정착하지 못했다. 주로 작품활동을 펼친 파리에서도 그는 파리파(파리에서 활동하지만 어디에도 속하지 않는 화파)로 불렸다.

어디에서도 이방인 취급을 피할 수 없었으며 2차 세계대전 당시에는 유태인이란 이유만으로 히틀러의 탄압을 받았다. 하지만 그 모든 걸 이겨내고 그는 본인의 미술관이 지어지는 걸 두 눈으로 보고, 주문이 끊이지 않을 정도로 사랑받는 화가가 되었다.

2차 세계대전 이후 추상미술이 주류를 이루면서 현대미술이 대중들에게서 멀어졌다면, 샤갈은 쉽게 알아볼 수 있는 이미지들로 따뜻한 위로의 말을 건넸기 때문이다.

샤갈의 작품 속에서는 인간과 동물 모두, 특히 연인들이 자유롭게 하늘을 날고 있으며 선명한 색채가 이들을 감싸고 있다. '사랑과 화해', '고향의 추억'처럼 소박한 가치를 담은 샤갈의 그림은 두 번의 전쟁으로 피폐해진 사람들을 달래 주었다.

지금도 샤갈은 '꿈, 환상, 추억, 고향, 사랑, 가족' 같은 달콤하고 따뜻한 이미지를 품고 있다. "내 그림은 모두 비테프스크에서 얻은 영감으로 탄생됐다"는 샤갈의 말이 있기에, 지금까지 이렇게 부드럽고 사랑스러운 그림을 우리가 볼 수 있는 것은 고향 비테프스크의 덕도 꽤 크다 볼 수 있겠다. 그렇기에 그 고향을 담은 〈나와 마을〉은 더욱 애틋하게 다가온다.

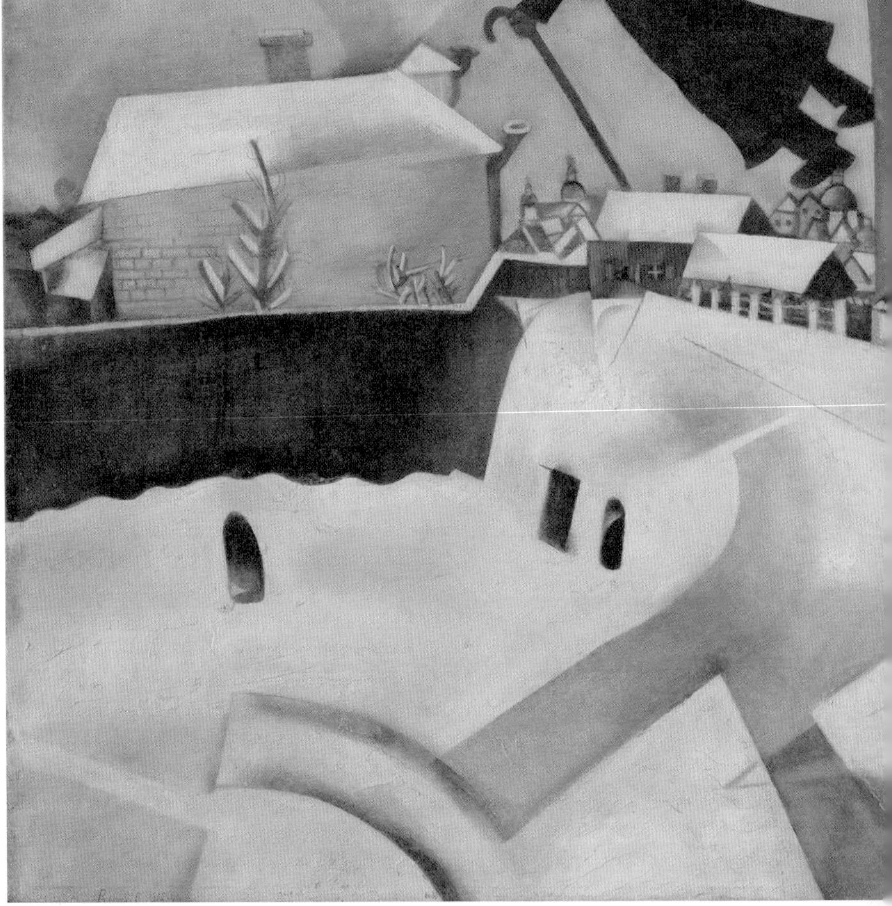

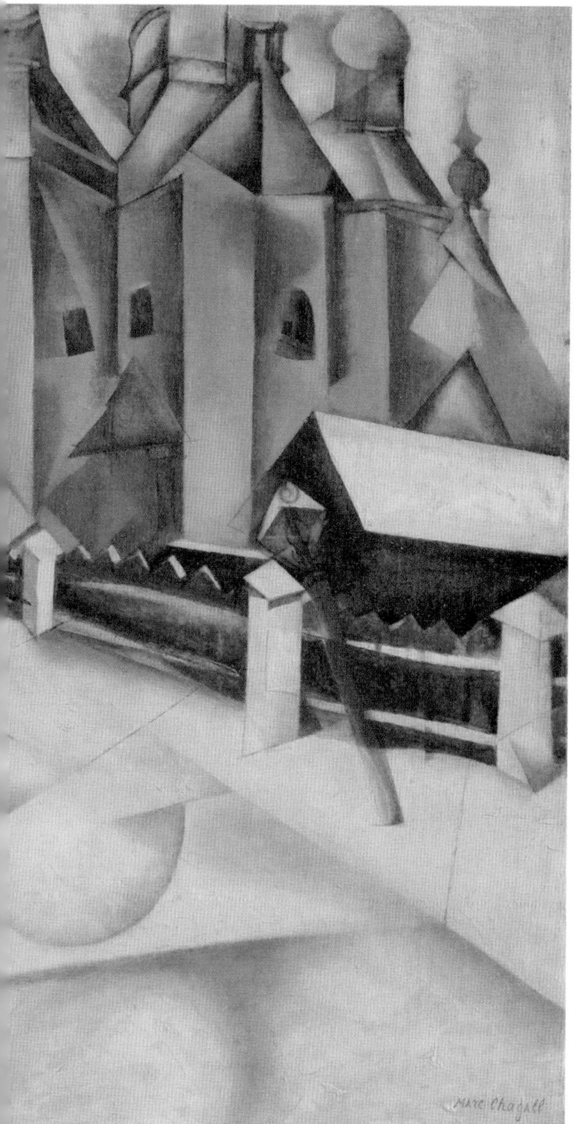

샤갈, 〈비프테스크 위에서〉, 1915

24
깃발 하나로 예술세계를 구축하다

재스퍼 존스 | 깃발

국경일에 차를 타고 거리를 지나다 보면 줄지어 선 가로등에 태극기가 꽂혀 있는 독특한 풍경을 마주하게 된다. 몇 년 전만 해도 우리나라는 국기를 신성시하는 풍조가 우세했지만 2002년 한·일 월드컵을 기점으로 영국의 유니언잭처럼 의상이나 패션 소품 등에 태극기를 적극적으로 활용하고 있다. 미국에는 아예 성조기를 소재로 예술세계를 구축한 작가가 있었으니, 바로 재스퍼 존스다.

학창 시절 피카소, 뒤샹, 세잔, 레오나르도 다빈치를 열렬히 좋아했던 재스퍼 존스는 이들의 작품에 대해 깊이 연구했으며 비트겐슈타인의 시와 심리학에도 심취할 정도로 깊은 지성을 지녔다. 그는 25세가 되던 해 어느 날 국기를 그리는 꿈을 꾸고 난 후 〈국기〉와 〈과녁판〉을 그리기 시작했다. 국기, 과녁판, 지도, 숫자판, 색 비교판 등은 우리가 아무데서나 볼 수 있는 이미지들이지만 존스는 그것들을 새로운 형태로 창조하면서 '그림이 사물의 모방이 아니라 사물 자체'라는 미학을 제시했다.

1950년대 미국의 주류 미술은 잭슨 폴록, 마크 로스코 등이 구축한 추상회화였다. 존스는 이 추상미술에 대항했다. "누구나 다 아는 이미지를 통해, 주제해 대해 고민할 필요가 없다"며 성조기를 주제로 단순하고 명확한 그림을 그렸다. 처음 성조기가 캔버스에 등장했을 때 화단은 경악했다.

누구나 다 아는 상징을 반복적으로 그렸던 재스퍼 존스. 그는 무념무상으로 단지 표면의 아름다움만을 찾아 나선 것이다. 그는 1950년대 중반부터 〈깃발〉과 같은 성조기 작품을 제작하기 시작했다. 캔버스에 붙인 천과 신문 위에 유화 물감과 뜨거운 왁스를

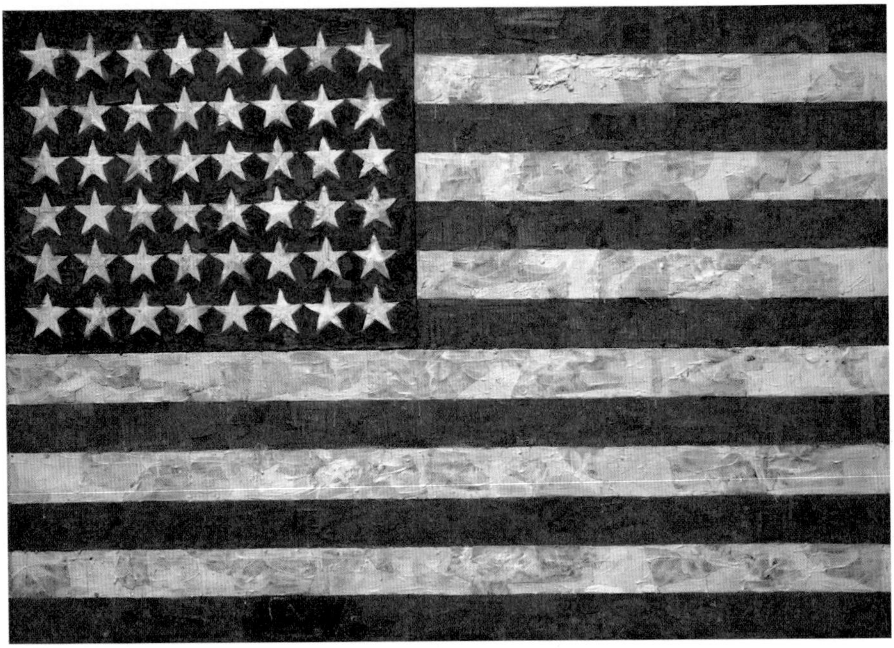

존스, 〈깃발〉, 1955

섞어 쓰는 납화법을 이용했다. 고대 로마 미술에서 장기 보존을 위해 사용했던 이 기법은 물감을 왁스처럼 사용해 캔버스를 복잡하고 사치스럽게 보이도록 유도해 평면적이지 않은 이미지를 떠올리게 한다.

거의 모든 개인적인 주장을 부인하고 상징적 의미에서도 벗어난 존스는 관람자에게 스스로 결정하라고 말한다. 〈깃발〉과 〈3개의 성조기〉, 〈네 얼굴의 과녁〉 등을 통해 그는 더 많은 질문을 던진다. '이것은 물건인가, 아니면 물건의 복제인가?', '이것은 미술작품인가? 이것은 중요한가?' 냉전 중에 제작되었으며 많은 생각을 하게 만드는 이 성조기 작품들은 존스가 당대 참여했던 예술적 논쟁의 선물이다.

그에게 가장 큰 영향을 미친 것은 비히켄슈타인의 논리학이었다. 네오 다다이스트로도 불리지만 존스는 1950년대부터 로버트 라우센버그와 함께 미국 미술이 추상표현주의에서 벗어나도록 이끌었고, 팝아트와 미니멀리즘을 위한 토대를 마련했다.

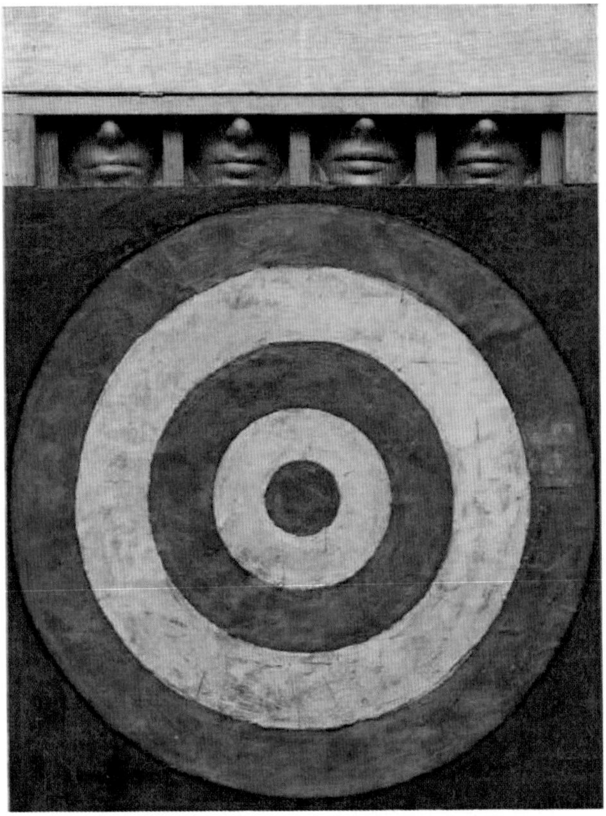

존스, 〈네 얼굴의 과녁〉, 1958

존스의 그림을 본 아트 딜러 레오 카스텔리는 "대단한 천재의 증거를 보았으며, 다른 어떤 것들과도 무관한 완전한 신선함이었다"며 전폭적인 지지를 아끼지 않았다. 이때부터 그는 국제적으로 유명 작가 반열에 올라서며 당시 생존하는 예술가의 작품 중 가장 최고가를 이루며 빠른 성공과 경제적 부를 이루었다. 존스는 겉으로 보기엔 단순해 보일지라도 작품에 어떤 의미를 부여하는지가 제일 중요한 현대미술의 특징을 단적으로 보여주는 작가임을 알 수 있는 대목이다.

25
낡은 소매와 구두… 하지만 눈빛만은 빛났다

르파주 | 런던의 구두닦이 소년

한날 한시에 태어난 일란성 쌍둥이들도 저마다의 개성이 있다. 패션스타일부터 글씨나 그림에 고유의 개성이 묻어나는 것은 당연한 바. 화가들도 대표적인 개성을 하나씩 갖고 있다. 피카소의 분절된 구도, 마티스의 강렬한 색채 등이 그렇다. 그중 이번에 소개할 화가 르파주는 '눈(眼)'을 떠올리게 하는 화가다.

프랑스 농부의 아들로 태어난 쥘 바스티앵 르파주는 농민들이나 전원 풍경을 주로 그렸으며 초상화나 풍경화에도 뛰어났다. 또한 그의 그림에는 생동감이 넘치는 다양한 색감이 등장하는데, 햇빛에 따라 변하는 색상을 그대로 표현하는 '외광방식'으로 채색했기 때문이다.

르파주 이후 많은 화가들이 그의 방식을 따라 그림을 그렸다. 그래서 그는 〈목초밭〉 등의 대표작으로 외광파의 대표 화가로도 언급되곤 한다.

필자는 르파주의 초상화들에 매료되었다. 특히 〈런던의 구두닦이 소년〉의 소년은, 그가 소년소녀들을 그린 초상화 중 가장 강렬한 눈빛을 지니고 있다.

가느다란 팔다리와 아직 앳되기만 한 얼굴 속에 이미 세상의 부조리를 다 아는 듯한 심드렁한 표정과 날카로운 눈초리, 눈앞의 화가를 향한 성가심이 잔뜩 묻은 거만한 포즈까지. 그럼에도 얄밉기는커녕 고된 노동을 일삼으며 살아갔을 소년에 대한 애잔함이 더 크게 다가온다. 화가의 소년을 향한 애정 어린 시선이 그림에서 고스란히 느껴졌기 때문이다.

소년 뒤에는 마차와 사람이 뒤섞인 정신없는 런던 시가지가 배경으로 깔려 있다. 아수라장 같은 곳에서 소년을 잠시 빼내온 화가가 심혈을 기울여 스케치하고 있을 때 소년은 무슨 생각을 하고 있었을까. 그를 모델로 한 그림이 몇백 년 후에도 남아 많은 이들에게 사랑받을 줄은 짐작도 못했을 것이다.

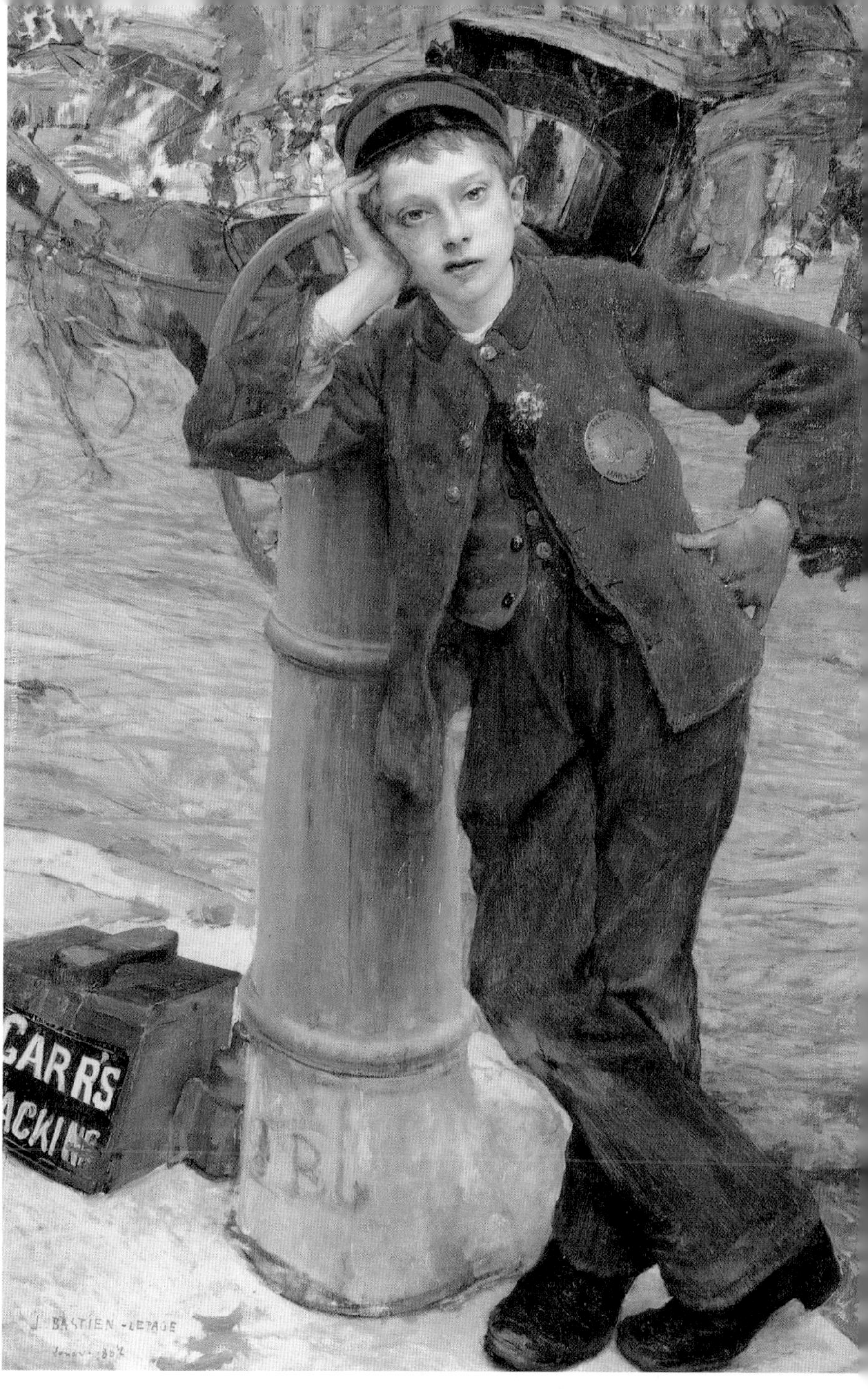

르파주, 〈런던의 구두닦이 소년〉, 1882

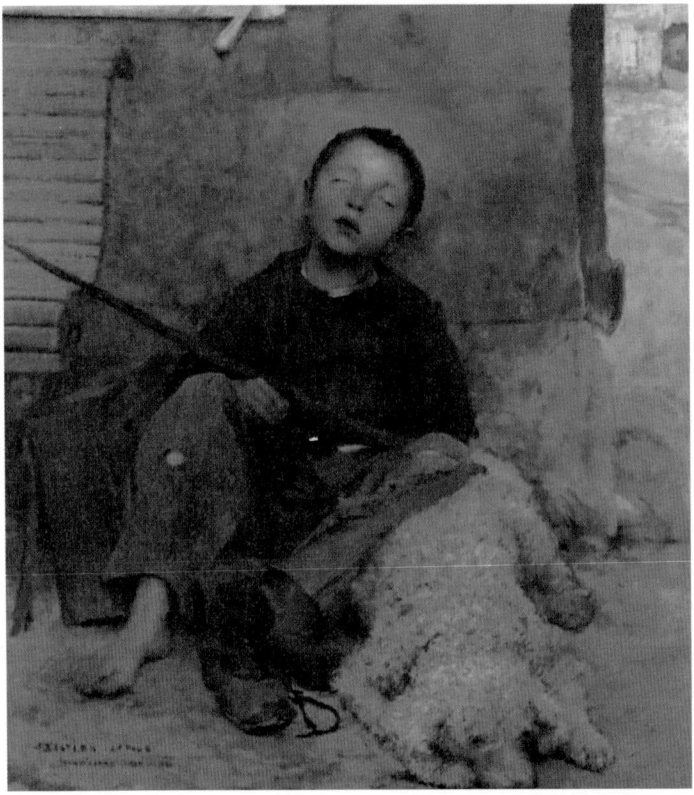

르파주, 〈눈먼 거지〉, 1848-1884

이외에도 그의 따뜻한 시선이 완성시킨 사랑스러운 초상화들이 많다. 큰 눈과 금발 곱슬머리가 시선을 사로잡는 〈양치기 소녀〉나 한낮의 따사로움이 전해지는 〈눈먼 거지〉, 스냅사진을 찍은 듯 생동감이 느껴지는 〈학교 가는 소녀〉 등이 특히 필자의 기억에 많이 남는다.

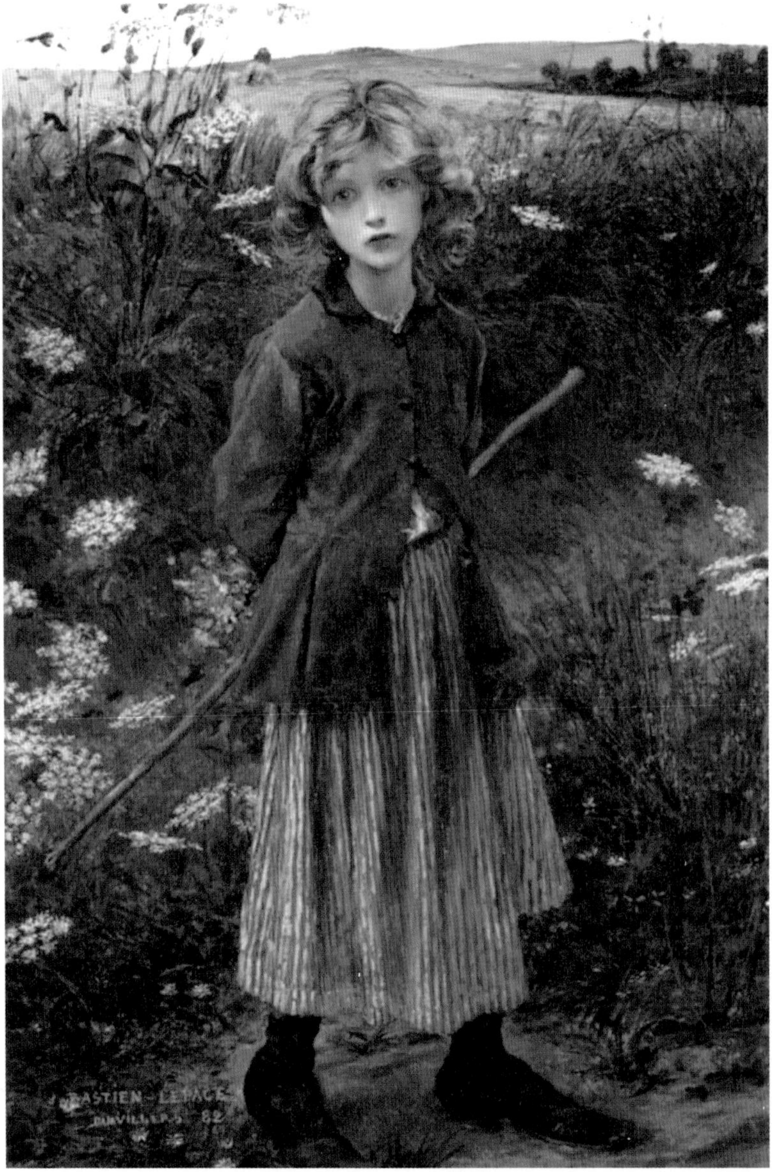

르파주, 〈양치기 소녀〉, 1882

많은 이들은 르파주를 두고 '밀레의 심성을 가진 인상주의 화가'로 칭했다. 그는 전원을 주제로 한 연작을 기획하던 중, 마흔이 채 되기도 전에 요절하고 말았다. 하지만 밀레처럼 가난한 이들을 향한 애정이 담긴, 특히 다양한 눈빛을 담아낸 그의 작품은 현재까지도 많은 사랑을 받고 있다.

26
내면의 고독함에 초점을 맞추어

자코메티 | 걷는 남자

현대미술, 특히 조각 전시회에 가면 빼빼 말라 뼈대만 가져다 놓은 듯한 작품들이 있다. 어딘가 공허해 보이고 결핍되어 보이는 그 이미지를 처음 조각으로 구현한 이가 바로 자코메티다. 뉴욕현대미술관에서 처음으로 〈개〉를 봤을 때는 그닥 깊은 인상을 받지 않았지만, 볼수록 눈이 가고 마음이 갔다. 조각의 가는 뼈대 하나하나에 배어있는 짙은 허무를 느꼈기 때문이다.

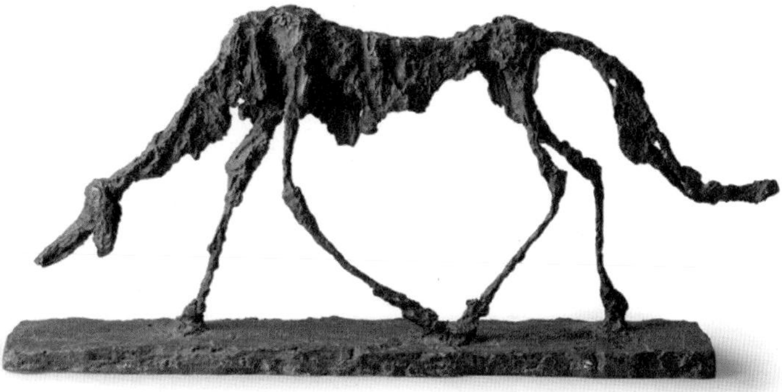

자코메티, 〈개〉, 1951

스위스 후기 인상파 화가 조반니 자코메티의 아들이었던 그는 아홉 살에 드로잉을 시작했다. 열네 살에 첫 조각 작품을 만들고 열여덟 살부터 제네바에서 공부를 했다. 이후 그는 이탈리아로 여행을 가, 그곳에서 고대 건축물을 스케치하고 공부했다.

르네상스와 바로크 미술의 대가들을 흠모했던 그는 파리로 유학을 간 첫 4년간은 조각과 데생을 동시에 공부했다. 하지만 눈에 보이는 것을 그대로 조형하는 어려움에 절망해 1925년경부터는 상상력에 의한 관념적 공간을 조형했다.

그 과정을 통해 얻게 된 추상적·환상적인 오브제들은 초현실주의자들에 의해 높이 평가되어 자코메티는 1929–1934년까지 활발히 활동한 초현실주의 그룹의 한 중요 구성원으로서 작품을 발표하였다.

1935년 이후에는 실물을 본뜬 조각에 몰두했으며, 오랜 시간을 거쳐 1948년경 가느다란 형상, 즉 작품 자체는 철사처럼 가느다랗게 깎이면서 그 주위에 강렬한 동적 공간을 내포한 날카로운 조각을 발표하였다. 이 작품들은 평단의 주목을 받아 자코메티가 조각계에서 널리 인정받는 계기가 되었다. 자코메티의 조각은 모두가 눈에 보이는 현실, 즉 공허 속에 나타나는 허상 그대로를 보이려는 시도로 평가되었으며 서유럽 조형미술의 전통에서 가장 현대적·전위적인 표현으로 자리 잡았다.

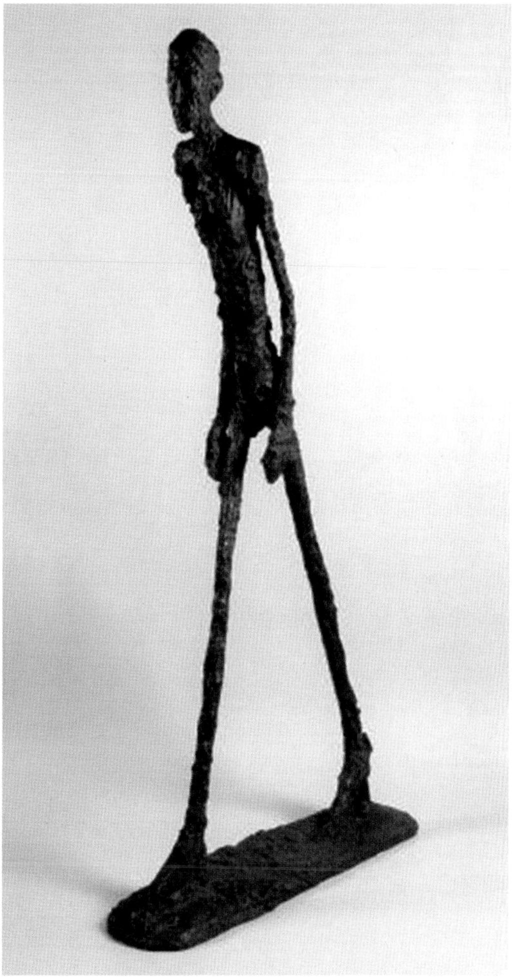
자코메티, 〈걷는 남자〉, 1947

인물 조각으로는 1947년에 제작한 〈걷는 남자〉가 대표작이다. 작은 머리와 거대한 발을 가진 인물상들은 모호하고 신비스러우며 냉정한 인상을 준다. 인물을 가늘고 길게 표현하여 고독한 느낌을 주는 그의 조각상은 실존주의 문학과 비교되기도 한다.

고뇌에 찬 이미지들은 실존주의자들의 비관주의를 표현한 것으로 해석된다.

자코메티의 조각은 양감을 최소화하고 길게 늘인 육체와 뼈대만 남긴 형상으로 극한의 상태에 서 있는 대상의 고독한 내면을 보여준다. 이는 사람이 아닌 것들에도 마찬가지로 적용되어 1951년 〈개〉가 만들어졌다. 멀리서 보면 찢어진 종이 더미를 가느다란 철사 뼈대에 얼기설기 두른 듯한, 볼품없기 짝이 없는 모습을 하고 있다.

자코메티의 눈이 보는 것은 단 하나, '개'가 아닌 것은 떼어버리고 개의 본질만을 남기는 것이었다. 그는 무엇을 조각하든 그 전체가 순전한 '개'였으며, 그 전체가 온전히 '대상'이었다.

'대상'이 아닌 것은 모두 버려서 궁극에 이른 예술가의 작품은 오늘도 생생히 살아있다. 전통적 기법대로 살을 점점 붙여나가는 것이 아니라 오히려 깎아낼 수 있을 만큼 남김없이 덜어낸 조각으로 자코메티는 인간의 고독한 내면을 강렬하게 드러내면서 고도로 정련된 정신세계를 보여준다.

27
몬드리안의 그림과 단청, 알고보니 닮았다

몬드리안 | 빨강, 검정, 노랑, 파랑의 구성

몬드리안을 상징하는 추상화들은 일반적인 감상자의 눈에는 '그게 그거'로 보일지도 모른다. 전문가가 아닌 이상 어쩌다 가끔 보는 명화가 똑같은 색에 선과 면으로만 이루어져 있다면 이를 일일이 구별해 내는 게 대단한 것이다. 이 차갑게 느껴지기까지 하는 사각형들과 우리 옛 건물을 아름답게 꾸민 단청이 통하는 면이 있음을 아는 사람은 많지 않을 것이다.

몬드리안, 〈빨강, 검정, 노랑, 파랑의 구성〉, 1925

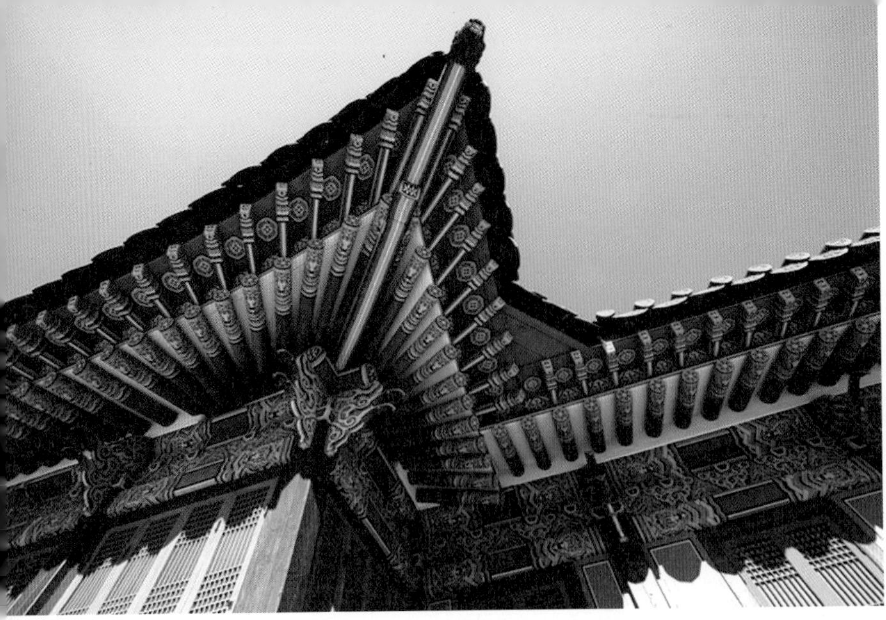

우리나라의 단청

몬드리안은 동양 종교에 관심이 많았다고 한다. 이것이 불변의 진리를 추구하는 신지학(神智學, Theosophy)으로 뻗어 나갔다. 몬드리안은 신지학을 토대로 자연의 이면에 내재된 근본적이고 절대적인 규칙을 발견할 수 있다고 생각했고, 이원적인 요소의 양립을 통한 '균형'에서 그것이 가능하리라고 보았다.

몬드리안의 작품에서 강하게 드러나는 이원성인 수직(의지)과 수평(휴식)이라는 조형원리와 삼원색(빨강·노랑·파랑), 검정과 하양을 통해서.

단청은 그 복잡해 보이는 구성과는 대조되게 몬드리안처럼 빨강, 노랑, 파랑, 하양, 검정을 기본색으로 사용한다. 이는 우주 만물이 음과 양으로 구성되어 있으며 생성과 소멸의 변화로 이뤄진다는 음양오행설과 연관되어 있다. 수평선과 수직선의 이원적 요소는 동양의 음양에, 그리고 삼원색과 검정, 하양은 단청의 오방색(오행)과 부합한다고 볼 수 있다.

몬드리안은 수평선과 수직선으로 선과 선의 순수한 관계를 통해 보다 본질적인 접근을 시도했다. 색채 역시 색채의 순수한 관계를 증폭시키기 위해 제한했다. 여기서 선과 색은 자연의 질서를 표방한다. 말하자면 수평선은 밀물, 수직선은 썰물을 나타낸다. 색채 역시 자연에서 연상될 수 있는 가장 본질적인 질서를 생각했다. 노란색은 햇빛, 파란색은 하늘처럼 무한 확장되는 공간이며, 빨강은 노랑과 파랑의 중간적인 존재다. 그 질서에서 다양한 현상을 기호화함으로써 우주의 질서에 도달하고자 했던 것이다.

몬드리안의 그림과 단청에 나타난 사상과 언어를 비교해 보면 동양 자연 사상의 세계적인 소통 가능성을 확인할 수 있다. 몬드리안과 단청의 서로 다른 듯한 두 세계는 고대와 현대라는 엄청난 시간적 거리에 놓여 있지만, 하늘과 자연의 질서를 표현하려 한 인간의 고뇌를 담고 있다는 점에서는 동일하다.

언뜻 보면 전혀 달라 보이는 두 미술이 실은 똑같은 색을 주로 쓰고, 비슷한 철학을 담고 있었다는 게 놀랍다. 예술을 통해 진리를 찾고자 한 마음은 동서양을 막론하고 모두 같나 보다.

28
단순함이 곧 답이다

로드첸코 | 추상 구성

영화관의 벽면 장식이나 영국 밴드의 앨범 커버 등에 오마쥬로 쓰일 만큼 알렉산더 로드첸코는 현대 디자인에 많은 영향을 끼쳤다. 당시 러시아를 휩쓸었던 절대주의와 볼셰비키 혁명의 영향으로 1920년대 초반에 순수예술 활동을 접고 그래픽 디자인 분야로 노선을 틀었지만, 이전 시기의 회화를 보면 로드첸코 디자인의 근원인 '단순함'을 발견해 낼 수 있다.

알렉산더 로드첸코는 러시아 아방가르드 화가

이자 구성주의 운동의 핵심인물이었다. 블라디미르 타틀린과 카시미르 말레비치의 절대주의에 영감을 받은 그는 미술이 러시아 사회의 변화를 앞당길 수 있다고 믿었다. 러시아 구성주의는 '미술이 일시정연하고 진보적인 사회의 건설에 기여하려면 현대 과학기술의 형태와 과정을 반영해야 한다'는 생각에 바탕을 두고 혁명을 지지했다.

로드첸코는 새로운 가치들이 발전된 미래의 창조를 도울 것이며, 새로운 과학기술개념에 보조를 맞춘 미술은 러시아의 변화를 도와야 한다고 믿었다. 농노의 자식으로 태어나 러시아의 시대에 뒤쳐진 시스템, 불공평한 위계질서 등에 실망한 로드첸코는 새로운 시대를 만드는 데 도움이 되겠다고 결심한 것이다.

〈추상 구성〉은 작품이 만들어진 1918년의 세계를 반영했다. 움직이는 것 같은 부드러운 초록색, 파란색, 오렌지색, 검은색의 원과 사각형을 통해 작가의 사상을 나타낸 이 그림은 구체적인 사물이 아닌 '작동 중인 기계'를 암시하고 있다. 이 작품은 전체적으로 미술 그 자체보다는 사회적인 이상과 관련되어 있다. 색을 평면적으로 대충 칠한 듯한 기하학적 추상은 얼핏 보면 아무 의미가 없어 보이기도 하지만 이 작품은 러시아혁명 1년 후, 그

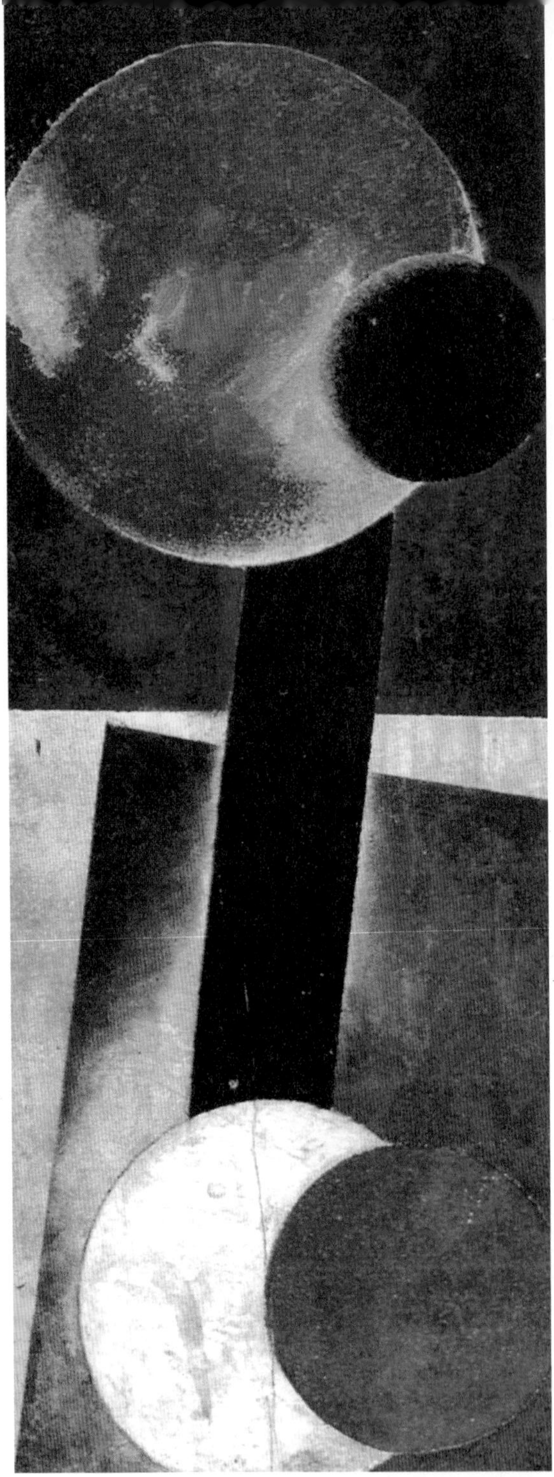

로드첸코, 〈추상 구성〉, 1918

리고 1차 세계대전이 끝난 해를 반영하고 있다. 로드첸코는 하루가 다르게 변하는 세상을 이해해 보려 회화의 모든 구성 요소를 기본적인 형태로 단순화하는 시도를 펼쳤다.

로드첸코의 회화는 초창기 아르누보 디자인과 인상주의적 그림에서, 자와 컴퍼스로 그린 듯한 〈기술〉 등의 추상미술로 급격하게 변했다. 절대주의에 영향을 받았지만 그는 자신의 그림이 과학적, 비구상적이라고 분명하게 말했으며 말레비치의 신비주의적 성향과는 확연한 차이를 보였다. 공산당원이었던 로드첸코는 혁명에 투신하면서 바로 미술을 포기하고 많은 사람들이 접하는 광고와 북디자인으로 넘어갔다.

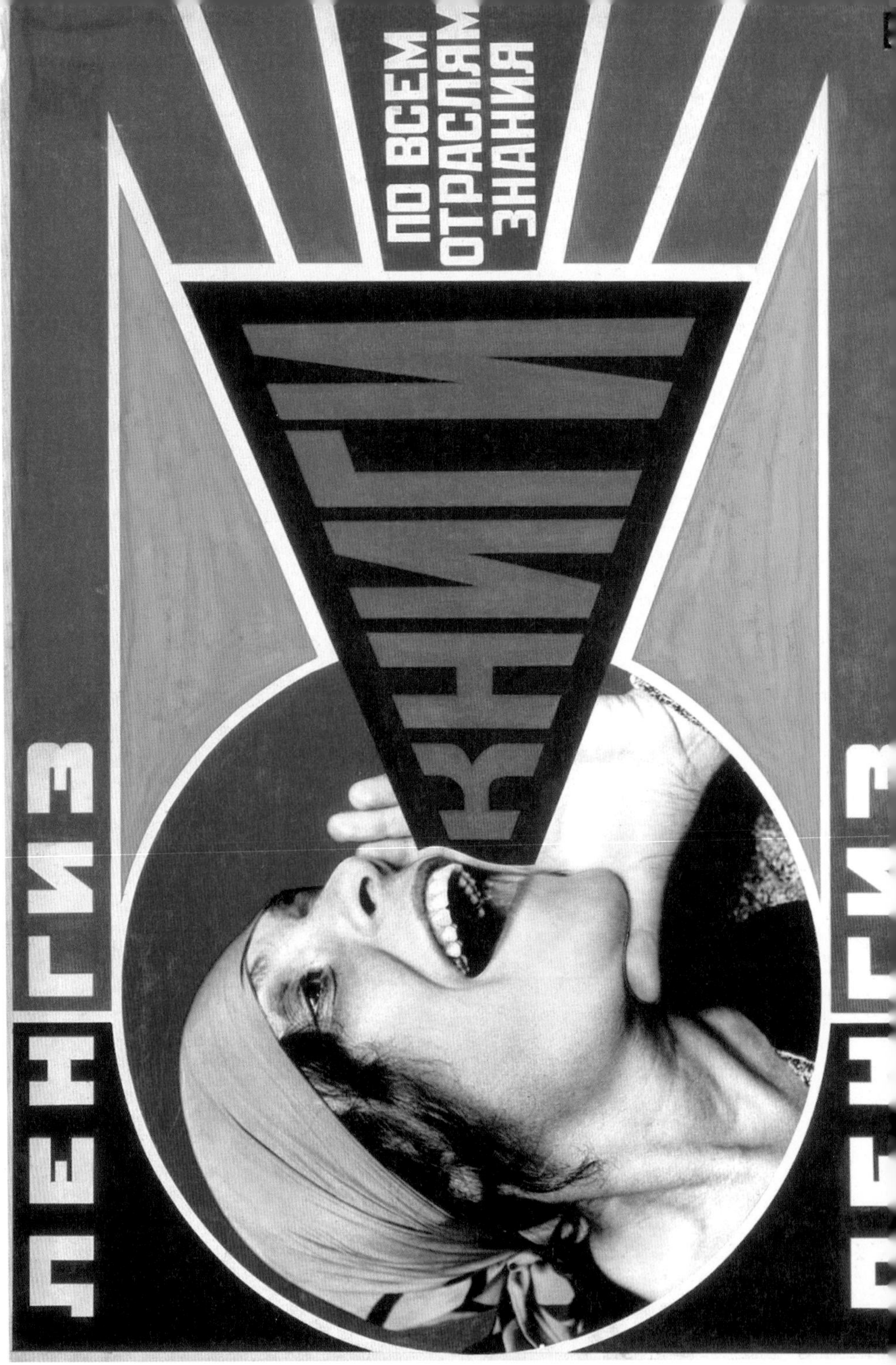

〈Book for every branch of Knowledge〉라는 주제를 담아 로드첸코가 제작한 계몽 포스터(1924)

대중예술로의 전환 이후 로드첸코는 선동미술과 실용미술에 몰두해 혁명의 시대를 특징짓는 대중선동 미술의 독특한 스타일을 구축해 나갔다. 로드첸코는 혁명이 끝나자마자 공산주의 선전에 눈을 돌려 포스터 디자인에서부터 선동을 위한 계획 수립에까지 힘을 기울였다. 로드첸코는 1920년대 그래픽 아트의 거의 모든 장르를 대표한다. 그는 전시 카탈로그, 책과 잡지, 출판사 로고는 물론 영화 타이틀 자막과 입장권 디자인에도 손을 대었다. 훗날 그는 회화와 조각은 물론 그래픽디자인과 사진까지 다양한 매체를 넘나들며 에드 라인하르트, 로버트 마더웰, 마크 로스코를 비롯한 미니멀리즘 및 개념주의 예술가들에게 영향을 미쳤다.

29
뜻 모를 고독과 슬픔… 무의식의 세계를 그리다

크노프 | 내 마음의 문을 잠그다

패키지 유럽여행의 대부분은 성당, 유럽 배낭여행의 대부분은 미술관(혹은 박물관)에서 보낸다는 우스갯소리가 돌 정도로 성당과 미술관은 배낭여행의 필수 코스다. 유럽의 모든 문화가 고스란히 반영된 곳이기 때문에 아는 만큼 재밌어지지만, 아무것도 모르는 상태에서 간다면 그곳에서 보내는 긴 시간이 지루해질 수도 있다.

필자는 크노프의 그림을 보고 싶은 독일 여행 중 바이에른 미술관을 물어물어 찾은 이유가 있었

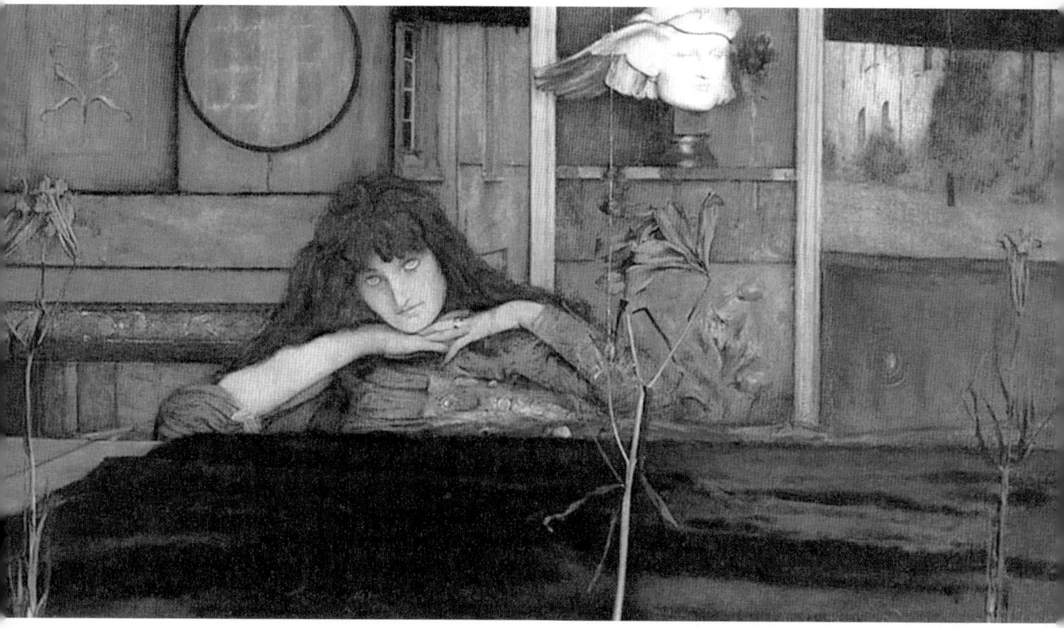

크노프, 〈내 마음의 문을 잠그다〉, 1891

다. 크노프의 그림을 보고 싶어서였다.

벨기에 출신인 크노프는 주로 법조계에 종사하던 가족들처럼 법학을 공부하다가 상징주의에 매료되어 예술로 방향을 틀었다. 일찍이 프랑스 문학에 심취해 있던 그는 여러 번 파리를 방문해 모로, 들라크루아, 앵그르 등의 그림을 접하고 많은 영향을 받아 신화적 세계와 신비주의적 분위기는 크노프 작품의 기본 세계가 되었다.

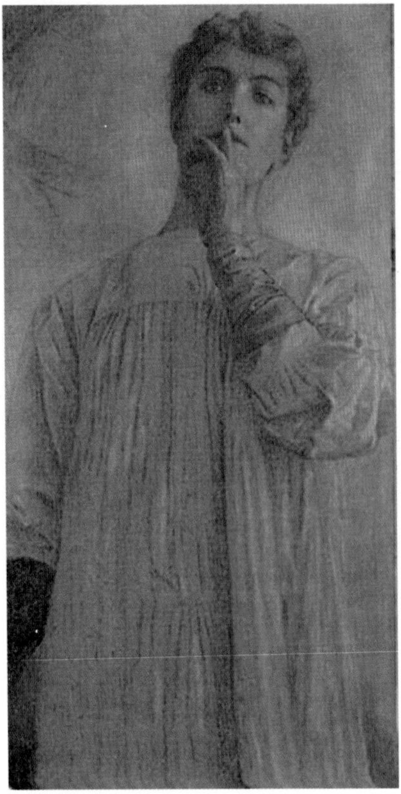

크노프, 〈침묵〉, 1890

크노프가 파리에서 그림 공부를 마치고 돌아온 당시의 브뤼셀은 아방가르드 지향의 '20인 그룹'의 진원지였다. 크노프도 이 그룹의 일원이었으며, 파리, 런던, 비엔나에서 온 모더니스트들의 중심지이자 프랑스, 독일, 영국 미술의 다양한 흐름을 볼 수 있는 교류지였다.

〈내 마음의 문을 잠그다〉는 비합리적이고 불확실하며 모호한 공간 구성을 보여준다. 작품 전경에는 테이블을 연상시키는 수직선이 그어져 있어 감상자와 그림을 차단시키는 효과를 준다. 정면에는 백합이 세 송이 보이고, 붉은 곱슬머리의 여인은 이루 말할 수 없는 복잡한 표정을 지은 채 턱을 괴고 위로 시선을 향하고 있다. 배경에는 나무, 그림, 벽화 등의 프레임이 걸려 있고 그리스 신화 속 잠의 신인 히프노스 조각상이 선반에 놓여 있다.

길고 가느다란 인물들과 톤다운된 색감, 몽환적인 분위기만으로도 감상자를 빠져들게 하는 매력을 지닌 크노프의 그림이지만 크노프의 성향과 그림 속 상징들을 알면 더 흥미롭다. 그는 삶과 예술에 대해 "인간이 가진 것은 오로지 자기 자신뿐(One has only oneself)"이라는 모토로 자기 자신의 내면에 천착했으며, 이러한 성향은 누이이자 연인으로 여긴 여동생 마르그리트와 자신의 얼굴을 섞은 〈침묵〉 등을 통해서도 드러내곤 했다. 〈내 마음의 문을 잠그다〉는 제목부터 내면으로의 침잠을 의미하며, 히프노스 조각상을 통해 고독으로 빠져드는 '잠'을, 백합을 통해서는 영원한 고독인 '죽음'을 표현했다.

실제로 본 크노프의 그림은 더욱 황량한 느낌이 들었다. 섬세한 붓질 하나하나에 뜻모를 고독과 슬픔이 배어 있었다. 미술관을 나서니 내내 찌푸리고 있던 하늘이 비를 내리고 있었다. 가끔 혼자 앉아 공상의 세계에 빠지다 보면 그때, 흐렸던 날의 미술관으로 돌아간 듯한 느낌을 받곤 한다. 〈내 마음의 문을 잠그다〉 앞에서 그림 속 여인처럼 저 깊은 내면을 직시하고 있는 나를 느끼며.

30
마음의 아픔을 예술로 승화시키다

쿠사마 | 점에 대한 집착

'환공포증'은 반복되는 특정 문양에서 혐오감을 나타내는 증상이다. 인터넷 상에선 무수히 많은 구멍이 뚫려 있는 사진들로 환공포증 테스트를 하는 게 유행처럼 퍼지기도 했다. 하지만 정식으로 등록된 정신질환은 아니라고 한다. 환공포증이 없는 사람이라 해도 빽빽이 들어찬 무늬들을 보면 대부분은 이상한 느낌을 받는다고 한다. 필자 역시 재작년 대구미술관에서 열린 쿠사마 야요이의 개인전에서 비슷한 느낌을 받았다.

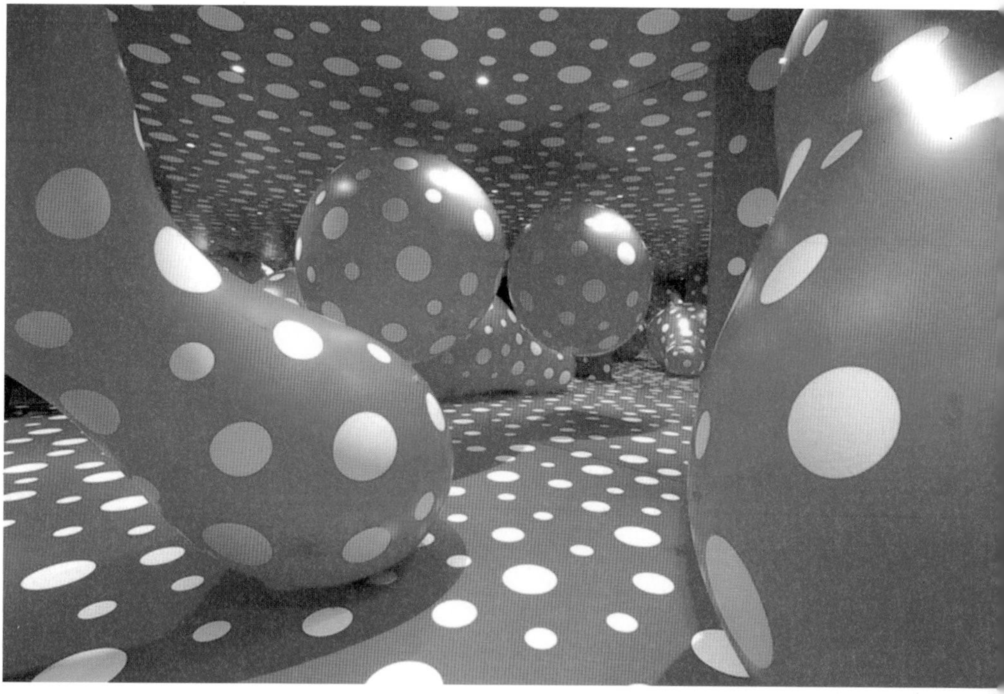

쿠사마, 〈점에 대한 집착〉, 2011

쿠사마 야요이의 어린 시절은 일본의 만주 침략과 2차 세계 대전으로 늘 전쟁의 먹구름 속에 뒤덮고 있었다. 그의 어머니는 어린아이에게 매질과 욕을 일삼았다. 불우한 어린 시절을 겼으며 애정 결핍과 불안 증세를 얻은 그는 자살 충동과 망상, 환각을 겪었다. 열 살 무렵에는 식탁보 잔상이 온 집안에 보이는 등 착란 증상에 시달리기도 했다.

일본화를 공부한 쿠사마는 27세에 미국으로 건너갔다. 팝아트, 설치미술, 퍼포먼스 등 다양한 분야에서 활발하게 활동했으며 이때부터 사방의 벽과 천장까지 모두 점들로 뒤덮이는 환각에 대한 경험을 바탕으로 한 설치 작품을 제작했다. 자신을 둘러싼 무수히 많은 점으로부터 벗어나고 싶었던 그는 이를 스스로 이겨내고자 환상 속에서 벽을 타고 흐르는 수많은 점들을 하나하나 벽에서 끄집어내어 스케치북에 담았다. 쿠사마는 이를 통해 불면증에서 벗어나고 지금까지도 살아있을 수 있었다고 밝혔다.

그는 뉴욕에서 활동할 때부터 작업 도중 정신 질환으로 종종 병원 신세를 졌다. 1973년 일본으로 돌아가고 나서 환각과 공황 발작이 재발해 1977년에는 자진해서 정신병원에 입원하기도 했다. 이후 최근까지 병원 인근에 작업실을 얻어 휠체어를 타고 병원과 작업실을 오가며 창작에 몰두하고 있다. 그의 작업은 자신의 정신세계에 대한 일관된 관심에서 출발한 것이지만 자유로운 발상과 표현은 관람자 개인에 따라 다양한 해석의 가능성을 제시하기에 현대미술의 끊임없는 변화 속에서도 특정한 예술경험을 좇기보다는 유기적으로 연결된 망(net)과 점(dot)으로 이루어진 자신만의 확고한 조형세계를 구축하며 미술계와 대중 양쪽 모두의 뜨거운 관심을 받고 있다.

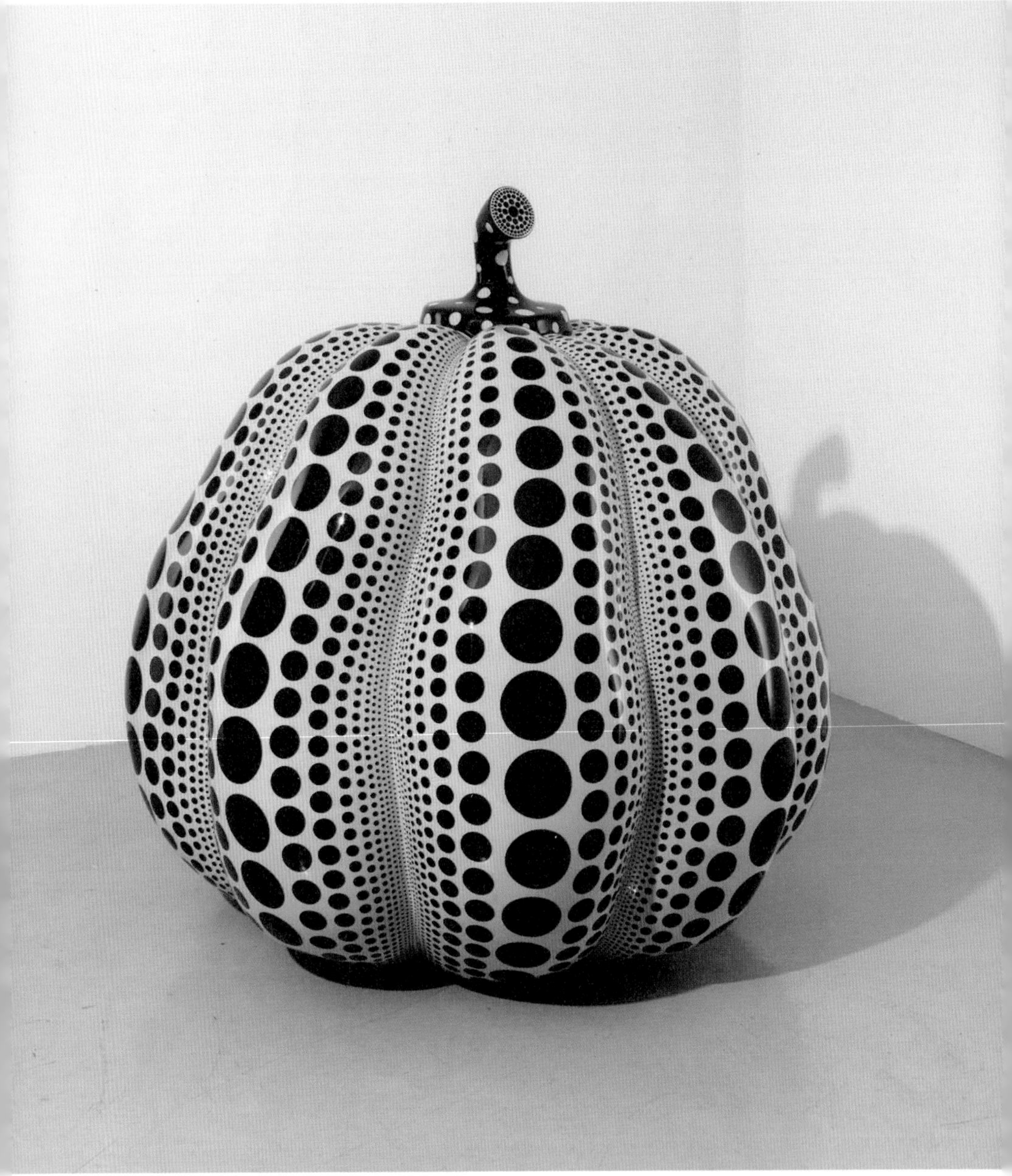

쿠사마, 〈호박〉, 2010

노란 바탕에 검은 점이 들어찬 〈호박〉이 우리나라에서 가장 유명하지만 그녀의 환각을 간접적이나마 체험해볼 수 있는 작품은 〈점에 대한 집착〉이다. 사방이 원색 계열의 점으로 뒤덮인 공간 안에 또 물방울 무늬를 띈 불규칙한 형태의 조현물이 들어차 있는 이 설치미술은 조지아 오키프, 루이비통 등과의 콜라보레이션 작업을 통해 대중과 소통해 나가며 정신적인 안정을 찾은 그가 기괴했던 작품 형태를 점차 발랄하게 바꿔나가던 시기의 작품으로, 벽면에 거울을 붙여 점이 무한대로 퍼져나가게 할 때도 있다.

무한한 점으로 뒤덮인 방에 들어선 순간 여러 가지 생각이 들었다. 얼핏 보면 징그럽기도 하지만 두 가지 색깔과 일정한 무늬가 필자를 압도적으로 눌러 내리는 느낌을 받았다. 그 속에서는 약간의 안정감마저 느껴졌다. 예술을 통해 스스로를 치료할 수 있었다는 그의 말을 온몸으로 느낄 수 있는 순간이었다.

31
망중한(忙中閑)의 미학, 콜라주로 재탄생하다

도브 | 낚시

해안가를 돌아다니다 보면 바다 한가운데 찌를 내려놓고 시간을 보내는 낚시꾼들을 종종 볼 수 있다. 이는 외국도 마찬가지. 워싱턴 왈라왈라에서 본 낚시 풍경이 곧이어 들어간 필립스 콜렉션 속 아서 도브의 〈낚시〉와 자연스럽게 머릿속에서 이어졌다.

미국 태생의 아서 도브는 일상 속에서 흔히 볼 수 있는 풍경을 재해석해서 화폭에 담아냈는데, 그가 담아낸 이색적인 풍경은 감상자들에게 즐겁고 이색적인 감각을 선사하는 것으로 유명했다. 역동적인 구

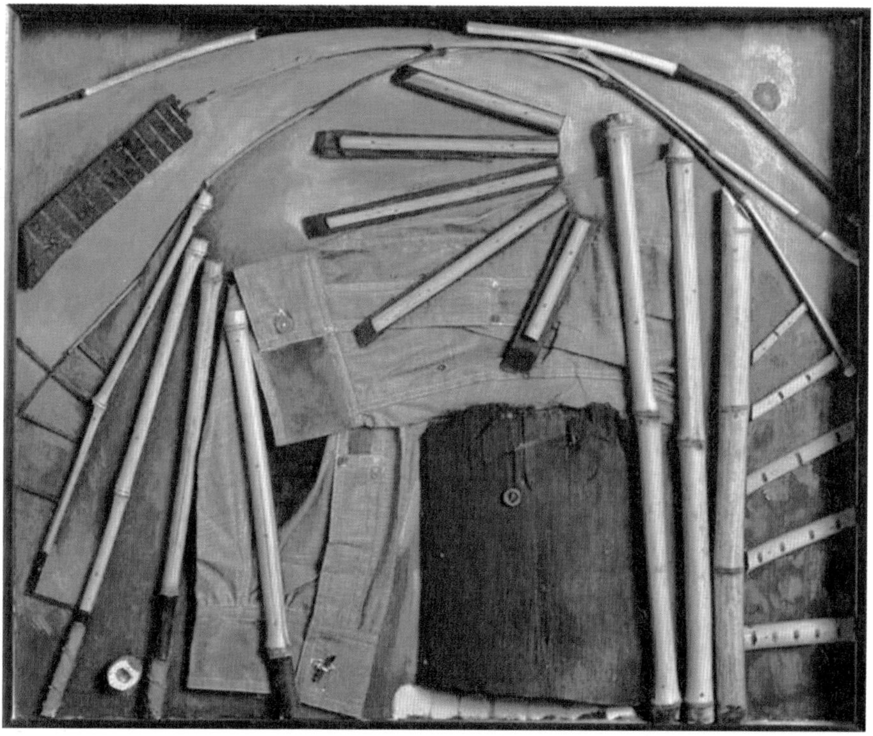

도브, 〈낚시〉, 1925

도 속에서도 그만이 가진 특유의 위트가 빛난다.

〈낚시〉는 화사한 자연광이 데님 소재로 변주되어 모던아트로 탈바꿈한 형태다. 미국 현대미술의 선구자였던 도브는 야수파, 특히 앙리 마티스의 입체주의와 다다이즘에 영감을 받았다. 칸딘스키의 초기 추상뿐 아니라, 알프레드 스티글리츠, 조지아 오키프, 막스 베버, 알프레드 마우어 같은 친구들도 그에게 영감을 주었다.

도브는 파리 여행을 다녀온 후 1910년에 고향 미국으로 돌아와 추상화를 제작하기 시작했다. 그는 칸딘스키의 추상을 떠올리며 색을 수정하고 윤곽선을 들어내면서 자연의 형태를 축소했다. 1920년대 초부터 그는 〈낚시〉에 보이는 대나무, 천, 나무처럼 다양한 재료로 콜라주 작품을 만들어냈다. 당시 유럽 다다 작가들의 콜라주를 알고 있던 그는 1920년대에 부흥기를 맞이한 미국 민속예술에도 관심을 가졌다.

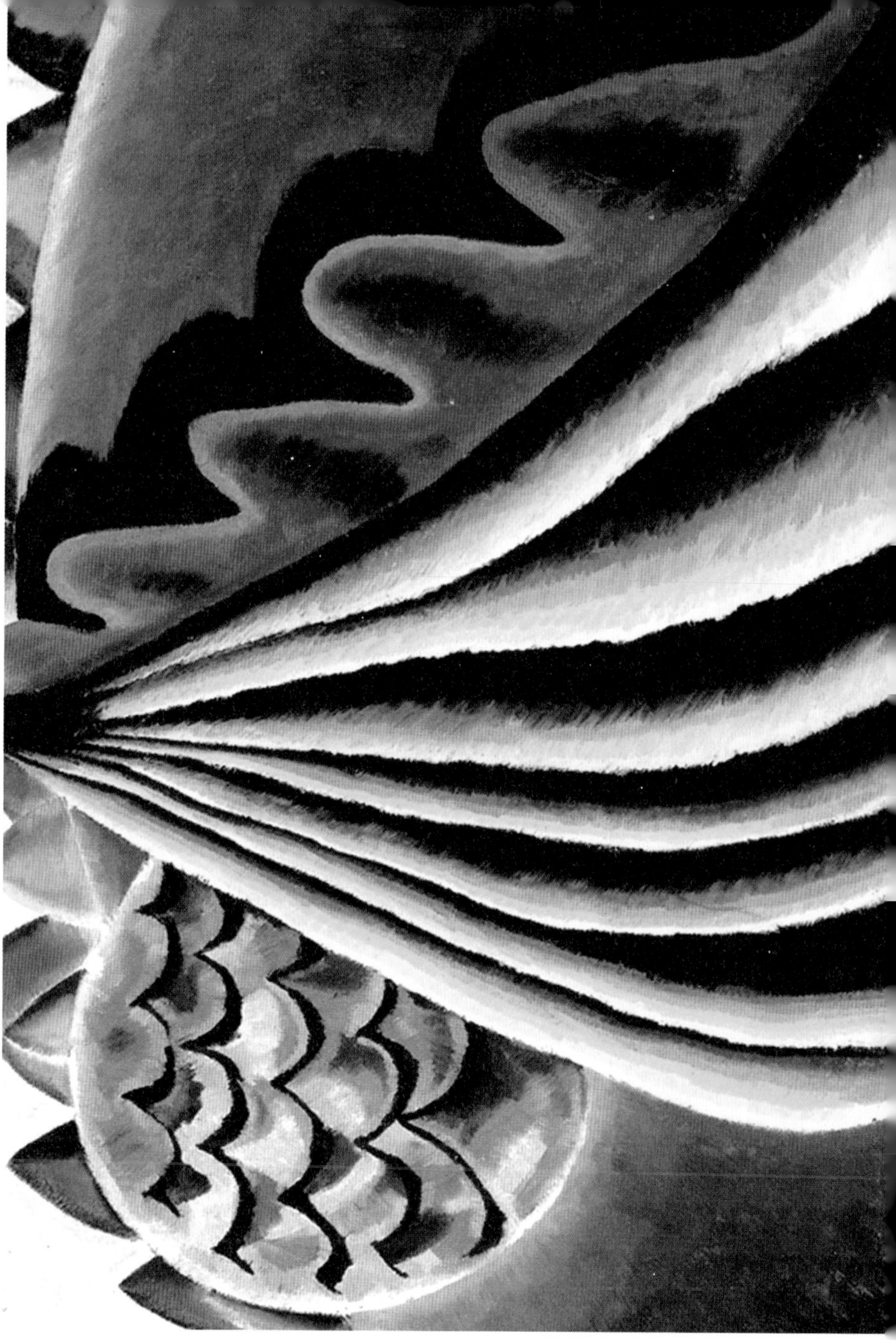

도브, 〈기차를 타고 본 통밀밭〉, 1931

〈낚시〉는 미국 오지 느낌이 난다. 도브는 늘 부두에 앉아 낚시하는 흑인들에서 작품이 시작되었다고 말했다. 데님 셔츠에서 자른 소매는 낚시하는 이들이 주로 입은 옷을 나타내고, 사방으로 퍼지는 대나무 조각은 낚싯대를 상징한다. 배열된 재료들은 햇빛과 손가락 같은 자연요소와 신체를 어렴풋이 상징한다. 특히 맨 윗부분의 활 모양 대나무는 물로 뻗어나가는 낚싯대의 강렬한 커브를 표현해 작품의 포인트로 자리 잡았다.

도브는 미국에서 최초로 순수추상화를 제작한 화가다. 자연에서 본질적인 형태를 채택한 그는 자신의 방식을 '추출'이라 불렀다. 그 느낌이 잘 드러난 작품으로는 〈기차를 타고 본 통밀밭〉 등이 있다. 〈낚시〉에서 사용된 콜라주 외에도 도브는 종종 손으로 섞은 유화물감이나 템페라를 에멀전 왁스나 콜라주에 도입하면서 다양한 매체의 기법을 실험하곤 했다.

같은 시간대에서 같은 장소를 보더라도 사람마다 느끼는 감정은 천차만별이다. 도브의 눈으로 바라본 세상은 어떤 모습도 우리와 별반 다르지 않았을 것이다. 통밀밭처럼 생명력이 넘쳐 보였던 적도 있고, 부둣가의 흑인들에게서 뜻모를 애수를 읽었을 수도 있다. 그 어떤 순간이라도 특징을 잡아내 본인만의 개성으로 단순화해 재탄생시킨 도브의 감각과 감정이 차별화를 가능케 했다.

32
밝은 색채 속에 담긴 '긍정의 힘'

마티스 | 달팽이

필자가 런던에 갈 때는 항상 비가 내렸다. 운치 있게 느껴졌던 템즈 강과 세인트 폴 대성당도 비에 젖은 신문지처럼 단조롭게 느껴질 때는 테이트 모던에 들어가곤 했다. 3층 전시관에 가면 런던의 회색빛 하늘과 늘 내리는 듯한 부슬비를 잊게 해주는 작품들을 만날 수 있었다. 화사하고 쨍한, 태양빛을 가득 담은 색채. 전시된 마티스의 그림이다.

20세기 회화의 새 지평을 열었다고 평가 받는 마티스의 그림은 화려한 색채, 거침없는 붓 터치,

마티스, 〈달팽이〉, 1952

단순하면서도 강렬한 이미지로 보는 이의 시선을 사로잡는 매력을 지녔다. 〈모자를 쓴 여인〉이나 〈붉은 화실〉 등에서 선보인 원색의 대담한 배치와 보색관계를 절묘하게 살린 기법은 아무나 따라 할 수 없는 그만의 타고난 색채 감각이 돋보인다.

마티스는 말년에 십이지장암 수술을 받고 나서 거의 모든 시간을 침대에 누워서 지냈다. 하지만 질병도 화가의 예술혼을 꺾을 수는 없었다. 그는 새로운 기법으로 자신만의 예술을 창조했다. 캔버스에 물감을 칠해 그림을 그리는 대신 채색된 종이, 즉 색종이로 형태를 만들어 붙이기 시작한 것. 침대 위에서 붓이 아닌 색종이를 오려 나가며 마티스는 본인의 자유분방한 색채 감각을 다시 마음껏 발휘할 수 있었다. 추상적이고 소박한 양식의 이 새로운 미술 형식을 마티스는 매우 좋아했다.

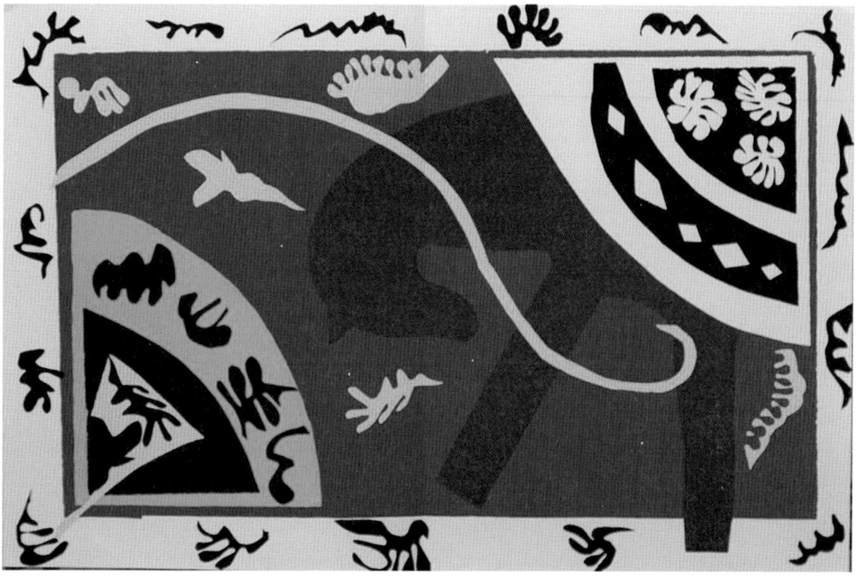

마티스, 〈말, 기수, 그리고 광대〉, 1947

그는 자신의 회화나 조각 작품들보다 이 종이 오리기를 통해 훨씬 더 높은 완성도를 성취할 수 있었다고 말했다. 마티스는 조수들에게 과슈를 칠한 색종이를 만들게 했다. 까다로운 '색채의 마술사'의 주문으로 주황색만 17종이 나왔다고 한다.

마티스는 "가위는 연필보다 한층 감각적이다"라는 말을 남기며 색종이 그림 작업을 계속해 〈달팽이〉처럼 거대한 크기의 작품을 제작했다. 원래 이 작품의 이름은 '현실에 뿌리박은 추상적 패널'이었다고 한다. 초록, 빨강, 노랑, 파랑, 분홍, 검정 등의 색으로 달팽이의 형태를 추상적으로 표현하였으며, 색종이가 소용돌이 모양으로 배치되어 달팽이의 껍질을 연상시킨다.

1947년에 마티스는 20개의 종이 오리기 작품을 추린 선집에 글을 덧붙여 책을 출판했다. 〈말, 기수, 그리고 광대〉, 〈칼을 삼키는 사람〉, 〈칼을 던지는 사람〉 등 다수가 서커스에서 영감을 받은 것들이라서 처음에는 '서커스'라는 제목을 붙였으나, 재즈 음악의 열광적인 양식으로부터 많은 착상을 받았기 때문에 결국 '재즈'로 결정했다.

종이로 만든 이 작품 안에서는 병을 얻은 슬픔, 우울 등의 감정을 찾아볼 수 없다. 오히려 평화롭고 낙천적인 분위기마저 감돈다. 불우한 처지에 놓였을 때 이를 비관하며 우울한 분위기의 작품들을 만들어낸 다른 예술가들과는 확연히 다르다. 마티스는 절망적인 상황 속에서도 예술을 자기만의 치료법으로 삼아 새로운 예술 영역을 창조해낸 것이다. 위기마저 제2의 도약으로 바꿔낸 긍정적인 마음이야말로 태양을 머금은 듯 눈부신 색채의 비결이 아니었을까.

33
뻔해도 좋다,
예쁘고 재밌다면

리히텐슈타인 | 차 안에서

삼성그룹 특별감사 당시 리움 미술관의 홍라희 관장이 〈행복한 눈물〉을 300억 원대에 구매했다는 사실이 알려지면서 리히텐슈타인은 팝아트를 잘 모르던 우리나라 대중에게 원치 않게(?) 이름을 알렸다.

미국의 그래픽 노블이나 길거리 포스터에서 한 컷 따온 듯한 말풍선과 굵고 간결한 선, 붉은 입술과 금발의 미녀들이 가득한 그의 작품은 기존의 기획전시에서 감상해 오던 회화를 보는 느낌과는 사뭇 다르게 느낄 수 있겠다. 바로 그것이 팝아트가 추구하는 점이다.

앤디 워홀이 코카콜라와 마릴린 먼로 같은 대중문화의 이미지를 변형했다면, 리히텐슈타인은 광고·만화·신문·잡지 속 이미지를 변형해 자기만의 독특한 스타일로 만들었다. 인쇄할 때 생기는 점들을 크게 확대한 뒤, 이를 캔버스 위에 다른 재료로 다시 그렸다. 현대의 인쇄기술이 사실은 망점 여러 개가 찍힌 '눈속임'이고, 자세히 보면 색깔도 촌스러운 원색임을 은근히 드러내는 것이다.

전통적으로 회화는 자연을 보고 그렸지만, 20세기부터 미술은 '기존의 이미지(인물, 상품 등)'에 작가의 새로운 해석만 보탰다. 특히 팝아트는 기성 대중문화 이미지를 고급미술 단계로 끌어올림으로써 기존 회화의 '고상함'에 정면으로 도전한 것이다.

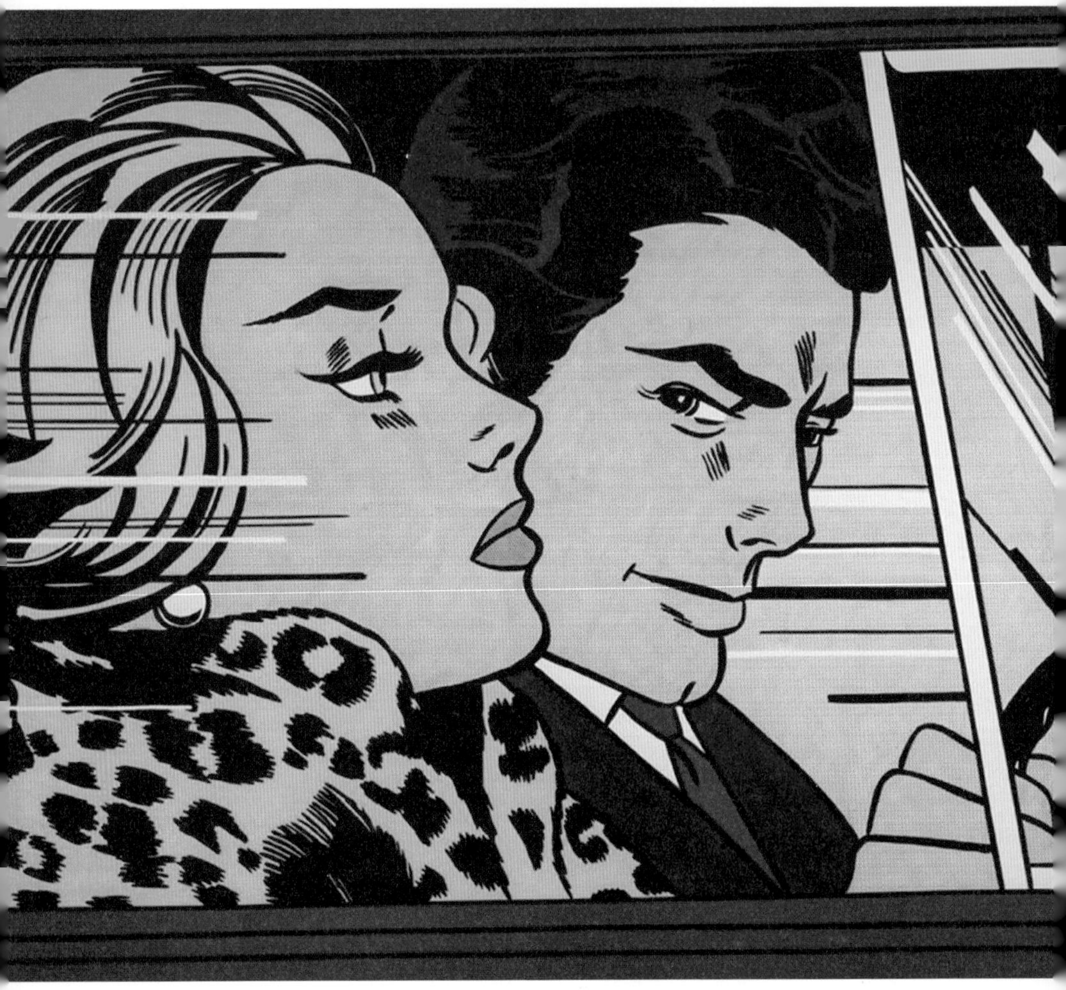

리히텐슈타인, 〈차 안에서〉, 1963

〈차 안에서〉는 정장 차림의 말끔한 신사가 호피 무늬 코트를 입은 콧대 높은 금발 미녀를 태우고 어디론가 질주하고 있다. 그들은 어디로 가고 있는 것일까? 그리고 둘은 무슨 사이일까? 마치 차창 밖은 새까만 밤하늘일 것만 같고, 어딘지 모르게 미녀의 콧대는 높이 치솟은 만큼 또 아찔해 보인다.

붉은 입술의 금발 미녀는 미국인들의 향수를 자극하는 '흘러간 그 옛날'이기도 해서 박수근의 아기 업은 소녀가 한국인의 감성을 자극하듯, 이 미녀는 미국인들의 감성을 건드린다.

지극히 단순한 색채와 상투적인 상황이지만 그럼에도 은밀한 상상력을 불러일으키게 한다. 어떻게 할지 뻔히 눈에 다 보이면서도 계속 보게 되는 막장 드라마 같은 매력이랄까. 실제로도 예술비평가들 중에는 예술성과 독창성이 떨어진다며 리히텐슈타인을 비판하는 자들도 꽤 있었다고 한다.

그럼에도 뉴욕근현대미술관 안내서 표지에 리히텐슈타인의 1961년 작품인 '공을 든 소녀(Girl with Ball)'가 찍혀 있을 정도로 그는 미국인들에게 사랑받고 있다. 또한 2013년 미술작품 경매 조사에 따르면 리히텐슈타인의 작품은 그해 미술 경매에서 거래된 가장 비싼 작품 중 하나였다.

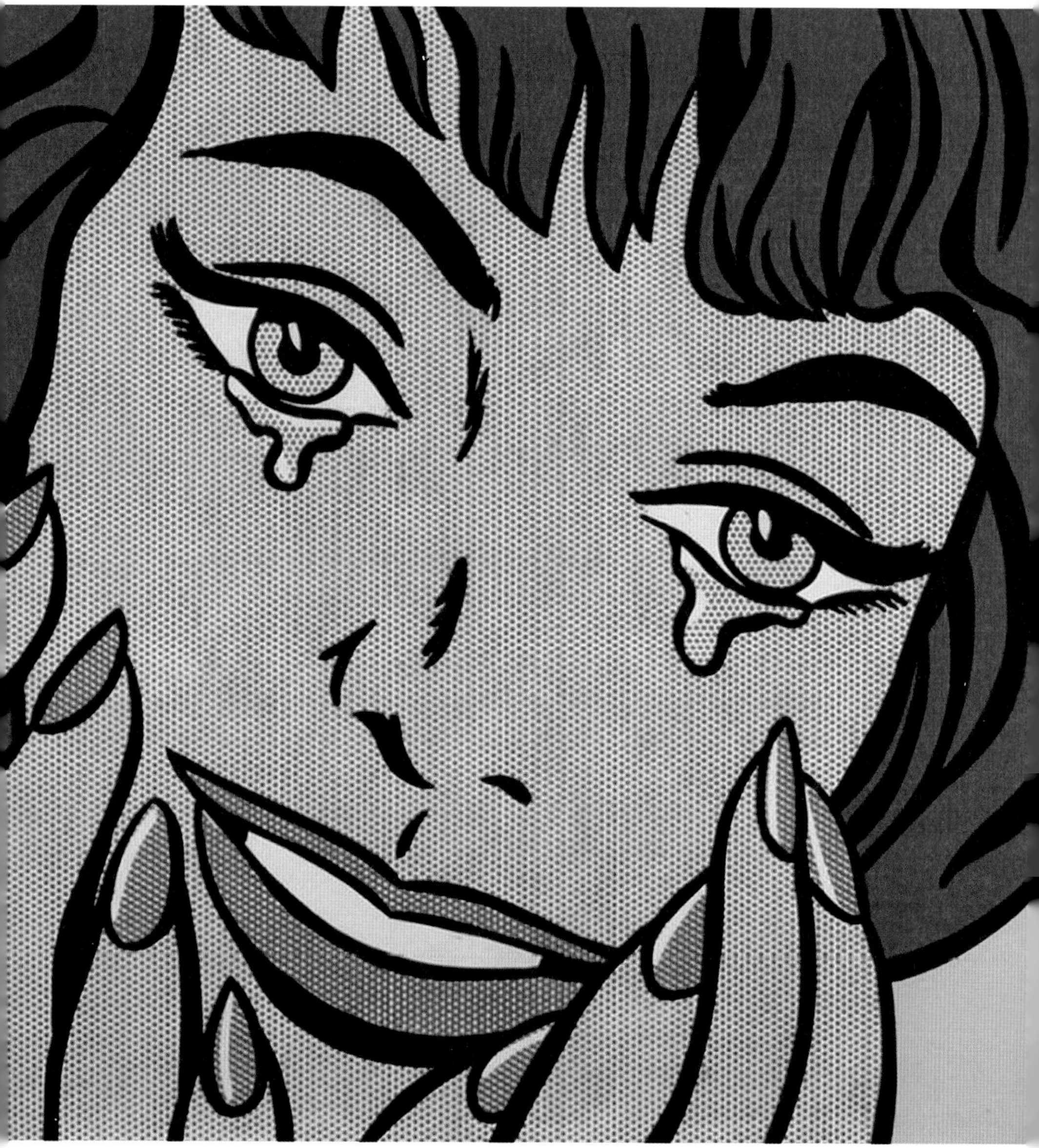

리히텐슈타인, 〈행복한 눈물〉, 1964

34
사각형으로 꿈꾸는 순수예술의 세계

말레비치 | 절대주의 구성

말도 많고 탈도 많았던 2014 소치 동계올림픽. 폐회식에서 〈말레비치, 칸딘스키, 샤갈의 색〉 무대를 눈여겨본 이들이 얼마나 있을지는 모르겠다. 동물 가면을 쓰고 키를 한껏 높인 댄서들과 거꾸로 뒤집어진 채 떠다니는 마을은 샤갈의 작품을 재현한 것이다.

중계방송의 자막으로 말레비치와 칸딘스키의 소개가 나오기는 했지만 가장 눈에 띄는 형태로 표현하기 쉬운 샤갈의 작품 위주로 만든 무대였다. 올림픽 폐막식에서도 소개할 만큼 러시아가 자랑하는 화가지만 말레비치는 나머지 두 명에 비해 별로 주목 받지 못한 편이다.

말레비치는 우크라이나 키예프 출생으로 가족이 모두 러시아로 이주했다. 미술교육 과정을 마친 후 초기에는 인상파, 야수파 양식으로 그림을 그렸다. 1912년에 파리를 방문한 뒤로는 피카소와 입체파의 영향을 받았다. '잭 오브 다이아몬드'라는 단체의 일원으로서 러시아 입체파 운동을 이끌기도 했다.

1913년에는 '절대주의'라고 스스로 이름 붙인 기하학 추상형식을 만들었는데, 대상을 극도로 간략화하고 순수한 감정을 절대시한 이 사조는 자연 형태 그대로를 묘사하지 않고 기하학적인 색채, 평면, 형태만을 다룬다. 그는 기초 기하학적 형체 중에서도 사각형을 가장 순수하다고 여겨 "가장 완벽한 형태는 사각형"이라는 말도 남겼다.

말레비치는 화가가 그리려는 대상에 얽매이는 한 대상 자체가 작품을 짓누른다고 보았기에, 짐이 될 만한 모든 것을 버리고 나니 정사각형만 남은 것이다.

말레비치, 〈흰 바탕에 검은 네모〉, 1912

1913년에서 1919년까지 그는 흰 바탕 위에 사각형을 주로 그렸다. 제목도 〈흰 바탕에 검은 네모꼴〉 등 직관적이다. 이 작품으로 그는 미술계에 센세이션을 일으켰고, 훗날 미니멀리즘의 효시로도 불린다.

〈절대주의 구성〉은 그 절대주의가 꽃을 피운 대표작 중 하나로, 색채와 형태가 다른 사각형들로만 화가의 감정을 표현하려 한 시도가 엿보인다. 얽히고설킨 입자들이 만들어내는 무한한 역동성이야말로 예술의 극대화라는 것을 그는 믿어 의심치 않았다.

말레비치는 1920년대에는 샤갈의 초청을 받아 교편을 잡고, 바우하우스에서 칸딘스키를 만나 〈비구상의 세계〉라는 이론서를 출판하는 등 이론 확립과 후학 양성에 힘썼다. 하지만 스탈린이 정권을 차지하면서 그의 미술을 부르주아 미술이라고 탄압하자 그는 파멸의 구렁텅이로 빠지고 말았다.

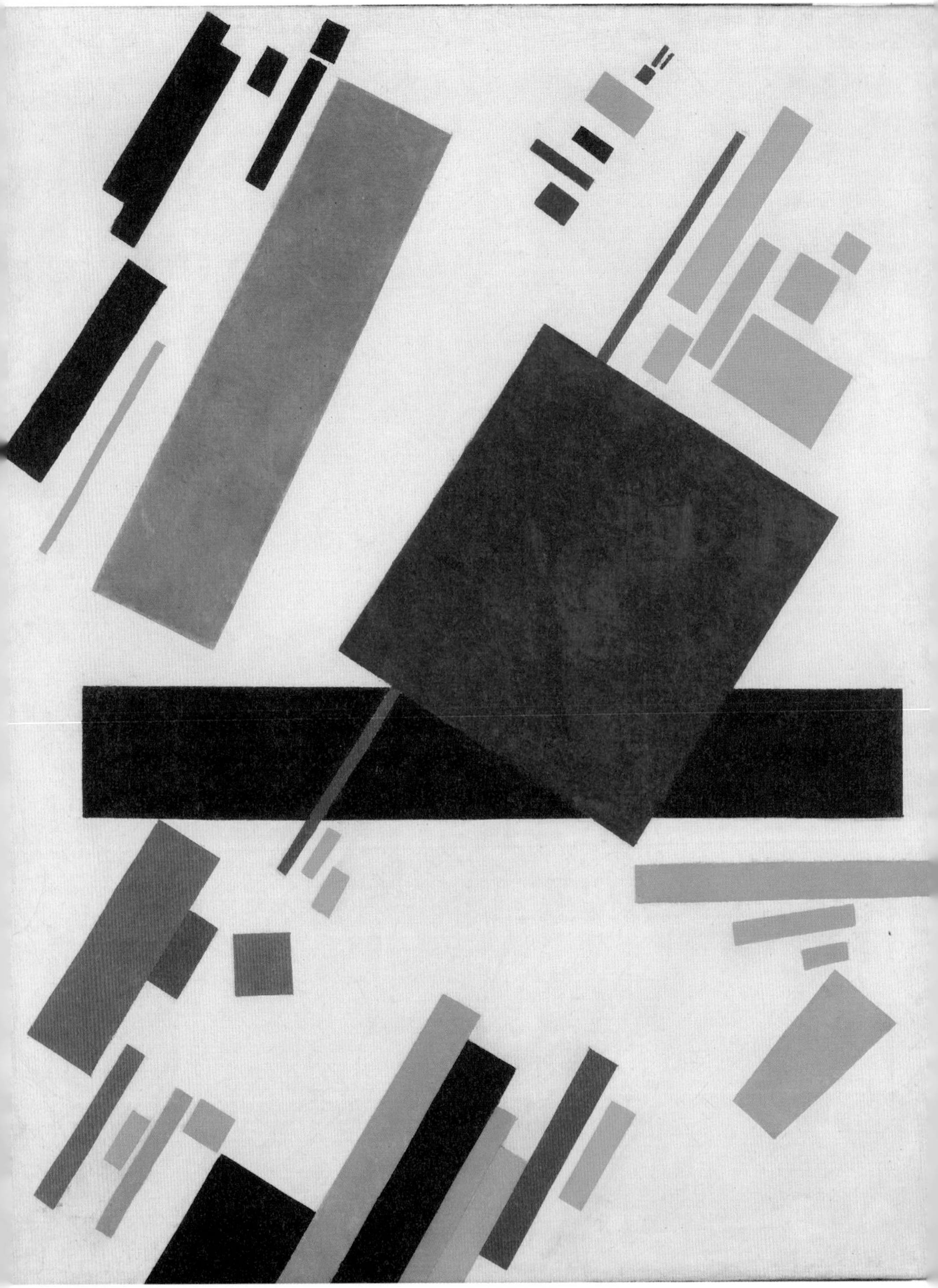

말레비치, 〈절대주의 구성〉, 1916

1930년에는 키예프에서의 회고전이 폐쇄되고 당국에 체포되기까지 했다. 1935년에는 이미 세상으로부터 잊혀진 채 가난에 허덕이다 죽음을 맞이했다. 러시아의 대표 화가로 알려져 있지만 그 죽음에는 러시아 현대사의 어두운 그림자가 드리워져 있다.

말레비치는 추상적인 기하학적 요소로 이루어진 그림을 발표한 최초의 화가였다. 그는 미술에서 모든 관능과 묘사를 배제하고, 순수하며 지적인 구성 작품을 만들려고 끊임없이 노력했다. 폐막식에 이름이 올라 다시 한 번 그의 가치를 인정받았지만, 그의 작품이 구체적으로 무대 공연에 오르기에는 어려운 점이 있었다는 것이 아쉽다.

35
사람에 대한 끝없는 탐구…
그의 초상화는 특별했다

모딜리아니 | 후안 그리스의 초상

영화 〈모딜리아니〉는 세상에 나온 지 11년이 지났지만 여전히 필자의 마음속에 가장 강렬한 화가의 전기 영화로 자리 잡고 있다. 재능을 인정받지 못하는 가난한 예술가처럼 서글픈 것이 또 있을까. 질병에 시달리면서도 운명의 여인이었던 잔느와의 사랑을 마지막까지 불태운 이 예술가의 특징은 목이 길고 텅 빈 눈동자를 지닌 초상화다.

모딜리아니는 이탈리아 유태인 가정의 넷째 아

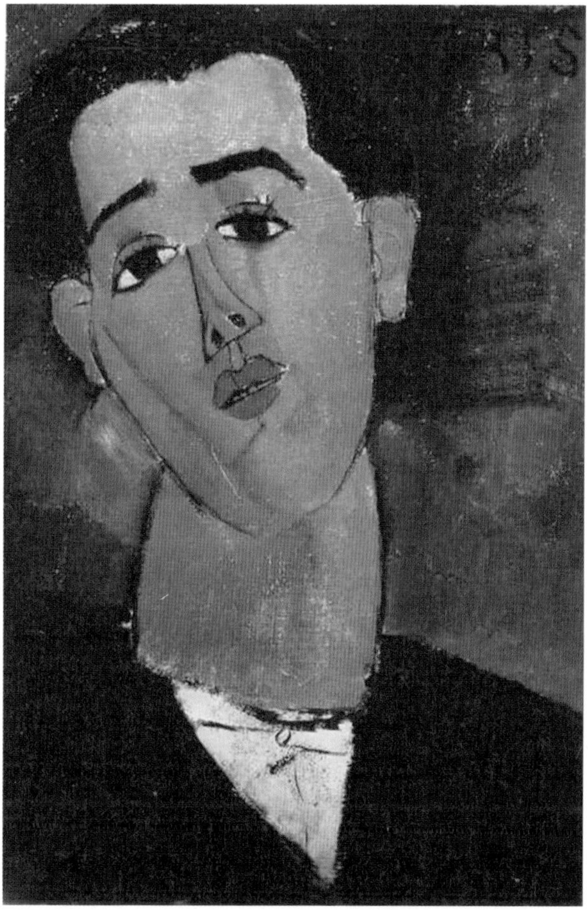

모딜리아니, 〈후안 그리스의 초상〉, 1915

들로 태어났다. 그는 태어날 때부터 아버지의 파산으로 내내 가난하게 살았지만 지적 소양이 뛰어났던 어머니가 그를 10살까지 집에서 교육시키고 이탈리아 여행을 다녔다. 모딜리아니가 초기에 르네상스 화풍을 선보인 것은 어머니의 영향이 컸다. 이후 파리에 정착하면서는 세잔의 영향을 제일 많이 받았다.

〈모딜리아니〉에는 전기 영화답게 모딜리아니 주변의 많은 예술가들이 등장한다. 말년에 큰 부를 쌓은 르누아르, 일본풍에 빠져 있던 피카소, 여류 문인 거트루드 스타인, 멕시코의 국민화가 디에고 리베라까지. 모딜리아니를 비롯한 이 화가들은 서로 초상화를 그려주곤 했는데, 모딜리아니는 〈피카소의 초상〉, 〈디에고 리베라〉, 〈후안 그리스의 초상〉 등을 그렸다.

브랑쿠시의 조언으로 아프리카 조각을 연구하고 조각가로도 데뷔했던 모딜리아니는 건강상 문제로 회화에 복귀해서도 조각과 비슷하게 힘찬 윤곽선과 강렬한 색면 등으로 입체감을 추었다. 길쭉하고 단순한 형태 역시 아프리카 조각의 영향을 받아서라고 한다.

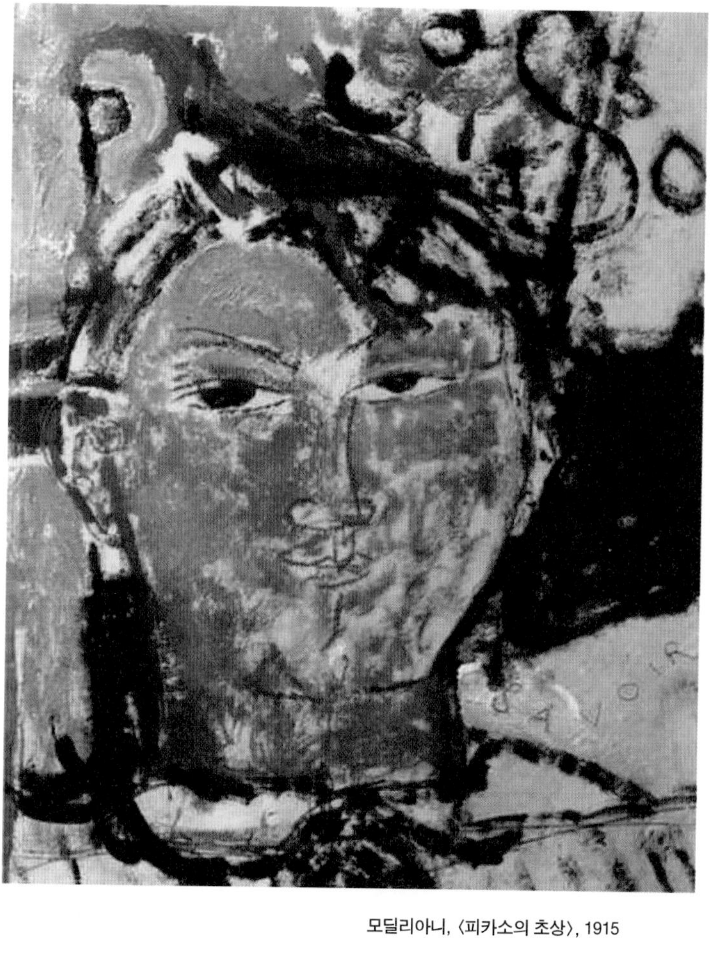

모딜리아니, 〈피카소의 초상〉, 1915

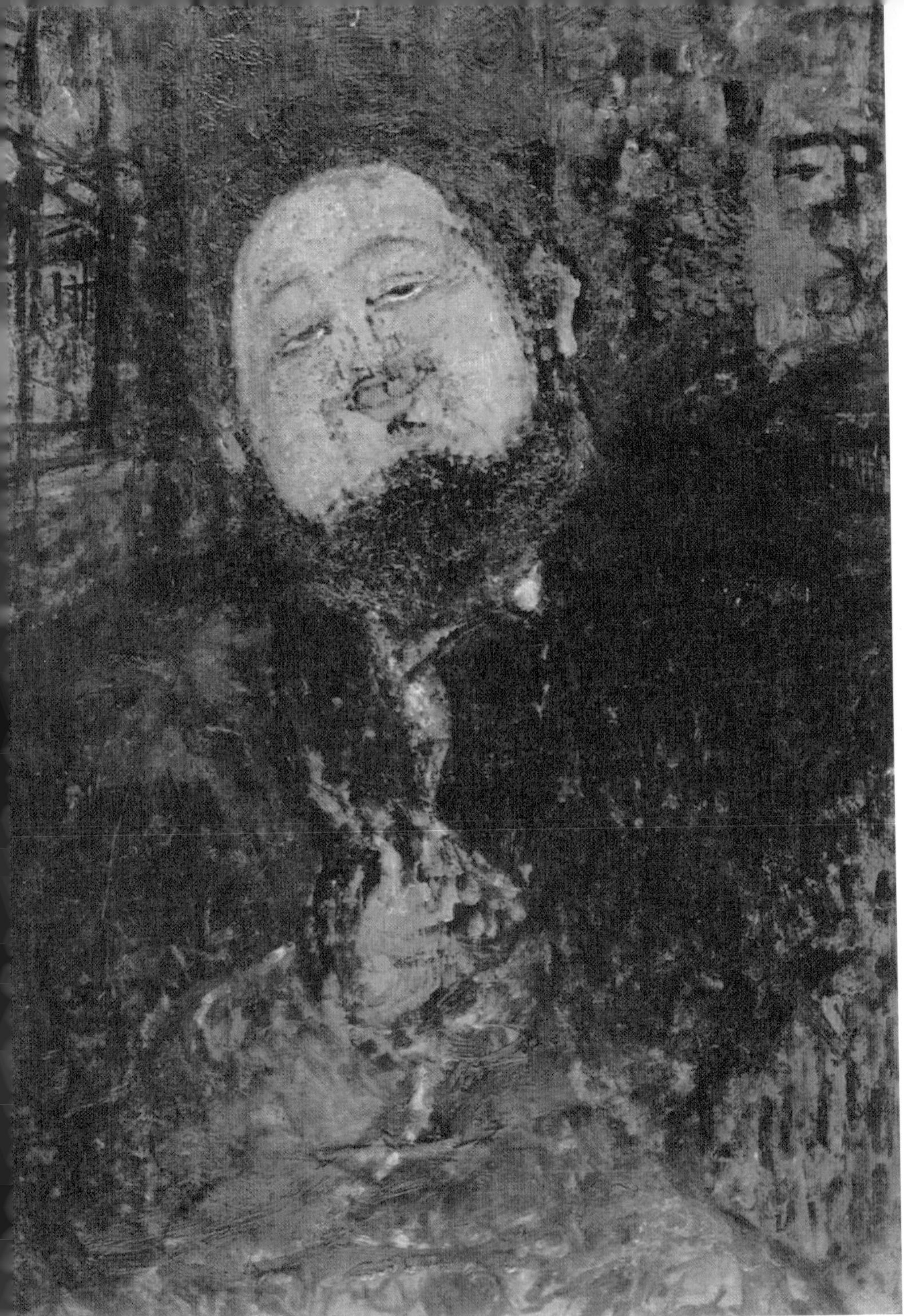

모딜리아니, 〈디에고 리베라〉, 1914

모딜리아니가 잔느 등 불특정 다수의 여인들을 그린 초상화는 거의 대부분이 비슷하게 생긴 반면, 동료 화가들을 그린 초상화에서는 인물들의 개성이 잘 드러나는 편이다.

〈후안 그리스의 초상〉도 그의 큰 눈과 또렷한 이목구비를 잘 살렸다. 동시에 원통형 얼굴과 비스듬한 목 등 모딜리아니 초상화의 특징도 갖추고 있다. 후안 그리스의 본명은 호세 곤잘레스로 스페인 출신이지만 프랑스로 이주해 쭉 파리에서 작품활동을 펼쳤다. 자연스러운 색채, 형태 또는 원근법 같은 다른 요소들을 사용해 이를 통합하거나 종합하려는 시도를 했는데 이를 종합적 입체주의라고 한다.

모딜리아니의 회화 작품은 초상화가 대부분을 차지한다. 죽음까지도 함께한 아내 잔느와 서로 주고받은 것 역시 초상화. 불치병으로 꺼져가는 생명을 붙잡고 하루만에 100여 개의 스케치를 그려냈을 정도로 그림에 미쳐있던 그가 특히 초상화에 집중할 수 있었던 것은 아내, 동료 화가들, 이름 없는 여인들 등 사람을 향한 그의 끝없는 호기심과 탐구 덕분이 아니었을까.

36
사랑하던 순간, 하이라이트를 그리다

피카소 | 독서하는 여인

'미술의 이해', '서양 미술사' 등 으레 대학의 수강신청 목록에서 볼 수 있는 미술 교양강좌의 필수 요소는 바로 '피카소와 그의 여자들'이다. 피카소가 일생 동안 만나고 헤어진 7명의 여자들은 각자 그 개성이 뚜렷해 피카소의 작품세계에도 큰 영향을 미쳤기 때문. 이야기와 함께 미술사조의 변화를 파악하는 것만큼 쉽고 재미있는 학습도 없는지라 피카소 강의에는 7명의 여자가 꼭 언급되곤 한다.

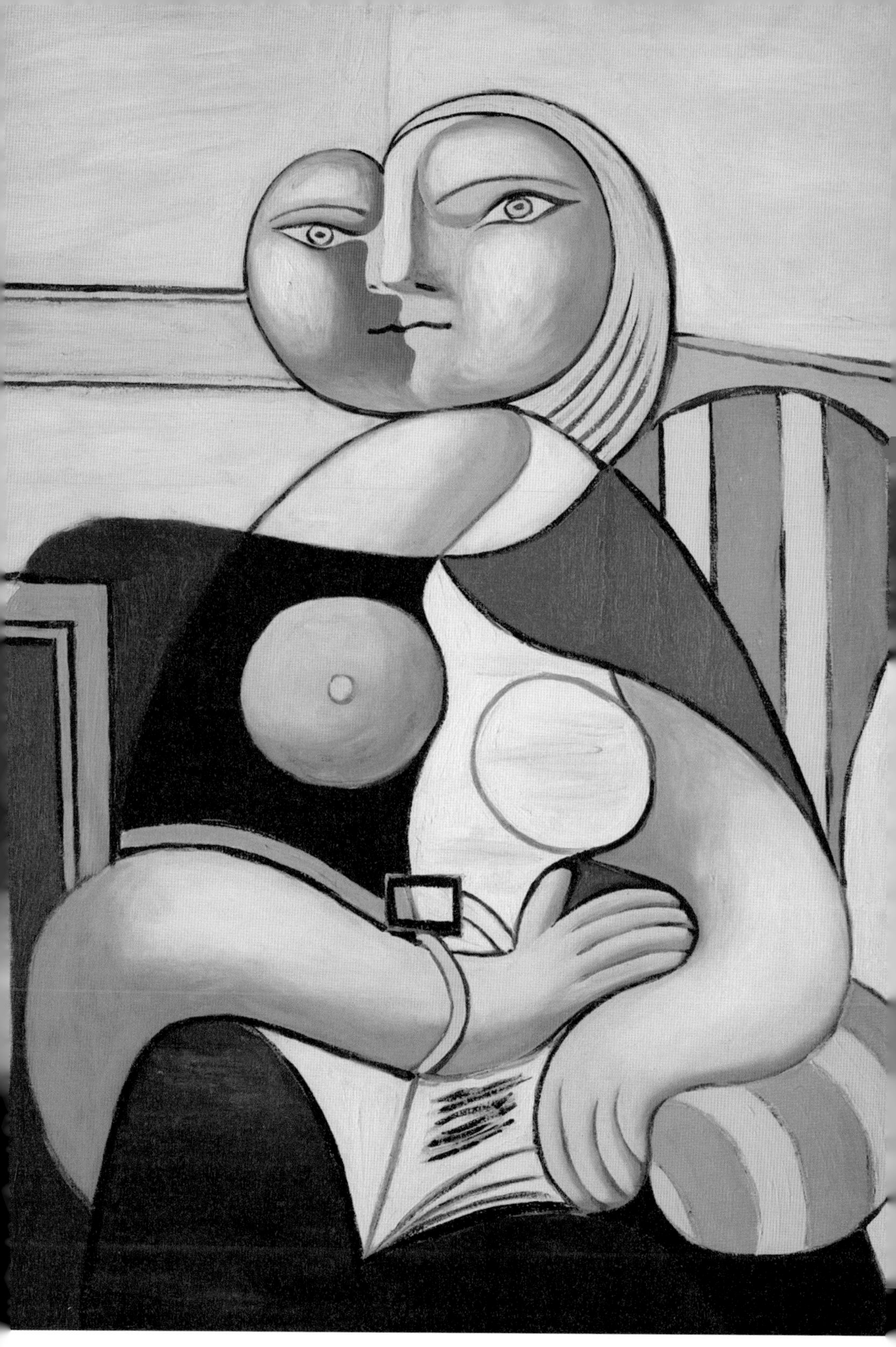

피카소, 〈독서하는 여인〉, 1932

마리 테레즈는 1927년 당시 17세일 때 44세의 피카소를 만났다. 한눈에 그녀에게 반한 피카소는 마리 테레즈의 어머니에게 초상화를 그려주는 등 적극적인 구애를 펼치기도 했다. 모델 제의로 시작된 첫 만남에서 연인 관계로 발전한 둘 사이엔 딸 마야가 태어났다. 피카소가 1936년에 도라 마르를 만나면서 위기를 맞았던 두 사람의 관계는 1943년 프랑소와즈 질로가 등장하면서 완전히 파국을 맞았다.

초기의 뭉크와 로트렉의 영향을 받은 피카소는 곧 원시미술과 세잔, 루소, 그리고 과거 대가들의 미술에 영향을 받았다. 브라크와 입체주의를 발전시킨 이후 그는 현대미술의 발전에 지대한 영향을 미친 인물로 자리 잡았고 셀 수 없이 많은 창조적 경향들의 출발점이 되었다.

피카소의 입체주의 작품은 아이가 그린 것처럼 순수하고 직관적으로 보이면서도, 여러 각도에서 동시에 본 모습을 평면으로 옮겨오는 등 어린아이가 생각할 수 없는 복잡하고 진보적인 개념을 포함하고 있다.

마리 테레즈와 열렬한 사랑을 불태우던 1932년, 그녀를 모델로 한 〈독서하는 여인〉에서 피카소는 입체파 양식으로 그녀를 향한 사랑을 드러냈다. 한 면에 다른 각도의 요소들을 넣는 등 입체주의 개념이 반영되어 있는 이 그림은 대담하고 밝은 색채와 조화로운 곡선이 시선을 사로잡으며 약간의 에로티시즘도 깔려 있다.

하트 모양의 얼굴은 2개의 초상, 즉 마리 테레즈의 얼굴과 옆에서 키스하는 피카소로도 해석할 수 있다. 피카소는 1931년부터 1932년까지 작업실에서 마리 테레즈의 초상화를 연작으로 그렸는데, 연작 속의 마리 테레즈는 사과를 떠올리게 하는 동그란 모양의 가슴 등 관능적인 곡선과 서정적인 원형으로 묘사되었다.

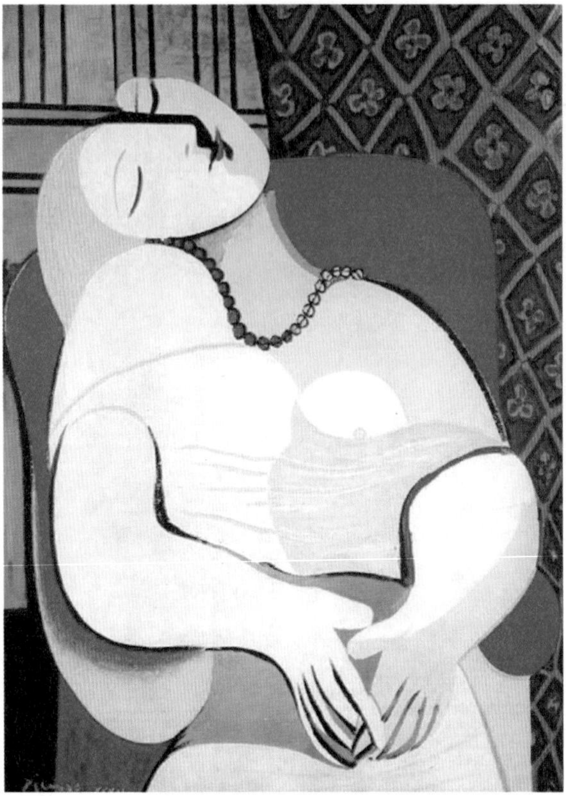

피카소, 〈꿈〉, 1932

〈꿈〉 역시 이 시기에 마리 테레즈를 모델로 한 작품이다. 잠꾸러기에 인형과 사탕을 좋아하는 활발한 소녀였던 마리 테레즈의 성격이 그림의 밝은 색채와 곡선에 반영되었다.

1973년 피카소가 사망한 후 마리 테레즈는 우울증에 시달리다 1977년 목을 매어 스스로 생을 마감했다. 버림받았음에도 40년 가까이 잊지 못하던 남자의 뒤를 따르기까지 한 것은 인생의 가장 싱그러운 시기를 함께했기 때문일지도 모른다. 당대 최고로 불리던 예술가의 뮤즈로 10여 년을 살고 나니 그 이후의 삶이 마냥 단조롭기만 했던 것일까, 피카소의 의도였는지는 알 수 없지만 그녀는 인생의 모든 찬란함과 아름다움을 그 시기의 작품에 모두 쏟은 모양이 되고 말았다.

37
사진이란 무엇인가에 가장 급진적인 답

스티글리츠 | 등가물

언제 비가 올지 알 수 없는 잔뜩 먹구름 낀 하늘을 일주일 내내 보고 있자니 마치 영국에 온 것 같다. 검은 하늘을 보면 떠오르는 사진작가가 있다. "나는 구름을 통해 내 삶의 철학을 기록하고 싶었다"고 말한 알프레드 스티글리츠다.

현대의 삶의 속도와 20세기 전반의 끊임없는 변화는 스티글리츠에게 큰 영향을 끼쳤는데, 그는 붓과 물감 대신 카메라를 이용해 순식간에 지나가는

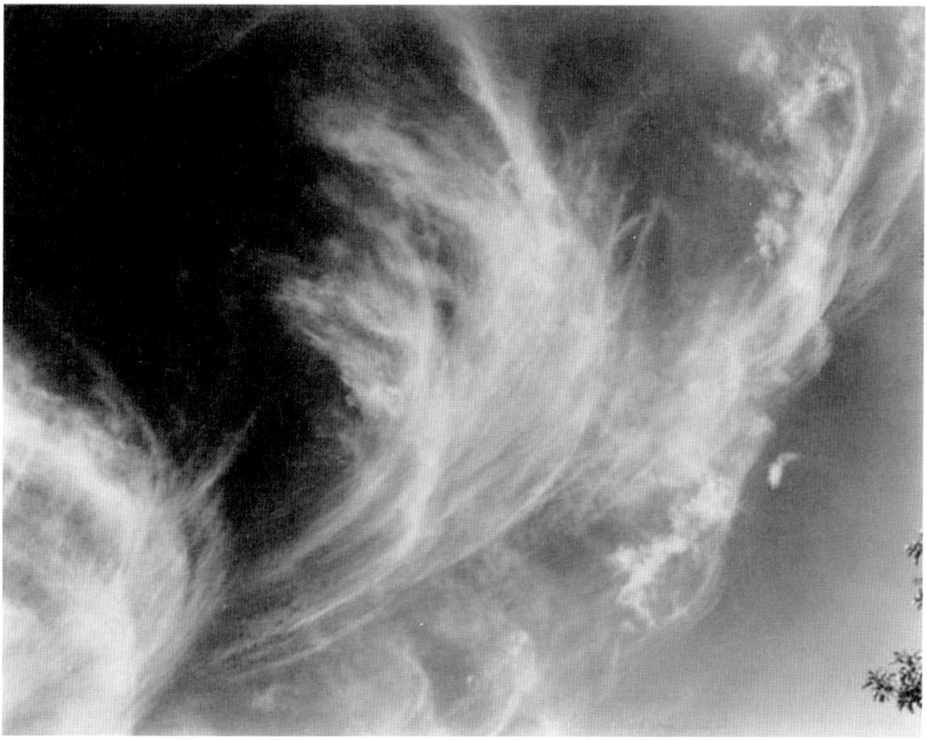

스티글리츠, 〈등가물〉, 1930

순간을 포착하고 현대 사회에서 느끼는 그의 감정을 반영하고자 했다.

〈등가물〉은 스티글리츠가 1922년부터 1935년까지 작업했던 200점이 넘는 구름사진 연작에 속한다. 모더니즘이 유럽의 독자적 산물이 아니라는 회의감에 빠졌던 그는 두 번째 아내가 된 조지아 오키프의 드로잉에 충격을 받고 다시 사진 작업에 열중하기 시작했다.

〈등가물〉 연작은 '사진이란 무엇인가?'에 대한 스티글리츠의 가장 급진적인 답이다. 통일성을 향한 충동을 바탕으로 컷과 크롭의 특성에 집중했으며, 단지 큰 하늘을 작은 부분으로 잘라내는 것만이 아니라, 하늘이 본질적으로 비구성적인 존재임을 드러냈다.

뒤샹의 레디메이드 작품처럼 〈등가물〉은 구성적 관계를 찾아내려 하지 않는다. 이미지의 모든 부분에서 동시에 작용하는 컷이 이미지 안에서 반향하는 메시지는, 잘라내고 위치를 바꾸고 분리하는 행위만으로도 맥락이 바뀐다. 하늘에서 잘려나간 〈등가물〉 속 구름의 분리는 감상자에게도 어딘가 잘려나간 느낌을 주면서 강해진다.

컷이나 크롭은 사진이 본질적으로 현실의 치환임을 강조하는 스티글리츠의 방식으로, 이 치환이 본질적인 이유는 빛이 남긴 일련의 자국인 사진도 책 속의 자국인 글이나 마찬가지로 현실 세계의 축을 이루는 방향들을 '자연히' 따르지는 않음을 보여주기 때문이다.

이전까지만 해도 〈5번가의 겨울〉, 〈3등객 선실〉 등 스트레이트 사진으로 유명세를 떨쳤던 스티글리츠가 내놓은 새로운 사진들은 문자적 해석에서 해방된 최초의 사진으로 인정받았고, 그중 일부는 최초의 완전한 추상사진이었다.

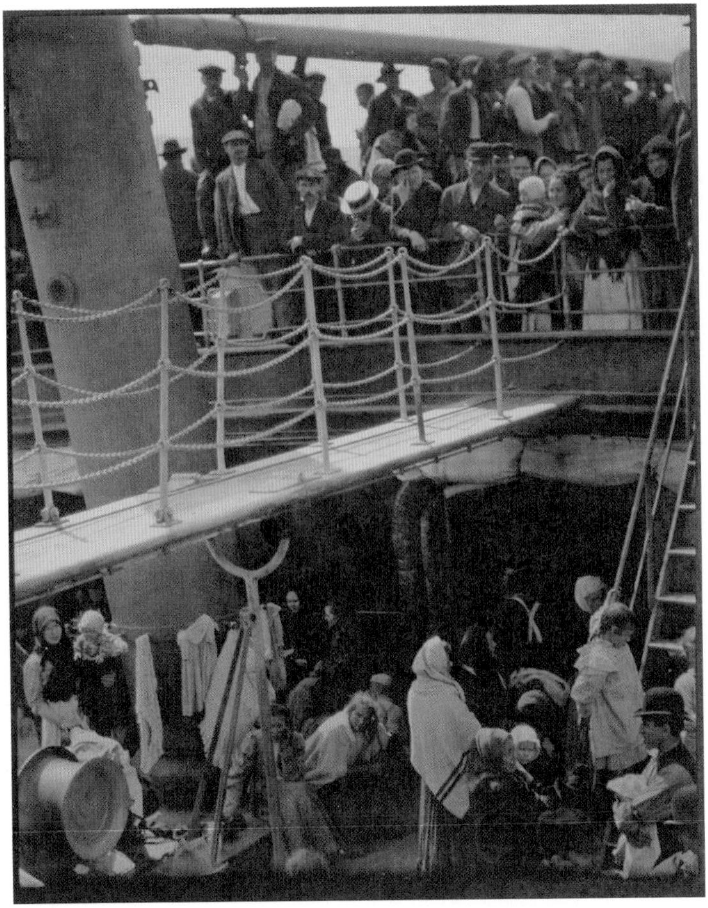

스티글리츠, 〈3등객 선실〉, 1907

스티글리츠는 1923년 사진작가 뮤어에게 보낸 편지에서 구름을 촬영하는 데 푹 빠졌던 경험에 대해 기술했다. 등가물 연작은 대체로 지평선이 없는 구름 사진이 대부분이다. 분위기를 환기시키는 강한 대조가 돋보이는 이 사진들은 하늘의 순수한 구름이다.

스티글리츠는 이렇게 말했다.

> 나는 찍고 싶은 것이 무엇인지 정확히 안다. 내가 아무도 하지 않았던 일을 했다는 것도 알고 있다. 그리고 현재 크게 유행하고 있는 맥 빠진 추상화보다 일부를 재현하는 것에 추상적인 것이 더 많이 있다는 사실도 안다.

생기가 넘치는 표현적인 추상화 양식에 감탄했던 스티글리츠는 추상사진으로도 비슷한 감정을 불러일으키고자 했다. 그의 사진은 대체로 비구상적인 주제, 예를 들어 하늘을 표현한 각각의 요소는 불분명한 콘트라스트, 질감, 패턴인 것처럼 보이나 스티글리츠의 사진은 내면의 사고를 담고 있다.

형태도 초점도 없고 전경, 배경은 물론 인물조차 없는 흑백 구름사진을 보고 어떤 이들은 '저건 나도 찍을 수 있겠다'고 생각할지도 모르겠다. 하지만 이 사진은 스티글리츠의 경험과 감정의 정수다. 즉 추상적인 선과 형태로도 칸딘스키가 '영혼의 떨림'으로 비유했듯이, 인간 내면의 상태와 생각을 표현할 수 있다는 것이다. 그는 사진을 독립적인 예술장르로 인식시키는 데 기여했으며 애덤스 등의 현대 사진작가들에게 많은 영향을 끼쳤다.

38
색채와 리듬… 그의 그림은 마치 음악 같았다

클레 | 붉은 조끼

스위스는 아름다운 자연환경 아래 가장 평화로운 나라로 알려져 있다. 여기에 또 하나 눈에 띄는 것이 바로 그들의 '예술에 대한 사랑'이다. 수도 베른 외곽에 있는 '파울 클레 센터'는 위대한 예술가 클레를 기리는 곳으로, 음악을 사랑하고 이를 작품에도 섞어낸 그의 일생을 흐르는 물결 모양의 건축물로 담아내었다.

클레의 작품은 구상적·추상적 미술양식 모두를 따르고 있기에 어느 특정 미술 사조에 속한다고 단

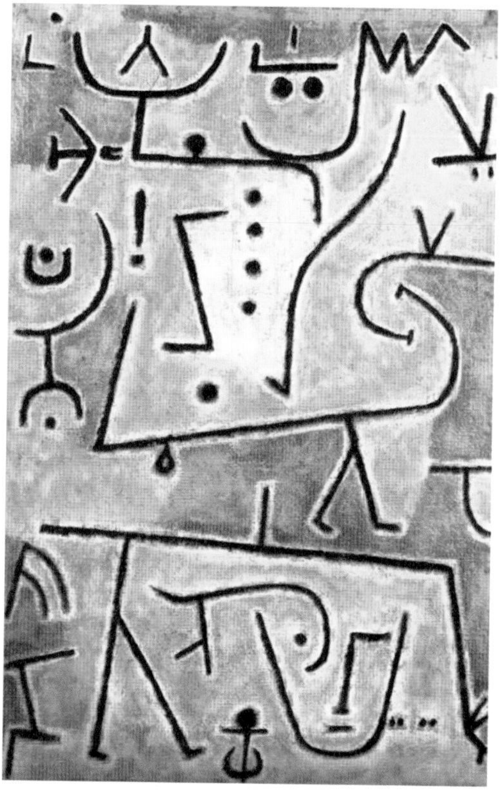

클레, 〈붉은 조끼〉, 1938

정할 수 없다. 그는 작품에서 엄격한 입방체와 점묘법, 그리고 자유로운 드로잉을 실험했으며, 모든 미술 사조의 가능성을 탐색했다. 청기사파, 뮌헨 신분리파, 청색 4인조, 바우하우스 등의 미술 모임과 관계를 맺기도 했지만 항상 독자적인 노선을 걸었다.

그는 표현주의, 입체파, 초현실주의 등 여러 다양한 예술 형태를 받아들였으며 선과 형태, 그리고 색채의 탐구에 몰두해 때로는 어린아이의 그림과 같은 단순하고 소박한 모습을, 때로는 모든 속박에서 벗어난 자유로운 영혼의 모습을 보여주었다.

음악가 집안에서 태어난 클레는 수준급의 바이올린 연주자였고 부인도 피아니스트였다. 부부끼리 바흐나 모차르트, 베토벤의 소나타를 듣고 연주하는 것이 취미였는데, 음악이 클레의 그림을 이해하는 하나의 열쇠라는 것도 이 때문이다.

1920년대에는 〈빨강의 푸가〉 같은 많은 작품들을 음악적인 구조로 정돈했으며 이는 마치 악보 위에 음표들을 배열하듯이 색채들의 정확한 배열을 보여주었다. 클레에게 리듬이란 근원적인 요소였다. 그것은 단순한 반복을 넘어 규칙적인 것들과 불규칙적인 것들 사이에 균형을 잡아주었다.

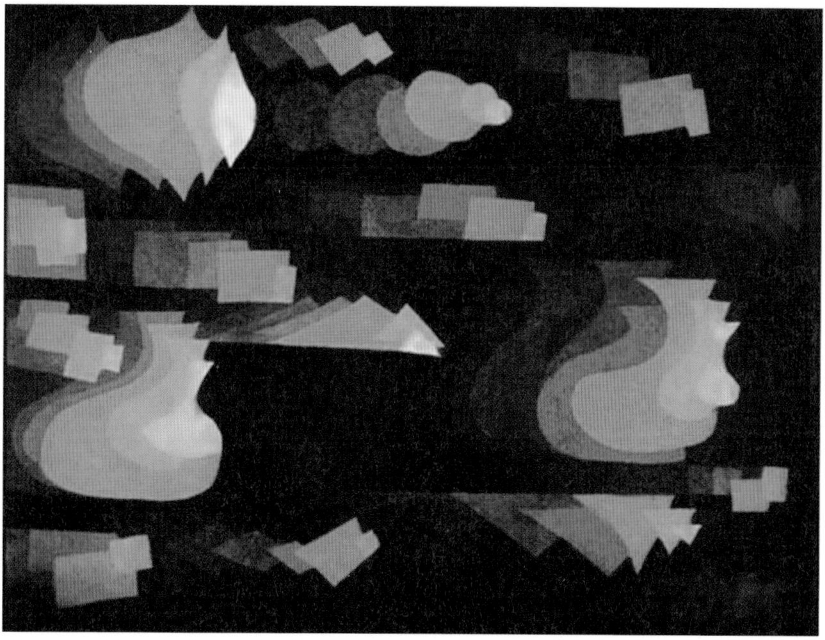

클레, 〈빨강의 푸가〉, 1921

클레의 작품 중 〈붉은 조끼〉는 어린아이 같은 소박하고 천진난만해 보이는 화풍 속에 많은 오브제를 집어넣었다. 중앙의 단추를 단 조끼를 입은 소년의 모습은 활기차다. 소년의 왼쪽에는 새가 있고, 소년은 동물로 추정되는 무언가를 타고 있는 것처럼 보인다. 소년의 밑에는 틀 안에 갇힌 다른 이의 얼굴이 보이는데, 그 얼굴 위에는 소년이 타고 있는 동물과 비슷한 형태가 자리 잡고 있다. 다시 소년의 옆으로 돌아가면 새의 오른쪽에는 느낌표가 있고, 아래쪽에는 춤추는 두 사람이 위아래로 겹친 형상이 있다.

리듬을 타며 춤추는 듯한 그림 속 오브제들은 규칙적인 것 같아 보이지만 불규칙적인 형태를 띠고 있는데, 이 중심을 잡아주는 것이 바로 리듬이다. 단순하면서도 기분 좋아지게 하는 밝은 색채의 〈붉은 조끼〉는 클레의 작품 중 가장 실내 인테리어에 자주 애용되는 작품인데, 그 답은 간단하다. 바로 색채와 리듬이었다.

클레의 전 작품 중 40퍼센트를 전시 중인 파울 클레 센터는 단순히 명작 감상에만 그치지 않고 관람객들이 실제 체험을 통해 감동을 더 얻을 수 있도록 직접 소리와 색깔 등 감각을 표현해 볼 수 있게 마련한 공간이 돋보였다. 〈붉은 조끼〉 속 소년이 머금었던 웃음과 춤사위도 관람객들에 의해 재탄생되고 있을 것이다.

39

액션 페인팅으로 현대미술의 또 다른 영역을 개척하다

폴록 | 원을 자르는 달의 여인

갑자기 찾아온 무더위로 이마에 땀이 맺혀 온다. 쏴-하고 내리는 장대비를 닮은 잭슨 폴록의 액션 페인팅이 떠오르는 날씨다. 폴록의 액션 페인팅 작품 속의 색채는 비하곤 거리가 먼 무채색 위주지만, 작업과정에서의 호쾌함만큼은 시원한 장대비 못지않다.

잭슨 폴록은 미국의 화가로, 대표적인 추상표현주의 작가에 속한다. 1929년부터 뉴욕에서 본격적인 미술 수업을 받기 시작한 폴록은 스승 펜튼의 지방주의, 멕시코의 벽화 운동 등에 영향을 받고 피카소와 호안 미로에게 자극받아 1930년대 말부터 심하게 변형된 인간이나 동물의 이미지를 그렸다.

1940년대에는 뉴욕에 망명한 초현실주의 예술가들, 특히 안드레 마송의 영향을 받는다. 〈원을 자르는 달의 여인〉이나 〈달의 여인〉 등은 아메리카 인디언과 멕시코 벽화의 영향을 받은 작품이다.

폴록은 캔버스를 바닥에 펼쳐 그 위로 물감을 뿌리고, 흘리고, 쏟아 부은 작품들로 미술사에 혁신을 불러일으켰다. 그는 막대기나 붓을 사용하거나 물감 통에서 직접 물감을 뿌리고 흘리는 '액션 페인팅' 장르를 개척했다.

에너지와, 긴장, 극적인 효과가 넘치는 〈하나: 31번〉은 잭슨 폴록의 액션 페인팅 회화 중 가장 큰 그림에 속한다. 그물망에는 뻣뻣한 붓과 막대기로 물감을 바르고, 그 위에 또 물감을 쏟아 붓고 튀기고 떨어뜨려 완성했다.

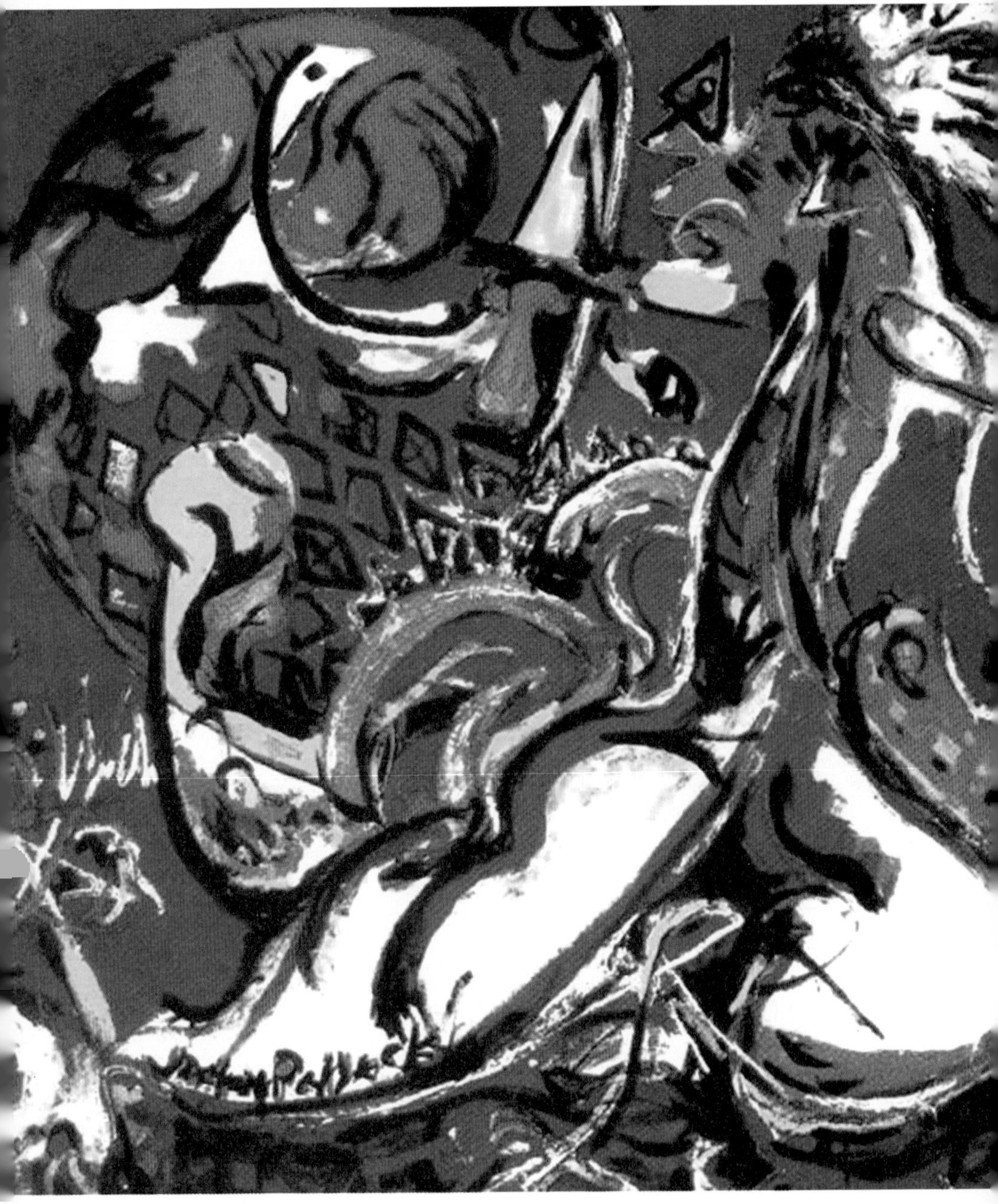

폴록, 〈원을 자르는 달의 여인〉, 1943

폴록은 자유롭게 물감을 칠하는 행위가 우주의 거대한 힘과 연결된 내적 자아에서 왔다고 믿으며 초현실주의의 자동기술법과 융의 정신분석학을 탐구했다. 폴록은 캔버스 위나 주변을 걸어 다니며 의식을 행하는 듯이, 그리고 리드미컬하게 페인트를 발랐다.

〈하나: 31번〉은 무질서하게 뿌려 겹쳐진 물감에서 그 접착이 주는 힘, 속도와 방향이 느껴진다. 또한 흩뿌려진 물감과 애나멜을 들여다보며 무한한 공간감도 느낄 수 있다.

베이지색 바탕의 커다란 캔버스에는 검고 흰 선들이 가득 차 있고, 배경은 선들이 뒤엉킨 사이사이로 언뜻언뜻 보일 뿐 작품의 가장자리 부분에서만 간신히 볼 수 있다. 언뜻 보면 중요하지 않아 보이는 배경조차 중심부 주위를 맴도는 묘한 분위기를 창출하고 있다.

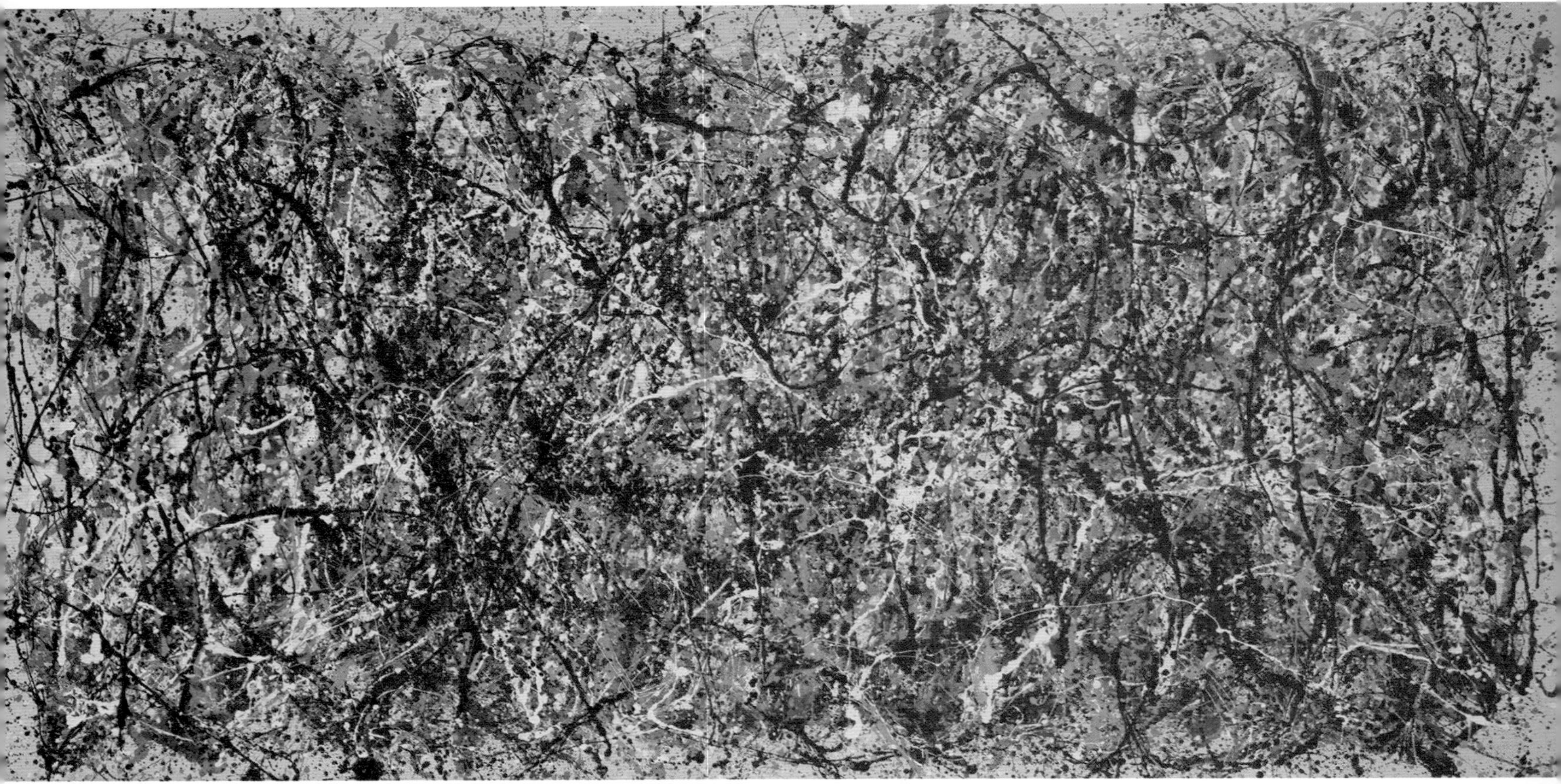

폴록, 〈하나: 31번〉, 1950

배경 안의 틀에는 선과 방울들이 퍼져 있다. 모든 선들은 전체를 구성하는 한 부분이면서 동시에 제각기 독립된 존재이기도 하다. 흰색과 검은색이 주는 단조로움도 깊이와 양감을 느끼게 한다.

폴록의 모든 작품이 그렇듯이 이 작품도 새로운 추상회화의 길을 열고, 캔버스의 한계를 넘어 과정을 중시하는 퍼포먼스의 길을 제시하였다는 등 다양하게 평가되고 있다. 기타 대표작에는 〈비밀의 수호자들〉, 〈블루 폴즈〉 등이 있다.

40
어둠 속 밝게 빛나는 '몸짓의 향연'

미로 | 제비의 사랑

작년에 뉴욕현대미술관(MoMA)에 갔을 때 비가 추적추적 내렸다. 밖의 날씨 탓인지 유독 어둡게 느껴지는 전시관을 누비던 중, 딱 그때 상황에 맞아떨어지는 작품이 눈에 들어왔다. 어두운 배경 위에 빨강, 노랑, 하양, 초록, 상아색으로 환하게 빛나는 몸짓들의 향연이 빛을 발하고 있었다. 배경 위에 멋들어진 필기체로 쓰인 'Hirondelle Amour(제비의 사랑)'이 바로 제목이었다.

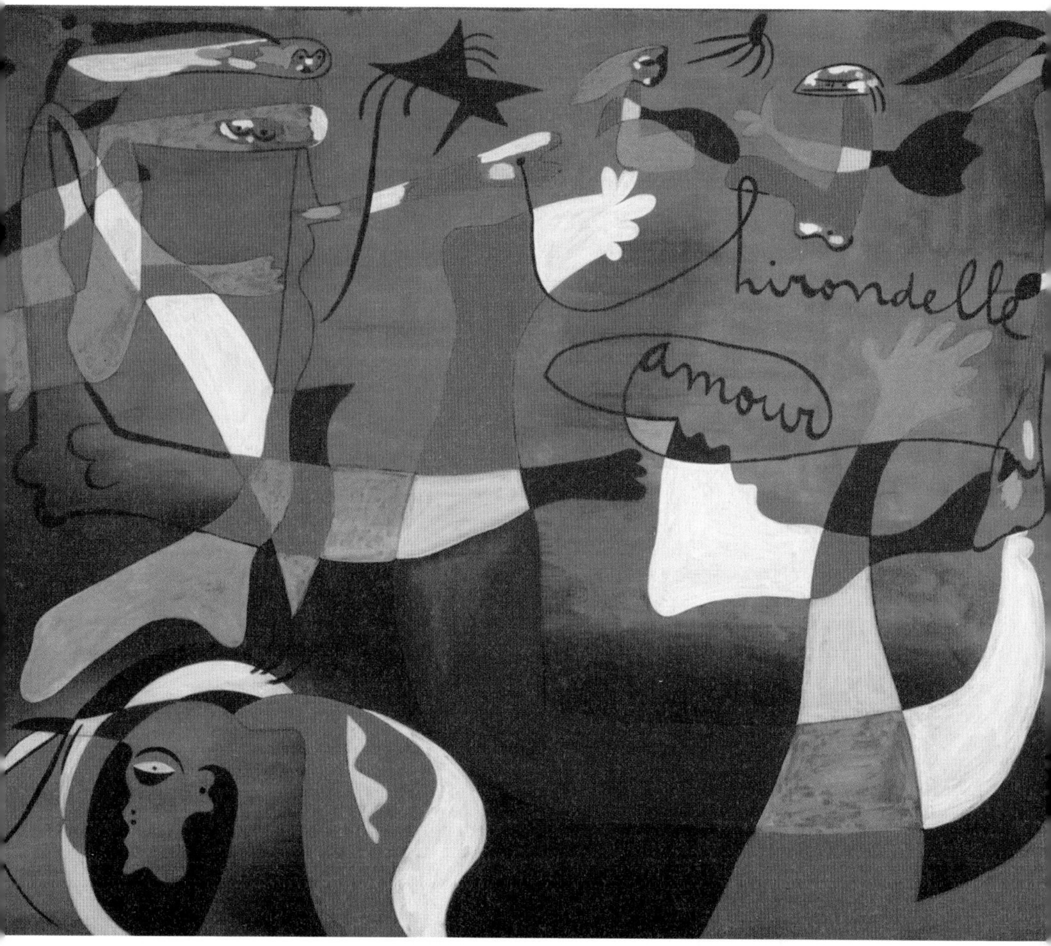

미로, 〈제비의 사랑〉, 1934

미로가 1918년에 첫 개인전을 열었을 때는 야수파의 영향을 강하게 받았다. 1919년 파리에 진출하면서 피카소와 알게 되었다. 이 시기에는 루소를 닮은 정밀하고 엄격한 풍경화와 인물화가 많고, 1921년부터는 입체주의의 영향을 받은 정물화를 그렸다. 이후 자연 형태에 주관적 변형을 가하여 표현함으로써 대상에 대한 심리 상태를 나타내는 데포르메나 역학적 구성 속에 에스파냐인 특유의 강렬한 감정이 감도는 작풍으로 변하였다. 1922년 스페인으로 돌아와 농지를 소재로 한 작품들을 발표하다가 급속히 초현실주의로 전환하였다.

1925년에는 초현실주의 제1회전에도 작품을 내고, 파울 클레에게 자극 받아 초현실주의적 환상에 장식성을 가미한, 유머감각이 넘친 곡선과 색채에 의한 독자적 화풍을 형성하였다. 이 시기의 대표작이 바로 〈어릿광대의 사육제〉다.

〈어릿광대의 사육제〉를 그릴 무렵 미로는 끼니를 걱정할 정도로 가난했다고 한다. 하지만 그림은 밝고 즐거운 분위기로 가득 차 있다. 이 그림에서 보이는 많은 생명의 상징들은 모두가 즐거운 음악에 심취해 흔들흔들 춤을 춘다.

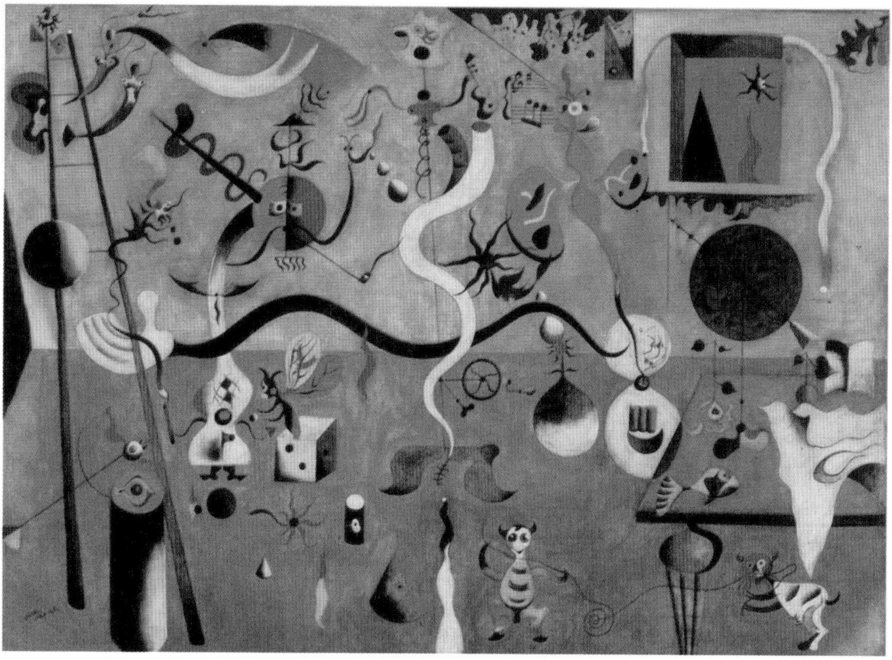

미로, 〈어릿광대의 사육제〉, 1925

이렇게 미로의 그림에서는 색채보다 자유분방한 선과 신비한 형태의 상징적 형상물이 돋보인다. 가볍고 활기에 찬 선들은 4차원 공간을 헤엄쳐 다니는 듯한 느낌을 준다. 그러다가 갑자기 새로운 형상을 만들고는 이내 형상의 갇혀진 테두리에서 벗어나 다른 형상으로 옮겨간다.

미로의 선들은 유기적인 생명체로 음악적인 리듬과 새로운 형상을 지닌다. 이들은 우리에게 현실 세계에 얽매이지 않는 자유로움과 동화적인 상상력을 제공해 준다. 우리의 눈에 보이지 않는 더 넓고 풍요로운 세상을 그림을 통해 보여주는 것이다. 이와 같이 호안 미로의 초현실주의는 아주 밝은 정서, 단순화·순수화된 형태와 색채의 조화에 의한 율동적인 구성을 대표적인 특징으로 삼는다. 주로 바르셀로나와 파리를 왕래하면서 회화·판화·조각·도자기 등 다방면에 재능을 발휘했다.

1934년에 완성된 〈제비의 사랑〉은 미로의 대표작 중 하나로 새와 사람이 한데 뒤섞여 어두운 배경을 밝힌다. 제비의 주를 이루는 검은색이 배경이지만 '사랑'이라는 주제를 반영하듯 작품의 분위기는 어둠 속에 몸을 맡긴 댄서처럼 밝다.

이처럼 그는 어떤 장르에서 작업하든 사람들의 정서를 역동적으로 움직이는 것에 매우 탁월했던 화가였다. 이러한 힘은 여러 장르를 오가며 각 장르의 특징을 융합할 수 있었던 그의 능력에서 나왔을 것이다.

"내 그림에서 최초의 단계는 자유이고 무의식이다. 그러나 제2단계에서는 주의 깊게 계산되어 그려진다"는 말처럼 초현실주의자 호안 미로의 가장 큰 장점은 단순히 무의식을 드러내는 것이 아니라 무의식을 구체적인 현실로 재구성하는 데 있었다.

41
영원한 기쁨도, 영원한 슬픔도 없기에…

샤반 | 가난한 어부

지나온 모든 해가 그랬겠지만 유독 2014년 한해는 세월호, 태안 해병대 캠프, 환풍구 추락 참사 등 국민들을 슬픔에 잠기게 하는 일이 유독 잦았다.

끝나지 않을 것만 같은 긴긴 슬픔이 2015년에는 조금이나마 걷혔으면 한다. 영원한 기쁨은 없지만 영원한 슬픔도 없기에. 상처받은 모든 이들이 어둡고 좁은 배에서 홀로 기도하는 샤반의 〈가난한 어부〉 속 어부처럼 담담히 이겨내길 바란다.

피에르 퓌뷔 드 샤반은 서양 미술사에서 많은 지분을 차지하고 있지 않다. 미술사가들에게는 과소평가되고 있지만, 그는 19세기 프랑스의 가장 뛰어난 벽화가 중 하나로 색채, 기법, 구성에서 근현대미술사의 거장들인 피카소, 마티스, 쇠라, 고갱 등의 화가들에게 직접적인 영향을 끼친 독특한 화풍을 지녔다.

그는 젊은 시절의 이탈리아 여행에서 프레스코화에 영감을 받아 유채물감을 사용하면서도 흰색이나 회색을 섞어 오래된 프레스코화 느낌을 냈다. 불투명한 창문에 비친 것처럼 느껴지는 파스텔풍 색조와 명암이 거의 없는 단순한 풍경 등에서 프레스코화의 영향을 알 수 있다.

프랑스 상징주의를 대표하는 샤반의 우아하고 유려한 그림은 현대인들에게도 많은 사랑을 받고 있다. 자연물을 대상으로 한 상징적, 낭만주의적 작품으로는 〈신성한 숲〉, 〈예술과 자연이 한창일 때〉 등이 있으며 고갱은 샤반을 스승으로 삼아 그림의 전체 구도나 에덴 동상 같은 배경 묘사를 샤반의 이러한 작품에서 많이 차용했다고 한다.

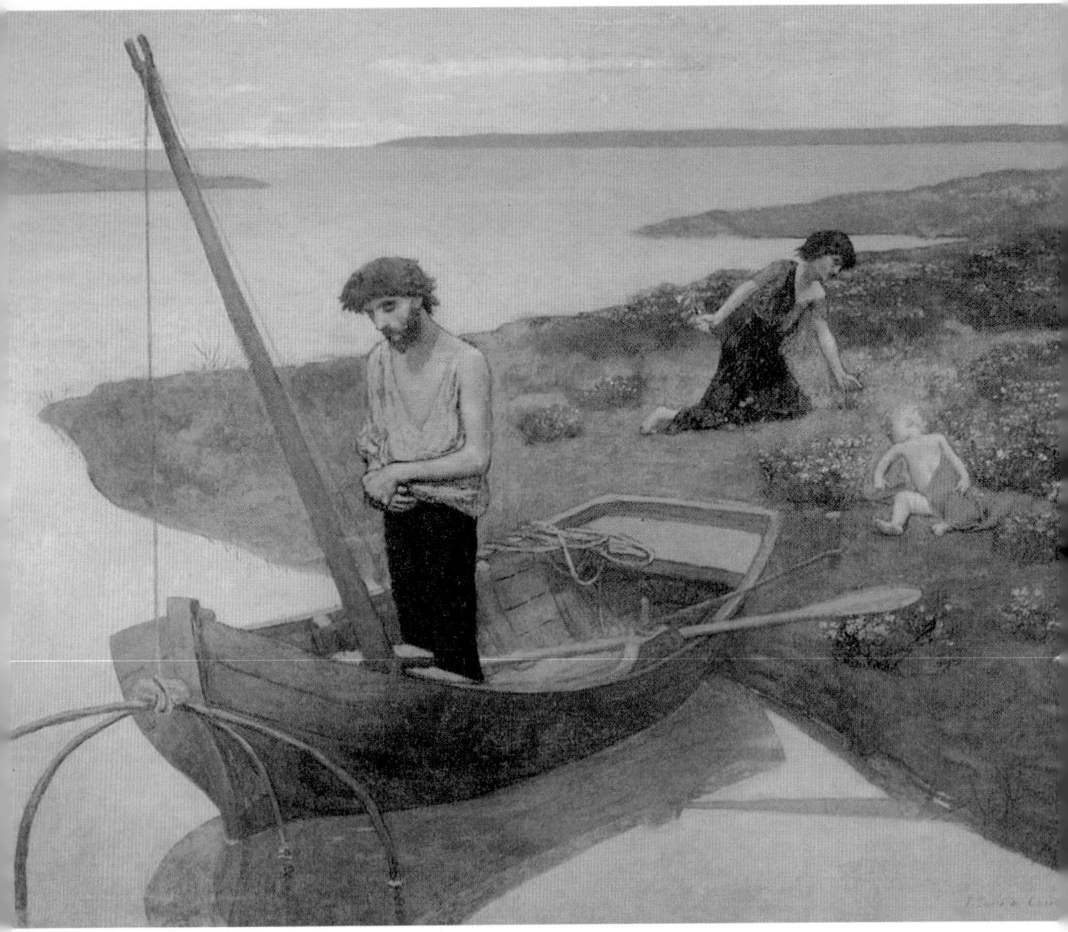

샤반, 〈가난한 어부〉, 1881

그중 샤반의 또 다른 대표작인 〈가난한 어부〉는 샤반이 이 그림을 1861년에 처음 살롱을 통해 공개했을 때 이 작품은 심한 비판을 받았다. 그때 당시의 관념으로는 상당히 급진적이었던, 주제가 굉장히 비현실적인 그림이라 시대의 관습에 대한 도전으로 받아들여졌기 때문이다.

1887년에 화상 뒤랑 퀴엘이 이 작품을 대중에게 다시 공개하기 전까지 팔리지도 않았다. 하지만 프랑스 정부가 현대미술관에 소장하기 위해 처음으로 구입한 샤반의 그림 역시 이 작품이라 하니 놀랍다.

이 그림엔 오묘한 매력이 있다. 바로 감상자들에게 알 수 없는 슬픈 감정을 불러일으킨다는 것. 우울하고 슬픈 분위기 속에서도 배 위에 홀로 서서 경건히 기도하는 어부의 모습은 예수를 떠올리게끔 한다. 하지만 슬픔 속에서도 희망을 잃지 않는, 곧 끝날 슬픔을 담담히 견뎌내는 모습이 인상 깊다.

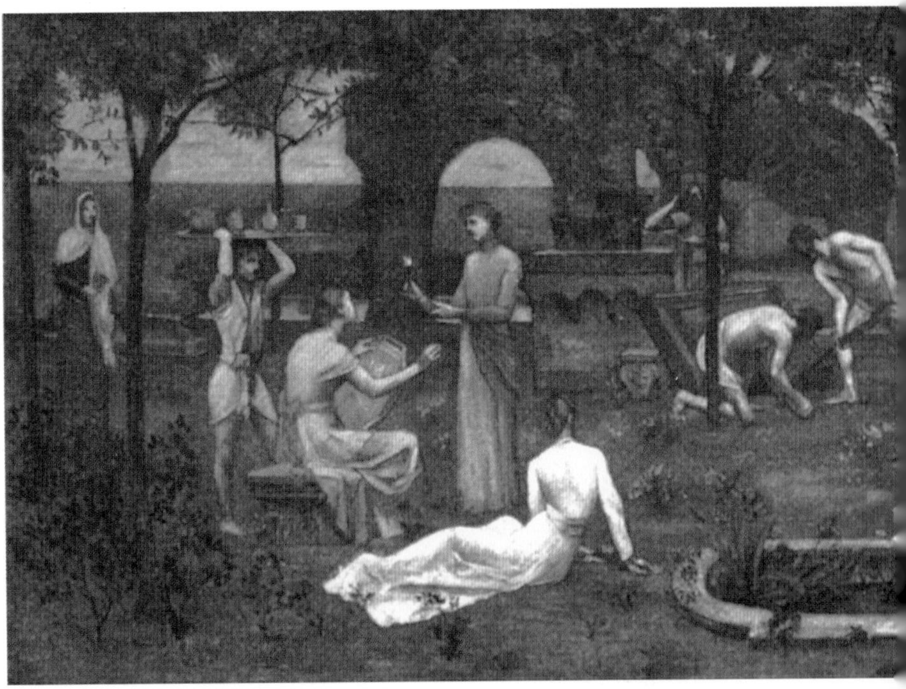

땅 위에서 꽃을 따는 소녀와 잠든 듯한 아기의 모습에서는 곧 다가올 희망을 읽어낼 수 있다. 직접적인 내용 서술 없이 그림의 상징만으로 감상자를 감동시키는 상징주의의 정수를 보여주는 명화다.

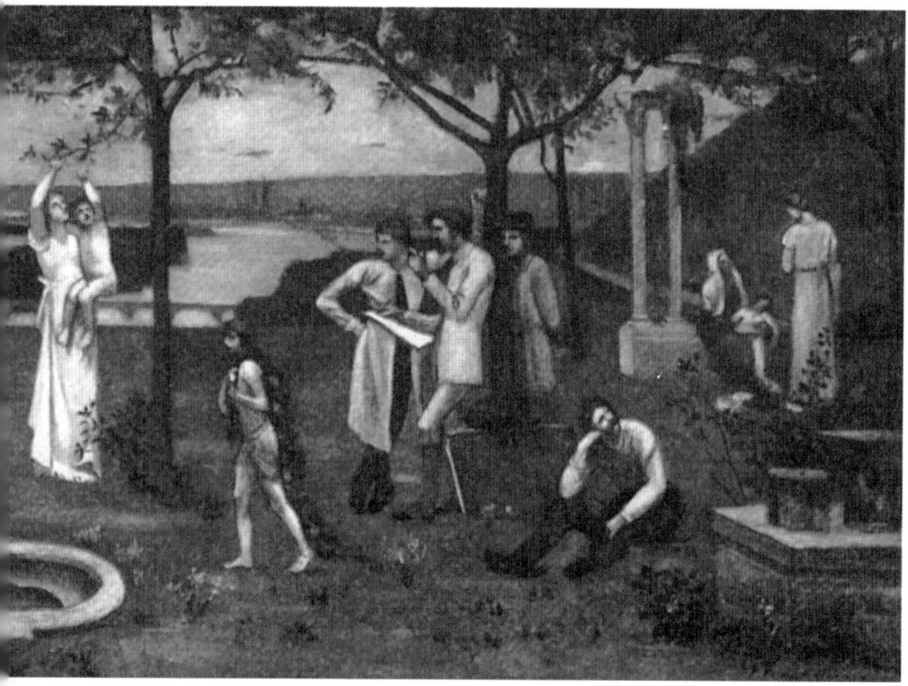

샤반, 〈예술과 자연이 한창일 때〉, 1890~1895

42
우연히 만든듯…
자연 그대로를 담은 곡선

아르프 | 머리

새해에는 누구나 새로 시작하는 마음으로 목표를 세우곤 한다. 필자 역시 지나간 해의 아쉬움을 뒤로 하고 새해를 맞이할 준비를 하고있다. 시작하는 마음가짐과 가장 잘 어울리는 작품을 생각해 보니 장 아르프의 〈머리〉가 떠올랐다. 자연 원형 그대로의 이미지를 따온 그의 원초적인 작품이야말로 막힘없는 역동적인 시작에 걸맞을 것이다.

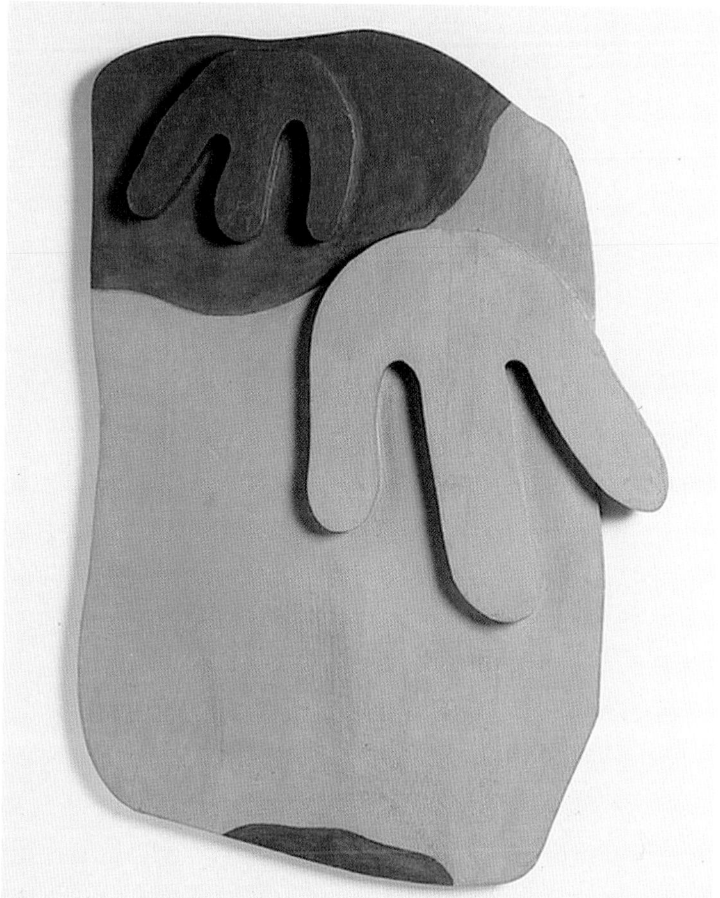

아르프, 〈머리〉, 1924

시인 겸 미술가였던 장 아르프는 독일과 프랑스의 아카데미를 오가며 미술을 공부했다. 1912년에는 독일 표현파의 청기사(靑騎士) 운동에 참가하였고, 1차 세계대전을 피해 건너간 스위스에서는 시, 삽화, 콜라주 등 다양한 분야에서 반(反)문명적, 반합리주의적 예술운동인 '다다이즘'을 선도했다.

"인간이 만든 모든 것은 예술 작품"이라고 선언한 그는 독일에서 에른스트와 함께 콜라주로 다다 운동을 전개했다. 1925년에는 파리의 초현실주의 운동에 참가하고, 1930년 추상파 단계인 '추상 · 창조' 그룹에 들어가는 등 다양한 이력을 쌓은 끝에 독자적인 길을 개척했다. 회화에서 부조를 거쳐 환조에 다다른 것이다. 다다와 추상미술을 결부시키는 특이한 입장에서 다채로운 활동을 전개했다.

1924년에 자연을 근본적인 원형으로 보고 유기적인 형태로 표현한 〈머리〉는 이때쯤 처음 논의된 생물형태주의를 반영했다. 색채나 형태가 인공보다는 자연의 곡선을 취하고 있다. 거의 아무 의미가 없어 보이는 작품들을 즉흥적, 무의식적으로 만들곤 했다.

그의 조각은 극도로 단순화되었지만 초현실주의와 추상주의의 중간인 '유기적 추상'으로 활력이 넘치는 근원적인 인간의 생명력을 표현했다. 이런 이유로 아르프는 추상예술 대신 '구체예술(아르 콩쿨레)'이라는 명칭을 스스로의 작품에 즐겨 썼다. 조각과 회화의 중간에 있는 듯한 조각들이 아르프 작품의 대부분을 차지하고 있다.

극단적으로 단순한 형태와 경쾌한 선의 아름다움을 추구한 그는 논문 「나의 도정」, 시집 『공기 의자』, 『꿈과 계획』 등을 내는 등 다양한 분야에서 왕성한 활동을 펼쳤다. 조각에서의 대표작으로는 〈여자의 토르소〉, 〈구름의 양치기〉 등이 있다. 아르프는 2차 세계대전 중에는 스위스에서 활동하였고, 전후에도 많은 회화와 조각을 발표하고 개인전을 여는 등 왕성한 활동을 벌였다. 수정이나 세부 묘사 없이, 우연히 만든 듯 원초적인 형태를 띠는 아르프의 작품은 후안 미로를 비롯한 많은 예술가들에게 영향을 미쳤다.

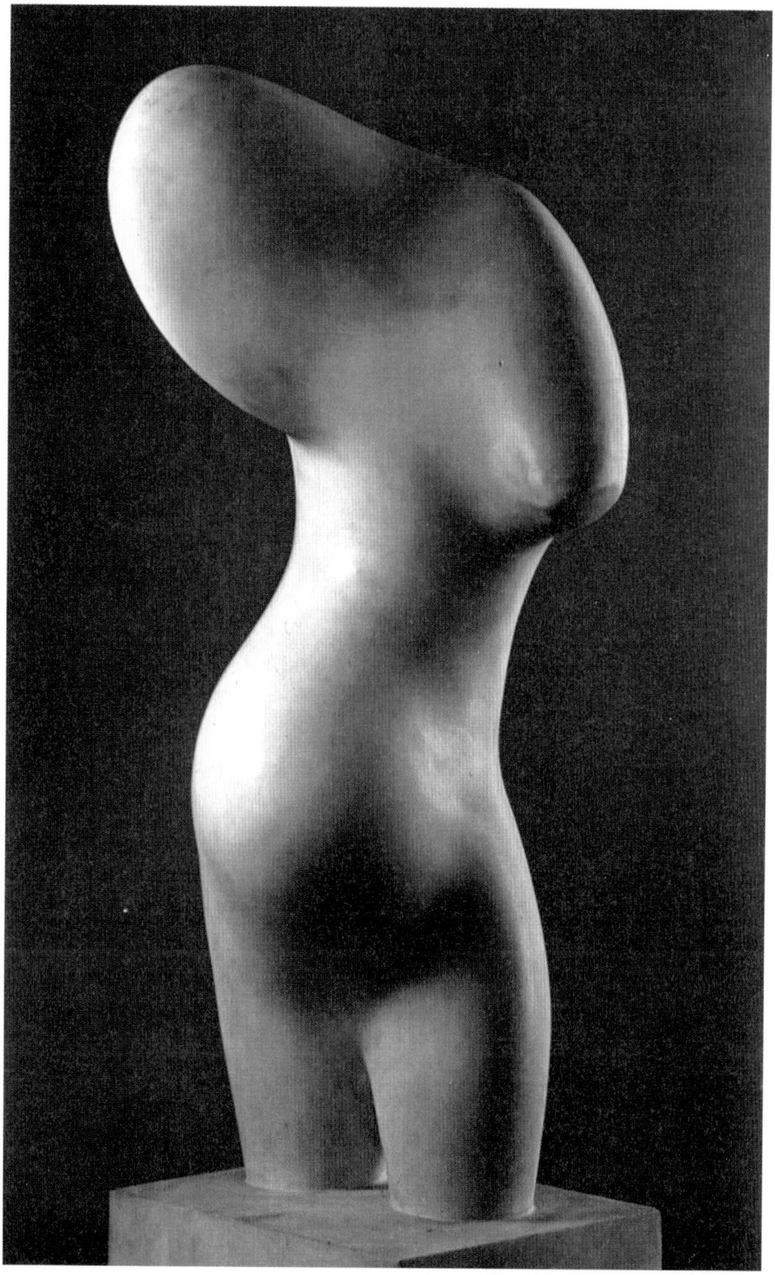

아르프, 〈여인의 토르소〉, 1953

43
움직이는 조각, 모빌의 아버지

칼더 | 랍스터 트랩과 물고기 꼬리

페루의 나스카 지상화는 연 평균 몇 십 밀리미터밖에 비가 내리지 않고, 바람이 적게 불어 극도로 건조한 기후 덕에 오랜 세월 보존될 수 있었다. 이처럼 바람이 없어 그 가치가 빛나는 것이 있다면, 반대로 바람이 불어야 그 의미가 살아나는 것도 있다. 바로 칼더의 모빌들이다.

칼더의 원래 직업은 엔지니어였다. 이후 여러 직업을 전전하며 미국을 떠돌다 뉴욕에서 회화를 공부하고, 파리로 건너가 몬드리안, 뒤샹과 교류하

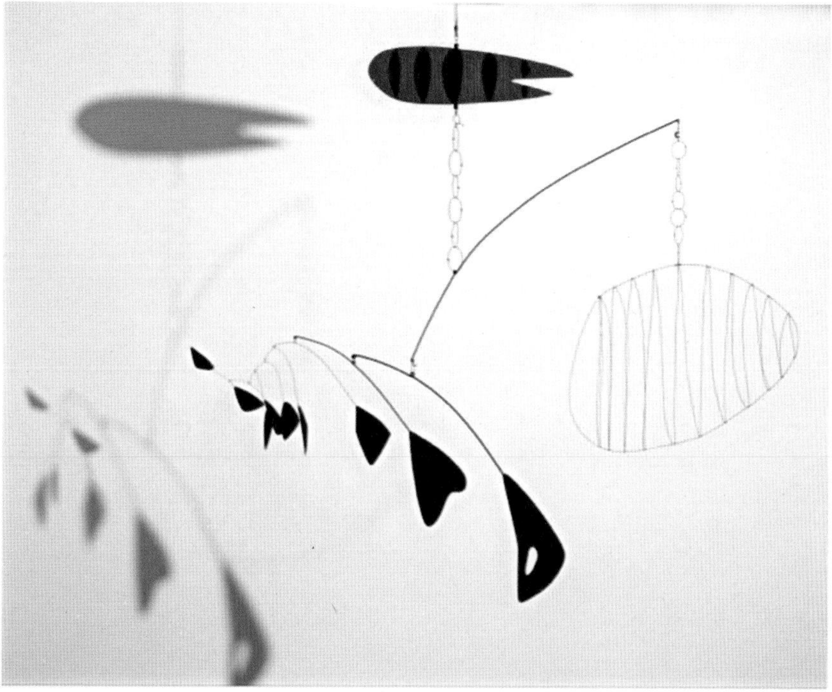

칼더, 〈랍스터 트랩과 물고기 꼬리〉, 1939

며 아이디어를 발전시켰다.

1926년 철사와 나무로 동물들을 만들어 〈서커스〉 연작을 내놓았고, 이를 계기로 1928년 뉴욕에서 철사 조각가로 데뷔했다. 교류한 예술가들 중 특히 몬드리안에 압도되어 1930년에는 "몬드리안의 작품을 움직이게 하고 싶다"는 생각을 담아 '움직이는 조각(mobile)'을 만들어냈다. 미술 역사상 최초로 단순히 움직임을 암시하는 데 그치지 않고 움직임 자체를 표현한 것이다. 또한 그의 모빌은 조각을 받침대와 양감에서 해방시켰다.

칼더는 자신의 모빌을 4차원 드로잉이라 표현하면서 미로나 몬드리안의 기하학적 추상화를 재해석하려고 했다. 하지만 그의 조각은 정적이고 2차원적인 그림과 달리 주변 공기의 순환에 따라 윤곽, 공간, 형태, 색채가 달라진다. 그는 어떤 복잡한 이론도 주장하지 않았지만 정교한 균형을 이룬 시스템에서 발생한 예측 불가능한 패턴과 움직임으로 우주의 움직임과 모든 사물 간의 관계를 나타내려고 했다.

뉴욕 MoMA 계단에 매달려 있는 〈랍스터 트랩과 물고기 꼬리〉는 알렉산더 칼더의 가장 초기 모빌 중 하나로, 칼더에게 국제적인 명성을 가져다준 작품이다. 빙빙 돌고 비틀리면서 생물과 유사한 형태를 만드는 이 모빌은 생물의 연속적인 움직임을 더욱 활발하게 한다. 기계공학을 전공한 칼더는 아주 미약한 공기의 흐름에도 반응하는 이 작품으로 조각의 모든 전통에 도전장을 내밀었다. 칼더는 "미술은 움직이는 세계를 반영하기에 너무 정적이다"라고 말하기도 했다.

2차 세계대전이 끝난 후 미국이 낳은 훌륭한 조각가 중 한 명으로 인정받은 칼더는 1952년 베네치아 비엔날레 국제전람회에서 조각대상을 받았다. 1960년대 이후 대형조각 붐이 일어나면서 그의 작품들은 비행장·미술관·광장 등에 세워졌다.

역동적이면서 부드러운 곡선이 특징인 〈거대한 속도〉의 대형 조각은 직사각형의 단순하고 기하학적인 당시 건물들과 대비를 이루며 공간에 활기를 불어 넣으며 도시의 랜드마크가 되었다.

한국에서는 2013년 7월부터 10월까지 리움미술관에서 칼더의 작품을 전시했었다. 직접 가서 본 칼더의 모빌들은 경이감을 느끼기 충분했다. 언뜻 보면 무질서하게 오브제들이 붙어 있는 것만 같지만, 놀랍도록 무게중심이 잘 잡혀 있었다.

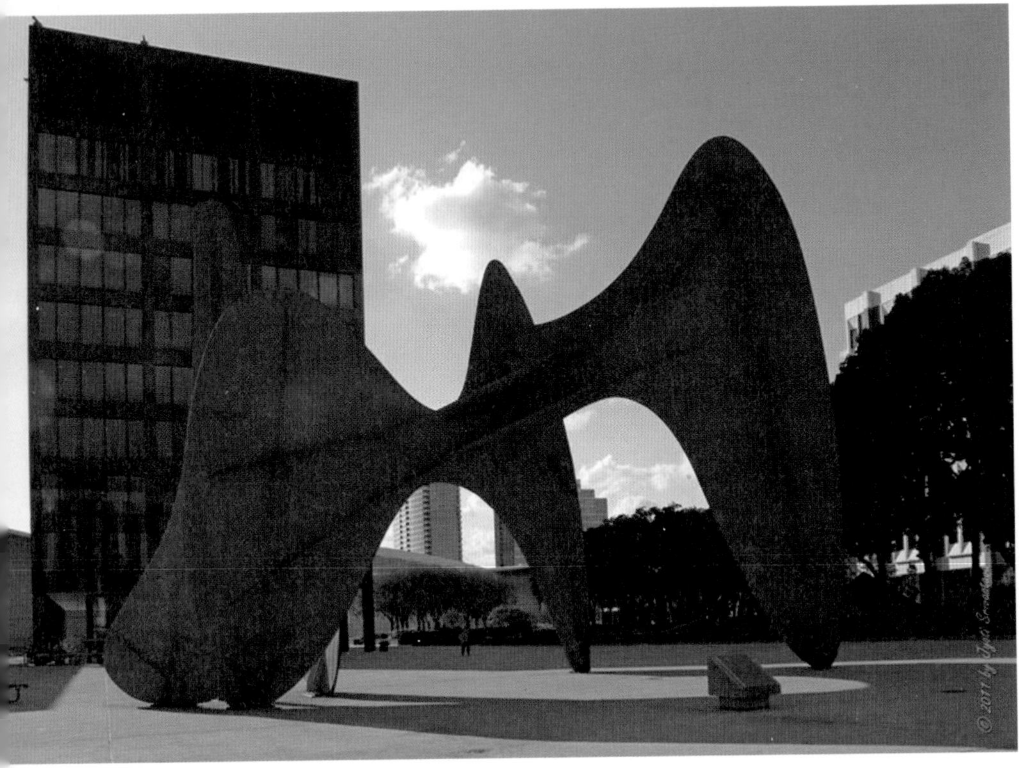

칼더, 〈거대한 속도〉, 1969

칼더는 작가로서 큰 명성을 얻은 이후에도 여전히 새로운 실험을 멈추지 않았다. 그는 2차 세계대전으로 부족해진 금속 재료를 대신하여 나무나 청동으로 완전히 새로운 유형의 작업을 선보여 예술가로서의 노력과 창의성을 보여주었다.

칼더의 탁월함은 공간, 바람, 공기 등의 자연적 요소와 어우러지면서 조각이 움직이고, 이 움직임 속에 관객이 들어간다는 것이다. 이 움직임은 지극히 기하학적이면서도 유려하고 아름답다. 또한 공공미술 측면에서의 대중성도 갖추었다.

44
유치한 유머에서 다다이즘의 선두로

뒤샹 | 샘

덩그러니 놓인 변기 앞에서 당시의 비평가들이 비난을 퍼붓는 것 이외에 어떤 것을 할 수 있었을까, 뒤샹의 〈샘〉처럼 '유치한 유머'라는 혹평을 받았던 미술품도 드물다. 하지만 〈샘〉은 아이디어의 승리와 다다이즘의 시작으로 후세에 전달되었으며, 그 자체로 미술의 혁신을 이뤘다.

한 화가가 뉴욕의 철물점에서 평범한 소변기를 구입하면서 변화가 시작되었다. 입체주의 화가였

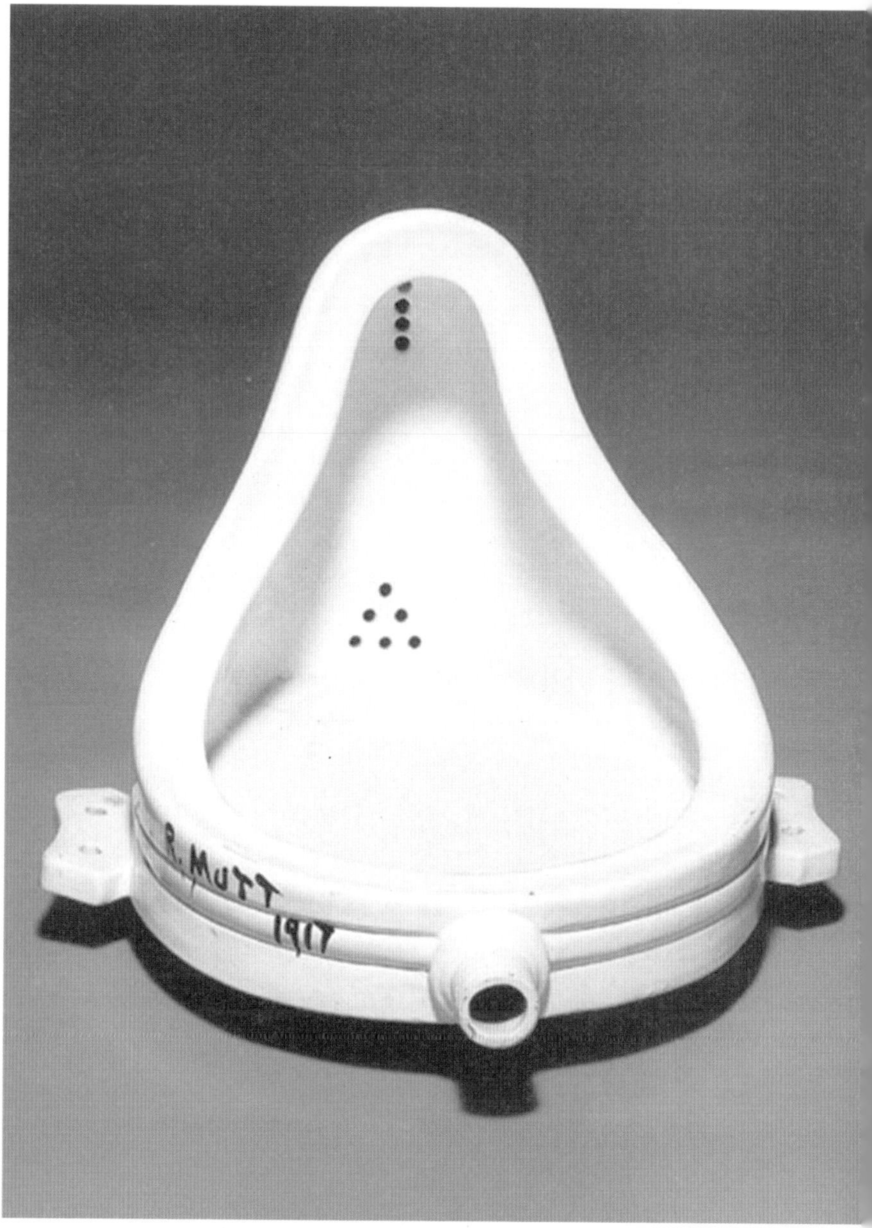

뒤샹, 〈샘〉, 1917

던 뒤샹은 1913년경부터 회화를 단념하고 레디메이드에 몰두하기 시작했다. 뒤샹은 'R.Mutt'라는 가명으로 서명하고 〈샘〉이라는 제목을 붙인 이 레디메이드를 미국독립미술가협회의 연례전시회에 제출했다. 뒤샹은 '리처드 뮤트'라는 가명으로 비밀리에 협회를 가입했고, 모든 회원들은 전시회에 출품할 권리가 있었다.

그러나 협회는 표절과 상스러움을 이유로 〈샘〉을 거부했다. 그들에게 이 추한 물건은 작가가 아닌 배관공의 작품이었다. 뒤샹은 이처럼 단순하지만 너무나 충격적인 행동으로 현대미술의 권위를 부정했다.

평범한 화가로 출발한 뒤샹은 1913년에 입체주의와 미래주의, 그리고 저속도 촬영사진에 영향을 받아 〈계단을 내려오는 누드〉를 선보였다. 이후 뒤샹은 1차 세계대전 중에 추상 개념이 무엇보다 중요하다는 생각에 입각해 레디메이드를 탐구하기 시작했다.

그는 대량으로 생산된 일상용품을 선택하고 그것을 미술품으로 정의하면서 아름다움, 독창성 등을 지닌 전통 미술에 도전했다. 다다이스트들은 부르주아들만이 향유하는 엘리트 문화로써의 예술을 무너뜨리려 했다. 우리가 흔히 보는 사물들을 미술관, 박물관 속으로 집어넣어 모든 것이 예술이 될 수 있다는 그들의 작전은 〈샘〉, 〈자전거 바퀴〉 등의 레디메이드 작품에서 비롯되었다.

뒤샹의 파격적인 시도 이후 100년 가까이 지난 지금도 수많은 작가들이 그의 영향을 받고 있다. 뒤샹은 피카소와 함께 20세기의 가장 영향력 있는 미술가다. 이를 보여주기라도 하듯 〈샘〉은 지난 1999년 뉴욕 소더비 경매에서 무려 1700만 달러에 낙찰됐다. 뒤샹의 작품 중 최고 기록을 세우는 순간이었다.

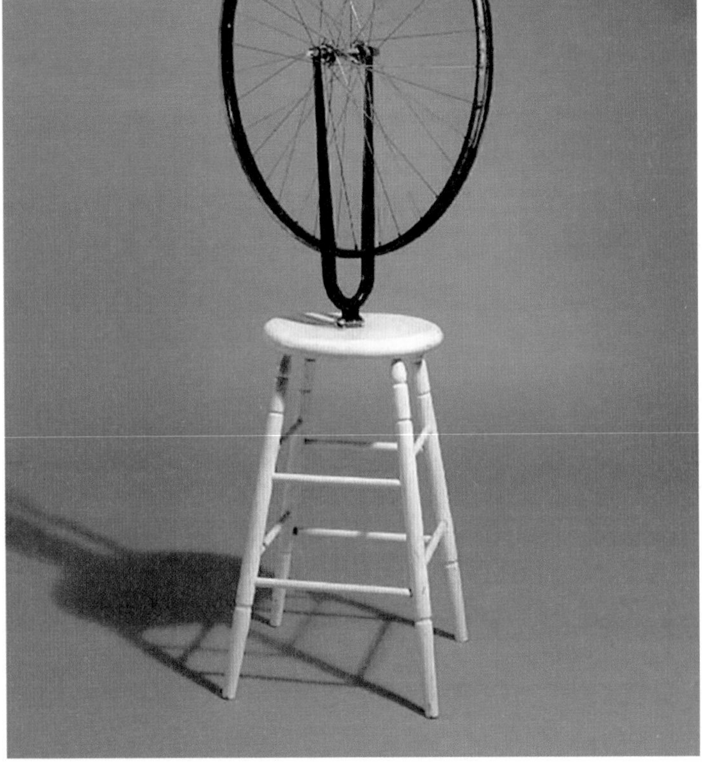

뒤샹, 〈자전거 바퀴〉, 1913

엄밀히 말해 〈샘〉을 제작한 사람은 배관공이다. 하지만 평범한 변기에 〈샘〉이라는 이름을 붙여 주고, 예술로 승화시킨 것은 뒤샹이다. 이게 바로 개념예술이다. 기술적 요소는 작가의 발상을 전달할 때 필요한 요소일 뿐, 중요한 것은 작가의 사상이나 생각을 전달함에 있다.

45
이것은 파이프가 아니다

마그리트 | 이미지의 배반

몇 년 전 학교에서 돌아온 아이가 책에 나온 미술작품이 나왔다며 가방에서 교과서를 꺼내보인 적이 있다. 교과서에 실린 글은 윤세진의 「파이프가 아닌 파이프」였다. 작품명보다는 '이것은 파이프가 아니다'라는 글귀로 더 유명한 마그리트의 〈이미지의 배반: 이것은 파이프가 아니다〉를 통해 언어와 지시 대상의 관계에 대해 생각해 보게 하는 글이다.

그림은 정말 간단하다. 파이프를 그려놓고, 밑

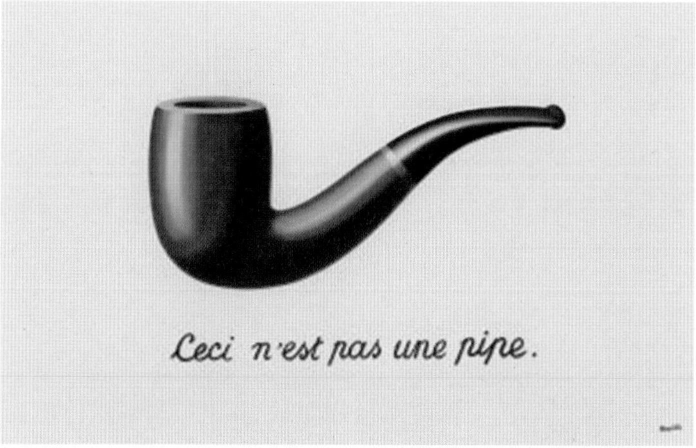

마그리트, 〈이미지의 배반: 이것은 파이프가 아니다〉, 1929

에는 프랑스어로 'Ceci n'est pas une pipe(이것은 파이프가 아니다)' 라고 쓰여 있다. 파이프를 그려놓고 파이프가 아니라고 한다면 중학생이 아닌 성인이더라도 처음엔 그 의미를 이해하기 힘들 것이다.

감상자들은 당연히 혼란에 빠질 것이다. 초현실주의 화가 마그리트는 이처럼 익숙한 오브제에서 사람들에게 당황을 불러일으킨다. 이와 비슷하게 〈꿈의 열쇠〉에서는 달걀, 여성용 구두, 중절모, 불을 붙인 양초, 유리컵, 망치를 그려놓고 밑에는 순서대로 아카시아, 달, 눈(雪), 천장, 폭풍, 사막이라 썼다.

〈이미지의 배반: 이것은 파이프가 아니다〉는 이 작품보다 1년 앞서 만들어졌는데, 두 작품은 모두 '언어의 사회성', 좀 더

자세하게 짚어보자면 '부정확성'에 대해 이야기하고 있다. 우리가 어떤 사물에 이름을 붙이는 것은 일종의 약속이다. 예를 들어 '쥐'에서는 실제 '쥐'의 생김새나 성질을 유추할 수 없다. 다만

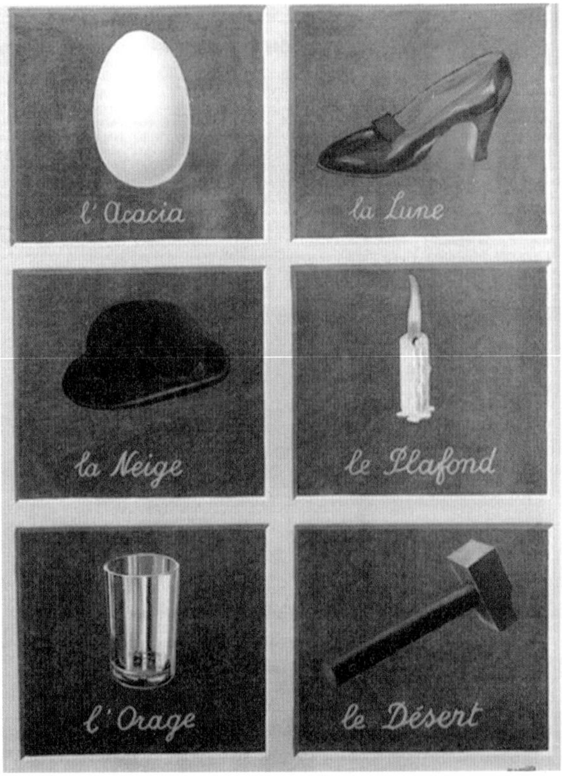

마그리트, 〈꿈의 열쇠〉, 1962

그 언어를 사용하는 이들이 '쥐'라고 부르기로 했기 때문이다. 즉, 영어권에서는 'mouse', 스페인어로는 'rata'가 모두 '쥐'라는 하나의 뜻을 갖고 있지만 그 발음과 형태는 다른 것과 같다.

이처럼 실제 '파이프'와 단어로서의 '파이프'도 성질에 있어 연관성을 찾을 수가 없다. 그러나 우리는 이를 당연히 여겨 왔다. 마그리트는 바로 이 일상을 깨면서 미술작품으로 기존 언어 질서부터 흔든다. 이에 감상자는 사물을 가리키는 언어와 사물 사이에 대해 의문을 갖게 된다. 당연하게 여기던 것들을 향한 의문을 남긴 것.

그렇다면 왜 마그리트는 기존 질서에 맞섰을까? 그는 언어의 부정확성을 회화의 본질에 빗대려 했을지도 모른다. 언어와 사물의 관계가 임의적이고 부정확한 것은 제목과 내용이 일치하지 않는 그의 예술세계 같을 것이다. 바로 그런 부정확한 세상의 진실을 드러내는 장치가 회화일 수 있다고 그림으로 말하고 있는 게 아닐까.

아이들 문제집이나 교과서를 가끔 들여다보다 비문학 쪽에서 〈이미지의 배반: 이것은 파이프가 아니다〉와 같은 미술을 주제로 한 글이 나오면 괜히 반갑곤 했다. 그림을 가지고 언어의 사회성을 논하는 것이 전혀 다른 주제로 빠지는 것 같지만, 결국에는 그림에 수렴되는 이야기다.

46
익숙한 것들의 반란 낯선 현실과 마주하다

마그리트 | 정지된 시간

사각 틀 안의 동그란 시계와 장난감 기차, 그리고 벽난로. 여기까지만 이야기한다면 어릴 때 소녀 소년문학전집을 즐겨 읽었던 이들은 삽화에서 한 번쯤은 봤을 법한 서양의 화목한 가정집 실내를 떠올릴지도 모르겠다. 어두운 배경에 벽난로의 불은 밝게 빛나고, 아이가 기차를 갖고 노는 모습을 흐뭇하게 바라보는 부모님까지 있다면 완벽하다. 하지만 마그리트의 그림에서는 아이와 부모의 다정한

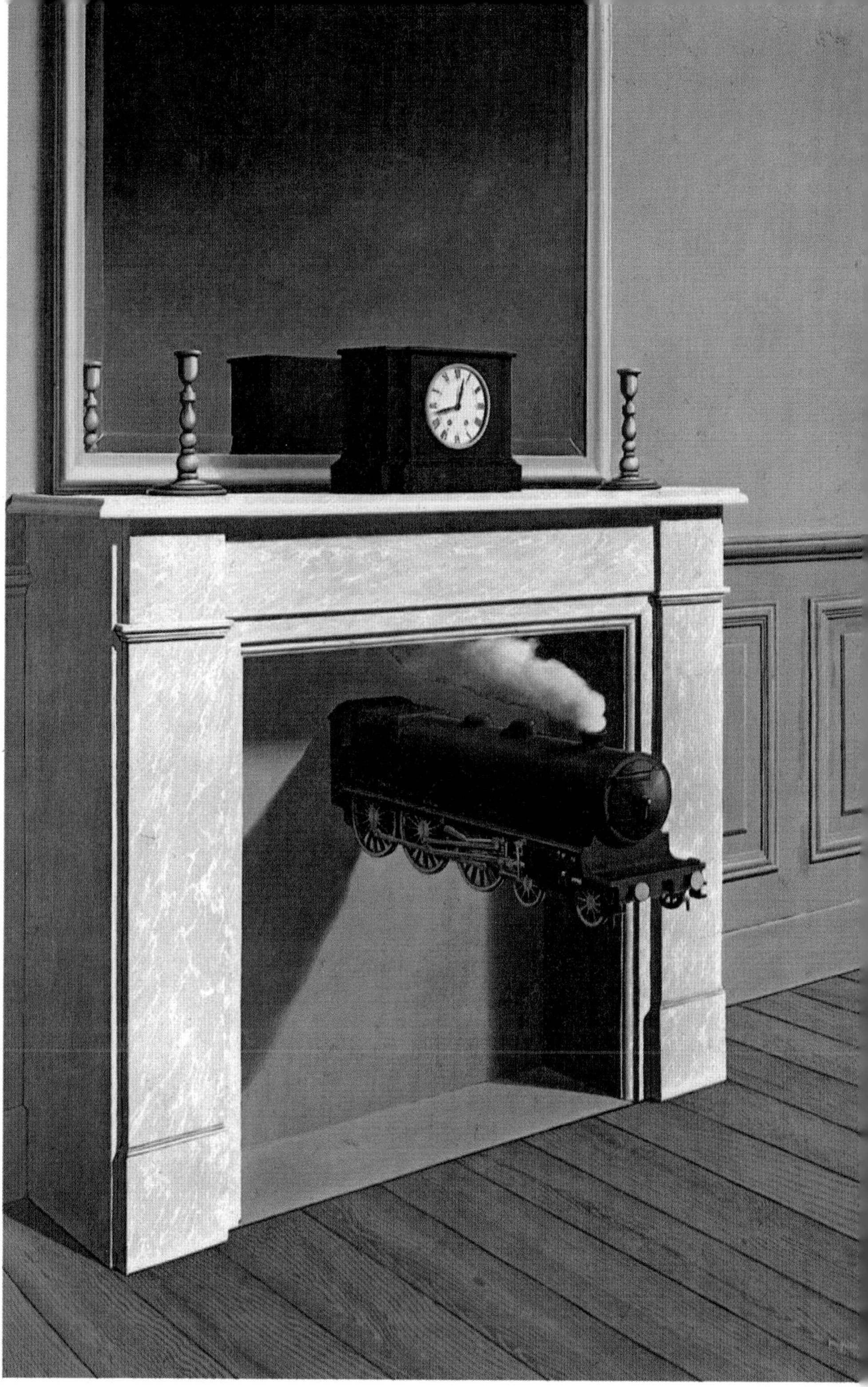

마그리트, 〈정지된 시간〉, 1938

모습을 찾아볼 수 없다. 그 대신 시계바늘의 초침이 멈춘 순간, 정지된 시간 속에 벽난로를 뚫고 나오던 증기기관차의 움직임 또한 멎는다. 거울을 통해 비친 방의 내부는 어떠한 가구나 사물도 보이지 않는다.

방 내부는 마치 시간이 정지한 듯 생동감이 없어 보인다. 오직 증기기관차가 내뿜는 증기만이 열차의 빠른 속도를 가늠하게끔 할 뿐이다. 〈고정된 시간〉 속 사물과 분위기는 우리의 이목을 끌기에 충분치 않아 보인다. 그럼에도 우리는 이 그림에서 눈을 뗄 수 없다.

'이 그림 속 증기기관차는 벽에 붙은 미니어처 모형인걸까? 아니면 다른 차원에서 나타난 존재인 것일까? 아니면 관찰자가 헛것을 본 것일까?'라며 스스로에게 끊임없이 질문하게 만든다.

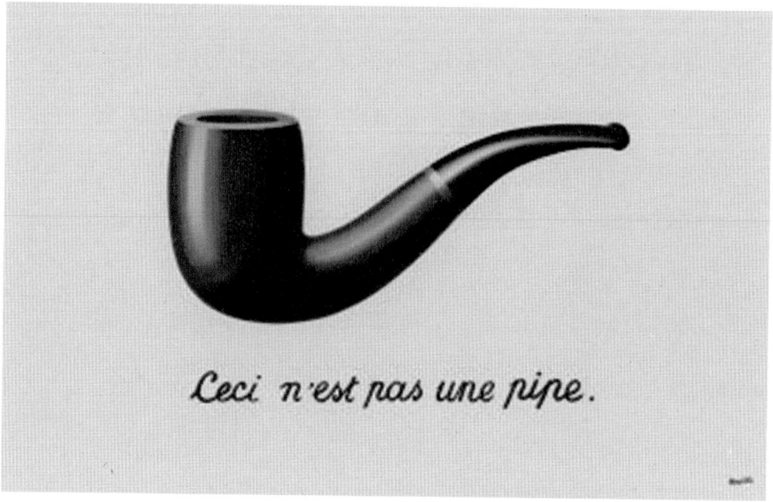

마그리트, 〈이미지의 배반: 이것은 파이프가 아니다〉, 1929

실제로 존재한다는 것은 어떻게 정의할 수 있는가, 그의 다른 작품인 〈이미지의 배반: 이것은 파이프가 아니다〉에서도 마그리트는 우리에게 실존에 대한 의문을 끊임없이 던진다. '파이프를 그렸다고 해서 이것을 파이프라고 할 수 있는가? 이것은 단지 파이프라는 사물을 2차원의 캔버스에 옮겨놓은 다른 사물이라고 해야 하지 않나?'라는 그의 의문이 〈고정된 시간〉 속에도 잘 드러나 있다.

전혀 어울리지 않는 사물을 동시에 배치함으로써 평범하고 익숙한 존재는 우리에게 이질적인 존재로 바뀌어 다가온다. 이러한 미스터리를 통해 화가는 우리의 시선을 강렬하게 잡아끈다. 우리는 정지된 순간을 응시하며 시간과 장소에 우리 또한 고정되어 있음을 깨닫게 된다. 그의 그림에는 입체파의 구조도, 인상주의의 빛도, 다다이즘의 통렬한 사회비판도 담겨있지 않다. 그는 오직 관조자의 자세로 다소 비현실적인 그림을 그저 응시하고 있을 뿐이다.

이러한 그의 태도는 시적으로도 느껴지는데, 초현실주의의 모태가 문학과 시였음을 감안한다면 그다지 놀랄 일도 아니다. 마그리트는 시각적 역설을 통해 그림의 내용과는 전혀 다른 이질적인 의미를 도출해낸다. 그림 속에서는 차원도, 시간도, 사물의 정해진 물질적 특성 마저도 아무런 의미를 갖지 못하는데, 이러한 방식은 존재하는 사물과 존재하지 않는 사물 간의 구별을 부정하는 시도라 볼 수 있을 듯하다.

1920년대 이후, 그는 초현실주의 작가들과 끊임없이 교류했고 초현실주의적 화풍을 그의 그림에 적용하려는 시도를 한 적이 있다. 하지만 그를 완전한 초현실주의 작가라 부르긴 힘들다. 초현실주의가 자신의 내면적 충동, 환상, 꿈 등을 자유롭게 풀어놓는데 집중했다면 르네 마그리트는 현실적인 사물을 다르게 배치함으로써 새롭게 창조된 낯섬을 시적으로 표현했다.

단어는 어떤 사물을 단순히 지칭하는 것에 불과하지만 이러한 일상생활에서 인식되는 사물과 그를 나타내는 언어적 관계는 쉽게 바뀔 수 있다는 점을 마그리트는 자신의 그림을 통해 날카롭게 지적했다. 익숙함 속의 낯설음, 어쩌면 그는 빠르게 변화하는 시대에서 우리가 당연하게 생각해온 가치가 쉽게 비틀릴 수 있음을 이러한 괴리감을 통해 나타내고 싶었던 것이다.

47
일요일의 작은 일탈
그는 '일요화가' 였다

루소 | 노트르담

지난해 10월 22일까지 대전시립미술관에서 열렸던 《피카소와 천재화가들》 전시회를 본 친구가 기념품 코너에서 엽서를 샀다며 메신저로 보내왔다. 엽서 뒷면을 꽉 채운 그림은 앙리 루소의 〈노트르담〉.

다른 유명한 그림도 엽서로 많이 나와 있는데 왜 이 그림만 샀냐는 필자의 물음에 친구는 "시끄러워야 할 파리가 조용해 보여서"라는 단순한 대답을 내놓았다.

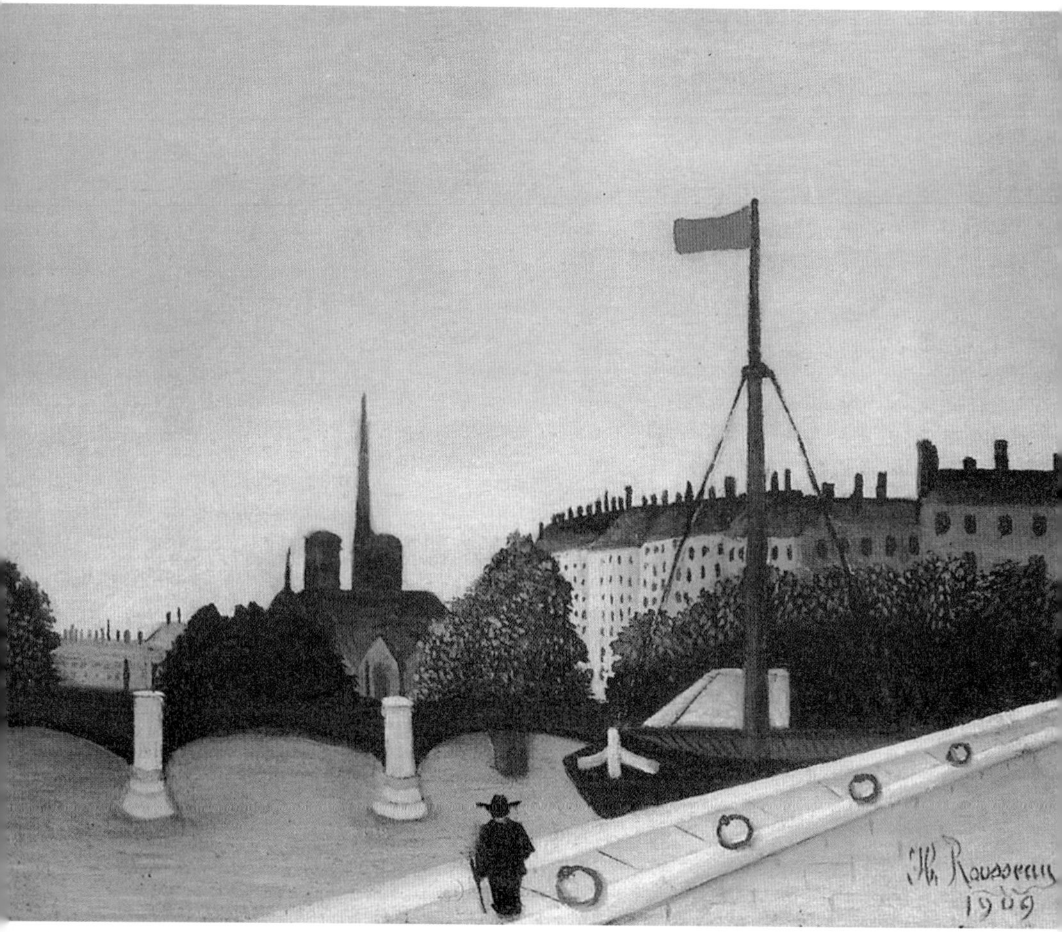

루소, 〈노트르담〉, 1909

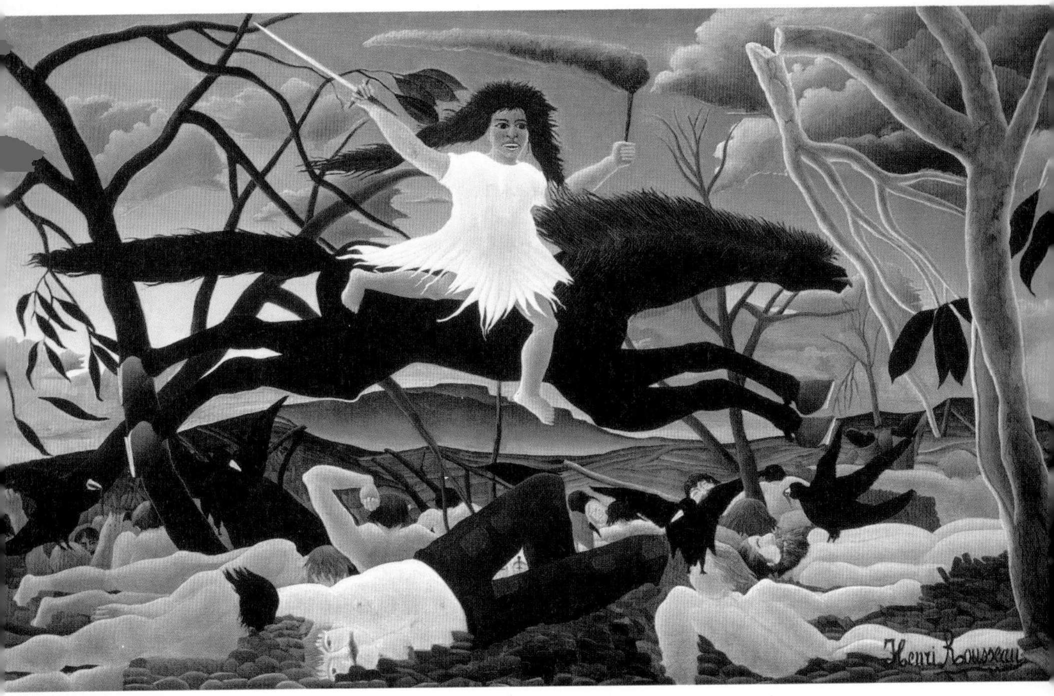

루소, 〈전쟁 혹은 불화의 기마여행〉, 1894

친구의 말대로 앙리 루소의 풍경화는 당시의 문화 중심지였던 파리의 이미지와 달리 매우 고요하다. 그는 다른 화가들과 달리 화려한 도로나 인파가 북적거리는 광장을 그리지 않았다. 그 생소한 풍경화만큼이나 루소의 이력은 특이하다.

세관원으로 20대와 30대를 보낸 그는 정규 미술 교육을 받은 적이 없다. 40세부터 미술에 흥미를 갖게 된 그는 "자연 외에 다른 스승은 없다"며 작업실을 갖추고 독학으로 일을 쉬는 일요일마다 그림을 그려나갔다. 그래서인지 어떤 유파에도 속하지 않는 독특한 작품세계를 지녔다.

그림으로 부유해진 기성 화가들을 롤모델로 삼아 사실주의를 표방했으나 실제로 그의 그림은 사실주의와 거리가 있다. 당시 유행하던 빛에 따른 색상 변화도 없고, 원근법도 거의 느껴지지 않아 밋밋한 느낌이 들 수도 있겠다. 기술적인 면은 서투를지도 모르나 꼼꼼하게 그려낸 그의 그림 속 요소들은 모두 동등한 밀도와 중요성을 가진다. 이 꼼꼼한 채색은 그의 대표작인 〈시인에게 영감을 주는 뮤즈〉나 〈전쟁 혹은 불화의 기마상〉 등에서도 나타난다.

1907년 이후 루소의 작품을 열렬히 수집했던 외팅겐은 '일요화가'라는 신조어를 만들어내며 이렇게 말했다.

> 벌이를 하는 사람이라면 누구나 희망의 원천이자 위로의 수단이며 일상의 압박을 견딜 수 있게 해주는 보호벽을 가지고 있다. 그것은 일요일이다. 노동자가 자신의 정체성을 확립하고 다른 생각과 활동, 다른 삶이 있는 세상을 깨달을 수 있는 여가다. 노동자가 성공할 수 있는 유일한 발판은 그를 억누르는 가난과, 낙담하게 만드는 정부의 기만에 반항하는 것이다. 루소는 가난에 대한 원망 없이 다른 평범한 사람들처럼 일요일을 기다렸다. 일요일은 전 세계에 걸쳐 기쁨이 두 배가 되고 이 기쁨이 바로 생의 기운이 된다.

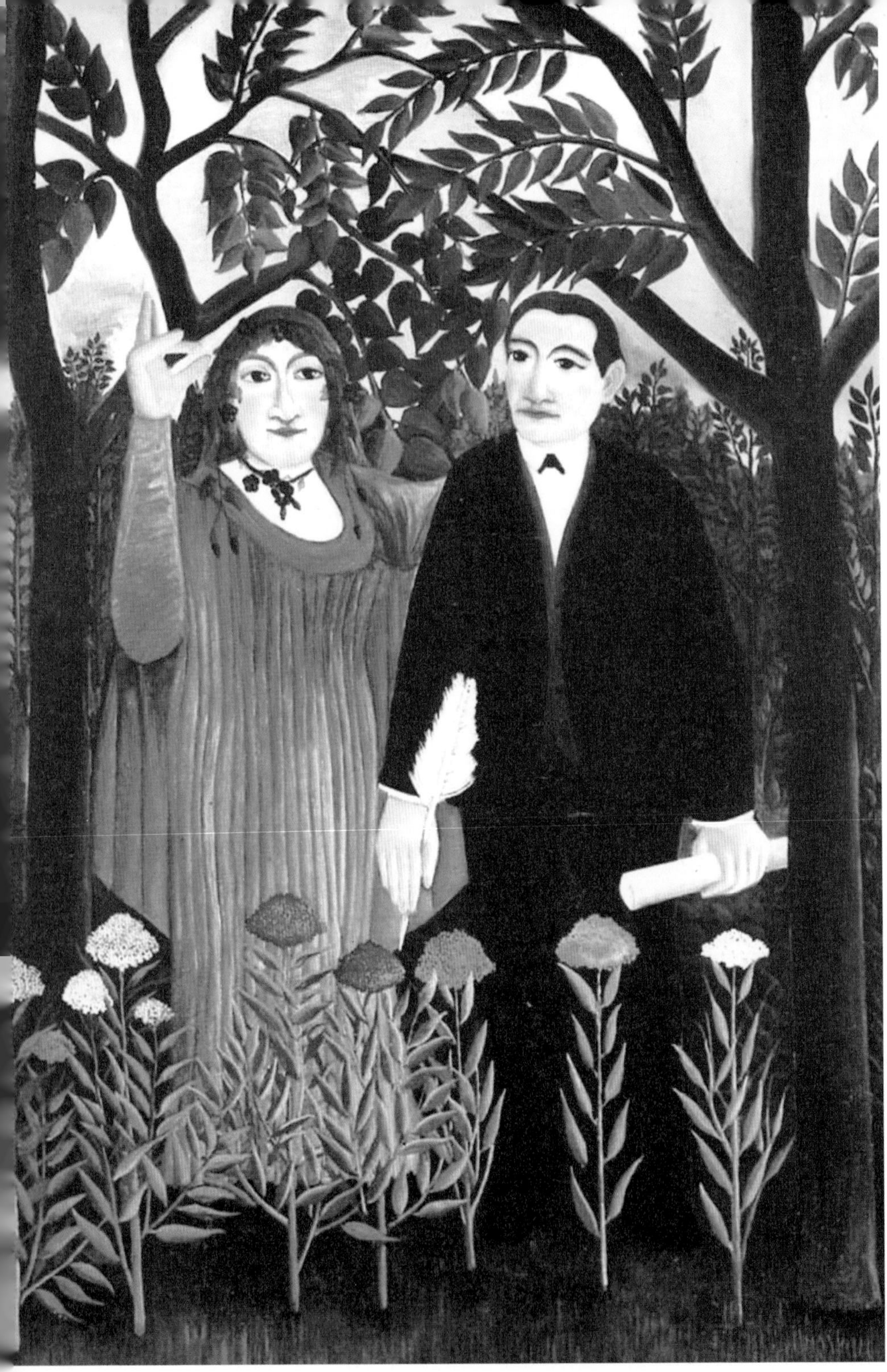

루소, 〈시인에게 영감을 주는 뮤즈〉, 1909

평생을 아웃사이더로 살았던 루소의 장례식 조문객은 7명뿐이었다고 한다. 하지만 기존 예술가들은 루소를 자연이 이끄는 대로, 지적 교육의 방해를 받지 않고 작업하는 '위대한 원시 화가'로 높이 평가했다. 새로운 예술을 찾기 위해 기존 예술을 잊으려 노력하던 피카소는 루소의 작품을 사 모으곤 했다.

일요일의 작은 일탈에서 시작해 독자적인 예술세계까지 만들어낸 루소. 아마추어의 순수한 감수성이 시대를 앞선 감성으로 프로들에게 재평가된 이 화가의 그림을 볼 때마다 필자는 예술엔 경계가 없음을 다시 한 번 실감한다.

48
잔잔하고 조용한 일상의 느낌처럼

흄 | 둥지의 뻐꾸기

YBA(Young British Artist)는 런던 남동부 도크랜드에서 벌인 FREEZE 전시회를 시작으로 활동하기 시작한 1988년 골드스미스 대학 졸업반 신인작가 15명이다. 현대미술계를 이끌어가고 있는 거장으로 거듭난 데미안 허스트, 영화감독으로 그 영역을 넓힌 샘 테일러 우드 외에도 많은 구성원들이 기존 회화의 틀에서 벗어나 예술의 경계를 허물어 나갔다. 그렇기에 이들 중 한 명이었던 게리 흄의 행보가 더욱 눈에 띈다. 그의 작품을 필자가 실제로 본 것은

2011년 홍콩의 전시회였다.

게리 흄의 작품들은 2차원 평면과 '그리기'라는 회화의 기본 요소를 그대로 유지하면서도 전통적인 회화의 한계를 넘어 후기 산업사회 특유의 느낌을 재현하는 것으로 잘 알려져 있다. 병원이나 학교 같은 공공건물에서 흔히 볼 수 있는 문을 그리기 위해 실제 문들에 칠해지는 가정용 광택 페인트를 선택한 후, 흄은 모든 작품에 광택 페인트를 사용해 왔다.

그러나 흄의 작품들은 작가의 팔레트에서 배합된 색채나 캔버스의 질감, 작가의 개성을 드러내는 독특한 붓질 등 회화의 표면을 구성하는 전통적 요소를 갖고 있지 않다. 〈충치〉, 〈마이클〉 등 그의 작품 표면을 구성하는 것은 DIY 상점에서 쉽게 살 수 있는 페인트와 이에 맞는 인테리어에 어울릴 법한 매끄러운 마감칠 뿐이다. 이 색색의 면은 잡지 사진에서 따온 사람의 얼굴, 새, 동물 같은 구체적 이미지들을 담고 있다. 이 평평하고 어떨 땐 얼굴이 없기조차 한, 그러나 매력적인 흄 회화의 표면은 '창조'에서 '생산'으로 바뀐 팝아트 세대의 시각과 맥락을 같이하는 것으로 보인다.

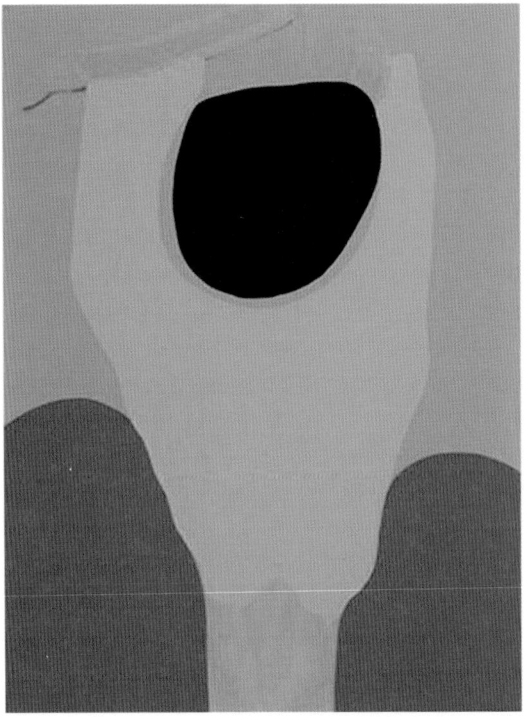

흄, 〈충치〉, 2011

"가장 어이 없는 건 미술의 목적이 사람들에게 충격을 주는 것이며 충격을 주지 못하면 볼 가치도 없다는 편견이 현대미술에 서려가는 것이다"라며 일상적인 사물을 작품에 담아내는 데 주력하는 흄이 또 현대미술을 이끌어 가는 작가 중 한 명으로 주목받고 있는 것은 또 새롭다. 흄은 아는 사이거나 사진 혹은 그림으로만 본 대상들만을 작품의 소재로 삼는다고 한다.

2009년작인 〈둥지의 뻐꾸기〉는 흄 회화의 특징이 잘 드러난 회화 중 하나로, 아시아에서는 20세기 미국, 유럽과 아시아에서 다작을 하며 왕성한 활동을 벌이고 있는 작가들의 작품 가운데 아이들도 이해하기 쉬울 만큼 직관적인 작품들만 고른 전시회에서 선보인 적이 있다.

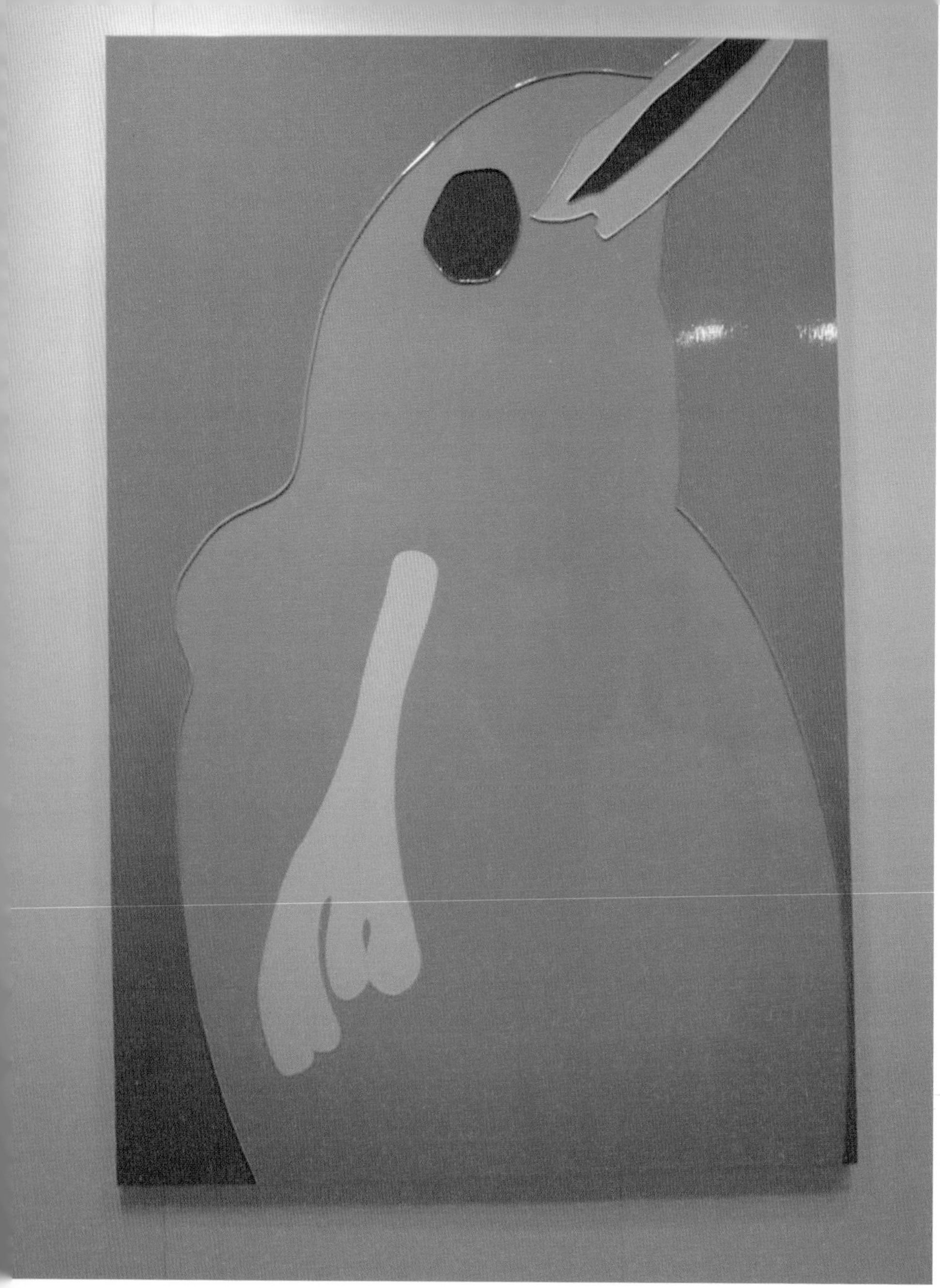

흄, 〈둥지의 뻐꾸기〉, 2009

홈 작품의 궁극적인 아름다움은 "가정용 광택 페인트는 젖은 물감이 그대로 고착된 것 같은 효과를 보여준다. 이 매체는 빛을 반사하기 때문에 나는 빛의 환영을 그리거나 위장할 필요가 없다. 빛을 그릴 필요가 없어지면, 누구나 회화적 공간으로부터 자유로워진다"라고 작가 본인이 말했듯이 광택 페인트의 인공적인 색채와 반들거리는 표면에 있지 대상의 본성 속에 내재되어 있는 것이 아니다. 그럼에도 불구하고 틀 안에 고정된 대상은 생략과 단순화를 거쳐 감상자의 시선을 사로잡는 강한 힘을 갖고 있다.

49
제3의 길, 초현실주의에 눈 뜨다

피카비아 | 카고딜 눈

100세 시대를 처음에 긍정적으로 받아들이지 않은 이는 거의 없었을 것이다. 하지만 의료기술의 발달로 인한 생명 연장으로 늘어난 노년기는 제2의 황금기를 의미하는 동시에 제2 혹은 제3, 즉 더 늘어난 생을 살아가기 위한 학습과 변화를 요구하는 것이기도 했다. 중세 미술과 르네상스를 거쳐 인상주의까지 도달한 20세기의 예술가들도 이와 비슷한 입장이 아니었을까 생각해본다.

이들의 돌파구는 다다이즘이었고, 다다이즘에

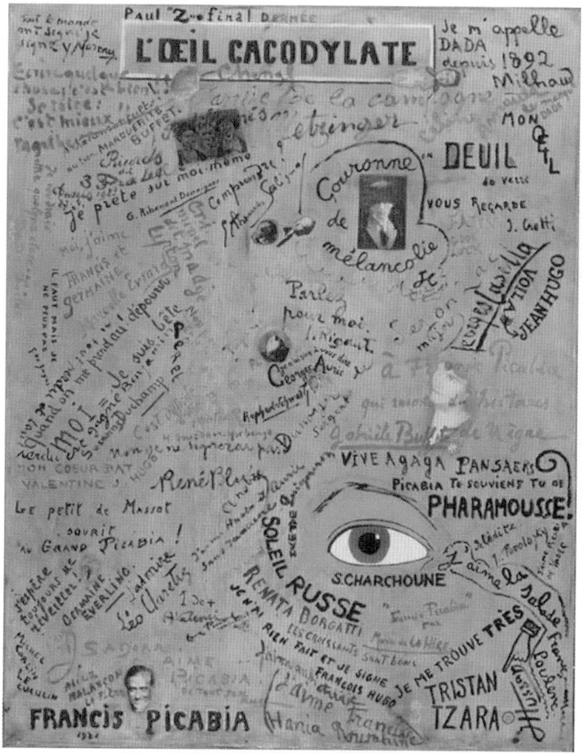

피카비아, 〈카고딜 눈〉, 1921

서 멈추지 않고 한발 앞으로 더 나아간 예술가들도 있었다. 피카비아가 그러한 경우다.

프란시스 피카비아는 파리에서 태어나 파리에서 미술을 공부했다. 초기에는 알프레드 시슬레 등의 풍경화에 영향을 받아 인상주의적인 작품을 그렸으나, 점차 야수파와 입체주의에 관심을 기울이기 시작했다. 이후 마르셀 뒤샹 등을 만나 많은 영향을 받았다. 그는 입체파의 견고한 구성을 지니면서도 시간적 개념의 도입과 색채 활용으로 미래파적인 발상과 강렬한 정감표출이 돋보이는 오르피즘으로 이행하여 특유의 반추상적인 스타일을 창조했다. 피카비아는 이를 통해서 구체적인 묘사로는 전달하기 어려운 화음이나 율동들을 표현하고자 했다.

피카비아는 뉴욕에서 열린 아모리 쇼에 추상 작품들을 출품해 호평을 받았는데, 이때 그는 사진가 알프레드 스티글리츠를 비롯한 아방가르드 예술가들과 교류했으며 이후 뒤샹, 만 레이와 함께 뉴욕 다다이즘의 토대를 형성하기도 했다.

기계를 모티프로 한 회화를 제작하고 국제적인 다다이즘 운동에 깊이 관여한 피카비아는 1916년 바르셀로나로 옮겨 전위 잡지 『391』을 창간하고, 1918년에는 트리스탄 차라와 만나 취리히 다다이즘을, 1919년에는 파리에서 다다이즘 운동을 전개하는 등 다다이즘에 깊이 몰두했다. 그러나 왕성한 실험을 끝마친 다다의 구성요소들은 새롭게 떠오른 초현실주의 운동에 흡수되었다. 결국 피카비아는 1921년에 다다이즘과의 관계를 끊고, 앙드레 브르통이 '초현실주의 선언'을 발표한 이후 초현실주의 운동에 가담했다. 〈카고딜 눈〉은 이때 그린 작품이다.

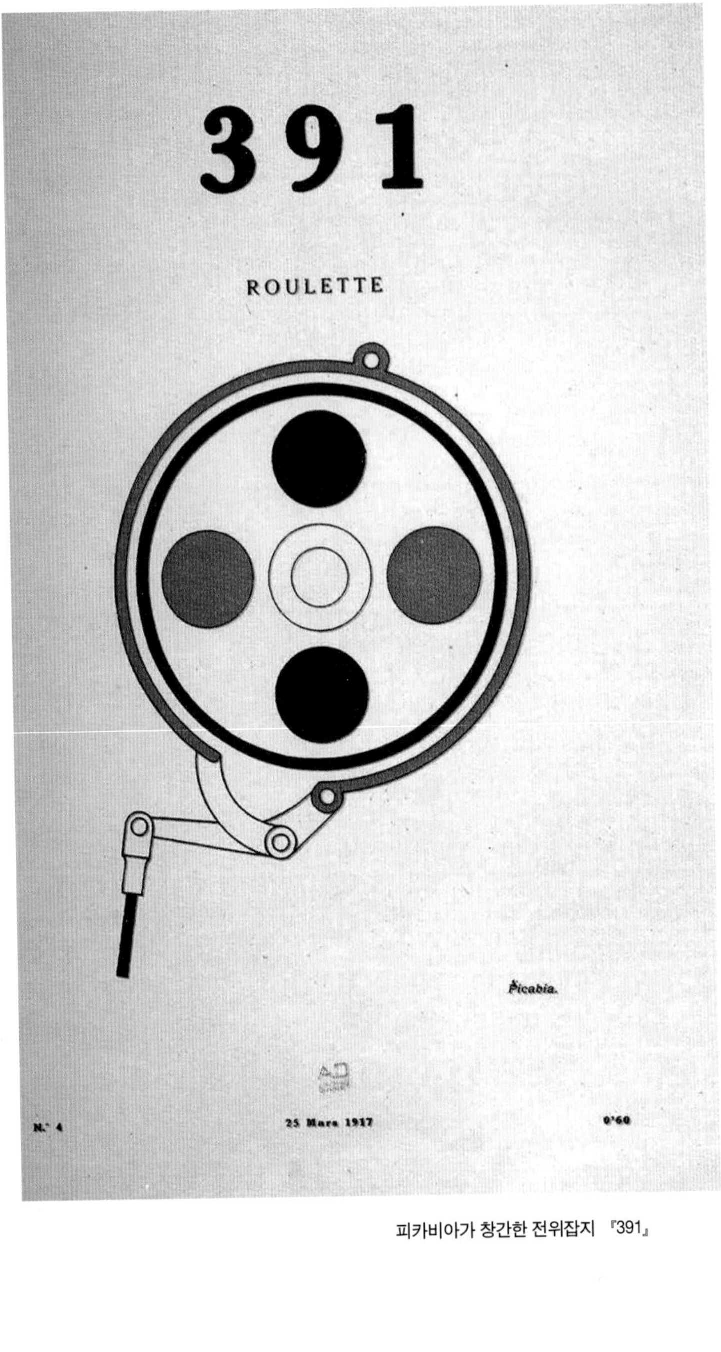

피카비아가 창간한 전위잡지 『391』

피카비아는 방에 커다란 캔버스를 가져다 놓고 방문객들에게 그 위에 서명을 하거나 무엇인가를 써 달라고 요청했다. 이 커다란 캔버스는 50개가 넘는 서명, 말장난, 낙서, 문장들로 가득 차게 되었다. 피카비아는 캔버스 우측 하단에 눈을 하나 그려 작품을 완성시켰다. 〈카고딜 눈〉은 창작과 수용의 경계와 과정이 일반적인 관념보다 더 열려 있고 모호하다는 점을 보여준 작품이었다.

카고딜(cacodyl)은 유기 비소 화합물의 하나로 매우 불쾌한 냄새를 가진 무색의 맹독성 액체다. 공기 중에서 자연 발화 · 연소해 이산화탄소, 물, 삼산화이비소 등을 생성한다. 각자 다른 글씨체로 쓰인 문자 틈에 숨어 감상자와 마주치는 크게 뜬 눈 앞에 맹독성 액채의 이름이 붙었다는 것은 의미심장하다.

50
존재의 본질적인 드라마를 추궁하다

마송 | 여자

독일을 비롯해 세계 각지의 유명 화가들의 작품이 전시되어 있는 함부르크 미술관에 찾아갔을 때는 앙드레 마송의 〈여자〉가 대여 전시되어 있었다. 프리드리히나 장 레옹 제롬의 섬세하고 사실적인 그림이 주를 이루고 있는 흐린 오후의 전시실에서 마송의 〈여자〉는 확실히 눈에 띄었다.

초현실주의를 대표하는 화가를 대라면 대부분은 달리, 샤갈, 마그리트를 떠올린다. 2010년이 되서야 청담동에서 열린 개인전으로 마송을 처음 접

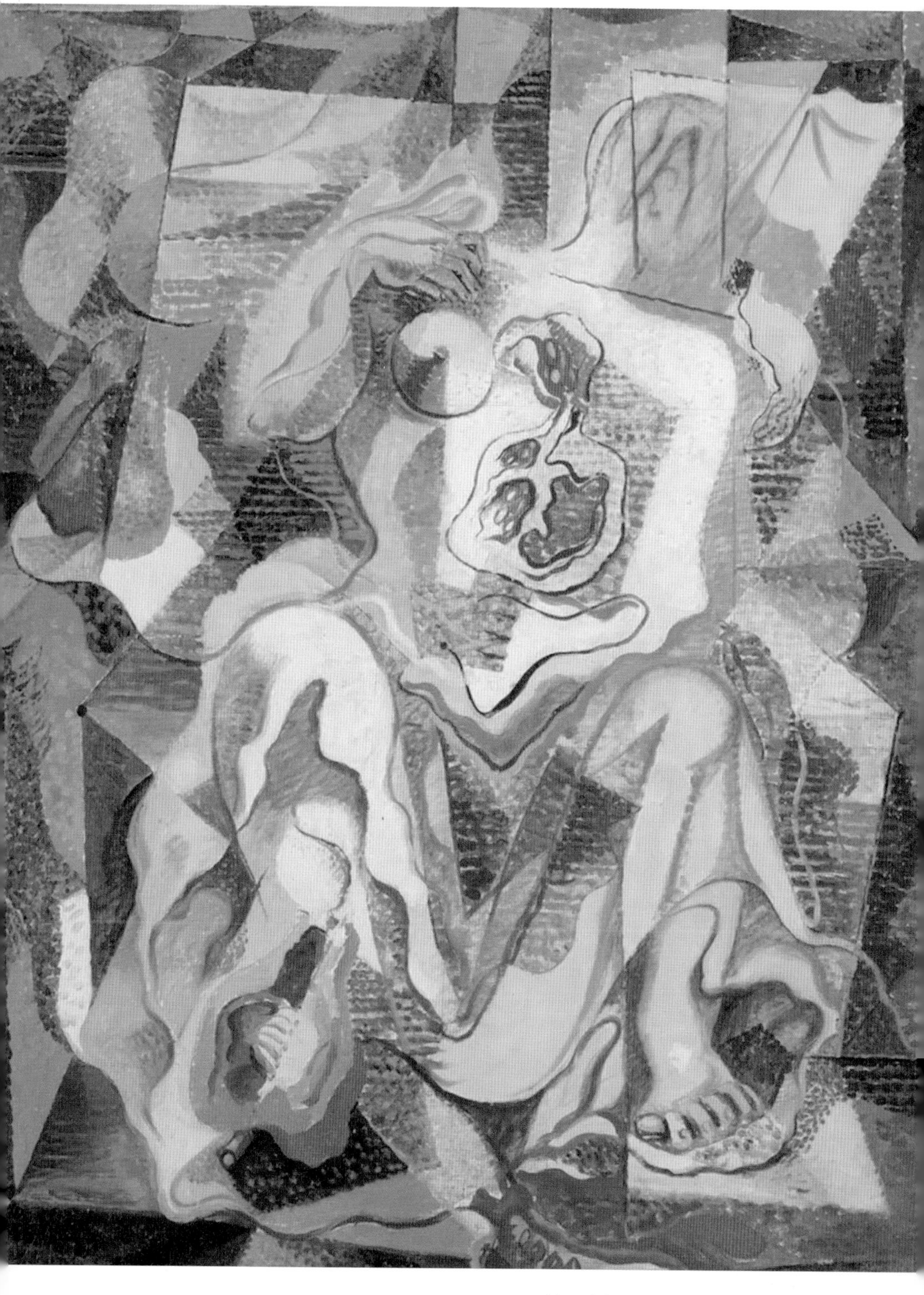

마송, 〈여자〉, 1925

한 이들이 꽤 될 정도로. 이들에 비해 마송의 국내 인지도가 뒤쳐지더라도 그의 작품을 보면 누구나 그 안의 초현실주의를 바로 읽을 수 있을 정도로 화풍이 강렬하다.

1차 세계대전 중에 앙드레 마송은 심각한 부상을 당했다. 그는 부상을 치료하기 위해 병원에서 2년을 보냈다. 이후 평생 신체적 고통과 불면증에 시달렸고 정신적 외상을 입었다. 이때 경험은 인간의 운명, 지배 받는 삶과 세계 등을 고찰하게 만든 영감의 원천이었다. 미술은 그의 생각을 표현하는 통로가 되었다.

원래 자수 작업장에서 문양을 그렸던 마송은 풍경화로 미술계에 첫 발을 내딛었다. 곧이어 입체주의 방법을 탐구하다가, 풀로 그림을 그린 뒤 그 위에 모래를 뿌리거나 아예 모래와 풀을 섞어 찰흙처럼 작업하는 등 그 당시로는 새로운 재료를 이용해 새로운 작업을 시도하기도 하했다. 또한 계산하지 않고 손이 가는 데로 내버려두는 자동기술법을 실험했다.

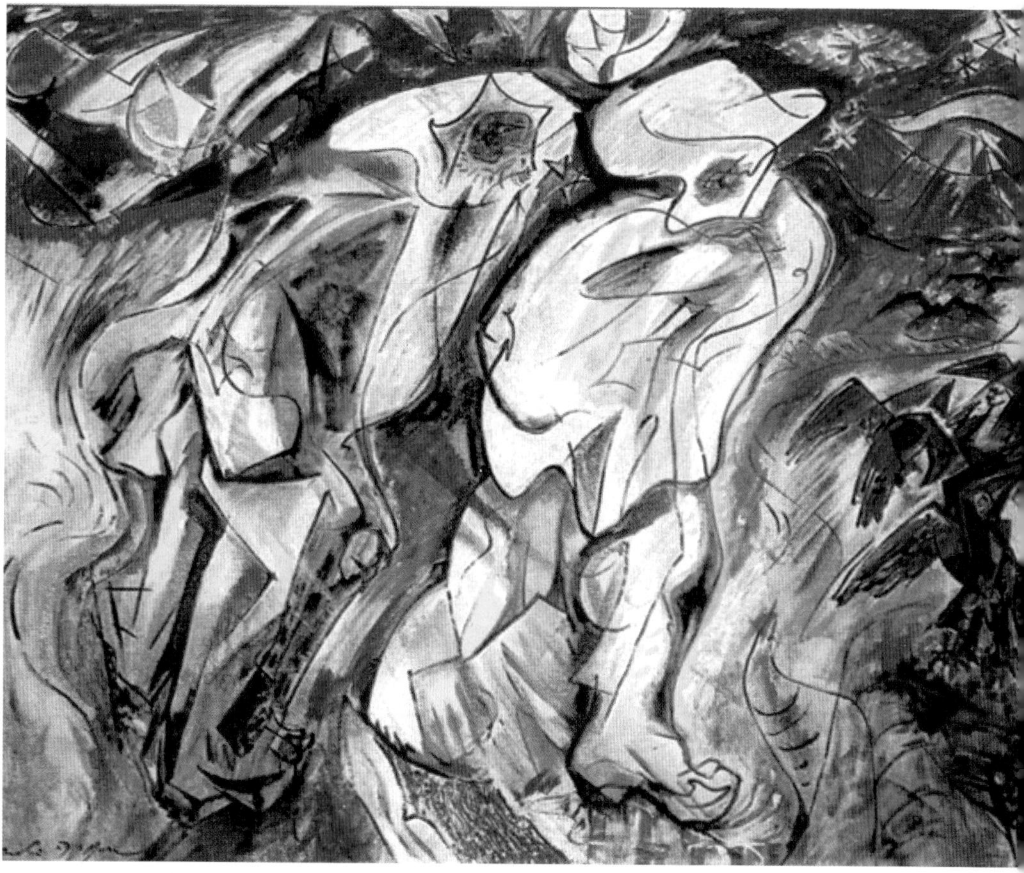

마송, 〈까마귀 날개를 한 방랑자〉, 1966

당대 유행하던 아방가르드 양식에 흥미를 느꼈던 마송은 〈여자〉를 통해 그의 목표였던 반아카데미적이고 아이처럼 순수한 접근방식을 드러냈다. 이 작품을 제작했을 때, 그는 파리에서 초현실주의 운동에 가담했다. 이 그림은 잠재적인 사고가 반영된 그의 무의식이 그린 결과다. 곡선과 각진 선, 비틀리고 넘실거림, 질감을 살린 색채의 조각 등이 난해하게 펼쳐진다.

자동기술법을 제대로 펼치기 위해 마송은 종종 음식이나 잠에 대한 욕망을 억제하거나 약물을 복용하고 작업할 때도 많았다고 한다. 그림을 가로지르는 패턴 아래 앉아 있는 여자의 형상은 르네상스 시기의 성모마리아를 연상시킨다. 여자는 모호한 공간에서 떠다니고 있으며, 몸 안의 장기는 생명력을 뜻한다.

1929년까지 마송은 초현실주의 운동에 참여해 '존재의 본질적인 드라마'라는 우주적인 문제를 추궁하였으나 1941년 미국으로 망명하면서 흑인과 인디언 신화에서 새로운 예술의 원천을 발견했다. 이러한 이유로 초현실주의, 타시즘, 선(善) 사상 등